Norbert Loh

Rainier von Monaco

Ein Fürst und seine Familie

Norbert Loh

Rainier von Monaco

Ein Fürst und seine Familie

Knaur

Besuchen Sie uns im Internet:
www.droemer-knaur.de

Redaktion: Antje Nissen
Umschlaggestaltung: ZERO Werbeagentur, München
Umschlagabbildung: Corbis, Düsseldorf / Richard Melloul
Satz: Ventura Publisher im Verlag
Druck und Bindung: Ebner & Spiegel, Ulm
Printed in Germany 2005
ISBN-13: 978-3-426-66173-4
ISBN-10: 3-426-66173-X

2 4 5 3 1

Für Fürst Rainiers Kinder:
Caroline, Stephanie und Albert.

Und für alle Menschen, die sich nach Liebe,
Vertrauen und Geborgenheit sehnen.

Inhalt

Vorwort

Rainier von Monaco – ein gütiger Patriarch, der mit uneingeschränkter Macht über sein Fürstentum herrschte. Was für ein Mensch verbarg sich hinter dem Monarchen, der eigentlich Zirkusdirektor werden wollte? Der nach dem tragischen Unfalltod seiner Frau Gracia Patricia auf sich selbst zurückgeworfen wurde?

Norbert Loh zeigt uns auf seine unnachahmlich einfühlsame Art die unbekannten Seiten des Fürsten und seines glanzvollen Clans. Mit großem Sachverstand und einem einzigartigen Insiderwissen, mit dem er mich auch nach über 20 Jahren Zusammenarbeit immer wieder verblüfft, lässt Norbert Loh den Zauber Monacos vor unseren Augen auferstehen, so dass wir den Glanz und das Glück, die Tränen und Tragödien der Grimaldis hautnah miterleben können.

Lassen wir uns hinter die Mauern des Palastes führen, der wie eine erhobene Faust auf dem Felsen über Monaco prangt. Schauen wir hinter die offizielle Fassade des Fürsten, der während seiner Regentschaft zum wohl glamourösesten Monarchen der Welt aufstieg und dem es auch gelang, etwas Menschlichkeit in eine exzentrische Dynastie zu bringen. Denn vor allem war Fürst Rainier III. ein verständnisvoller Vater, dem die Familie heilig war. Dieser Gedanke ist der Kern der bewegenden Saga der Grimaldis, die Norbert Loh aufgezeichnet hat. Loh der Große, wie ich ihn manchmal in Anspielung auf sein Wissen über die Königshäuser nenne, obwohl er das nicht gern hört.

Ein bewegendes Buch für alle Menschen, die den Glauben an die Familie noch nicht verloren haben.

Tonio Montel, Chefredakteur *die aktuelle*

1

Gracia und Rainier

»Die Liebe ist wie ein Ring,
und ein Ring hat kein Ende!«

Arm in Arm spazierten Fürst Rainier und Fürstin Gracia Patricia in der Dämmerung durch den Garten des feudalen Palastes von Monte Carlo. Auf diesen Abend des 10. September 1982 hatte sich das Fürstenpaar schon sehr gefreut, es war einer der wenigen Anlässe, die sie sich in ihren Kalendern ganz besonders angestrichen hatten: Mit einem kleinen roten Herz, das bedeutete, dass heute keine Termine mehr anlagen. Der Abend war frei und gehörte ihnen ganz allein. Unter den uralten Bäumen unweit des Pools war ein Tisch für zwei Personen gedeckt, und einem intimen *Diner à deux* stand nichts mehr im Wege.

Solche kostbaren Stunden konnten sie endlich einmal für Gespräche nutzen, die sie mitunter schon lange aufgeschoben hatten, und nur selten ging es bei diesen vertrauten Zusammenkünften um wichtige Staatsfragen. Es würde anders sein als bei jenen häufigen Anlässen, da der Fürst den Rat seiner Frau in Regierungsgeschäften einholte, weil sie ihn mit ihrem klaren und nüchternen Verstand immer wieder zu erstaunen vermochte. Manchmal waren ihre Aussagen das i-Tüpfelchen, das letzte Puzzleteilchen, das ihm für die Lösung eines Problems noch fehlte. Der Fürst und seine geliebte Gattin ergänzten sich auf einmalige Weise.

Heute aber tauchte die untergehende Spätsommersonne

Monte Carlo in ein fast unwirklich schimmerndes, rötlichbraunes und rosafarbenes Licht, das Gracia Patricia sehr liebte, weil es sie an die Farben ihrer Heimat erinnerte, das Land in der Nähe ihrer Geburtsstadt Philadelphia. Der Anblick wärmte ihre Seele und ließ sämtliche Sorgen, sämtliche Staatsangelegenheiten für eine Weile verschwinden. Dieses Abendlicht würde den perfekten Hintergrund für ein rein privates Diner mit ihrem Gatten bilden.

Doch an jenem Abend war davon nichts zu merken. Rainier und Gracia Patricia schauten sich an ihrer kleinen Tafel im Palastgarten tief in die Augen, und als sie beide zur gleichen Zeit tief Luft holten, um etwas zu sagen, mussten sie herzlich lachen. Der hellbraune Zwergpudel Olive sprang auf Fürstin Gracia Patricias Schoß. Sie streichelte ihn kurz und setzte ihn dann liebevoll auf den Rasen zurück. Olive warf seinem Frauchen einen enttäuschten Blick zu und bekam ein Schulterzucken zur Antwort.

»Du bist heute aber sehr streng«, sagte Rainier scherzhaft, holte die Champagnerflasche aus dem Kühler und schenkte ihnen ein. Dann prosteten sie sich lächelnd zu. Als der Fürst eine Zigarette rauchen wollte und bemerkte, dass er sein silbernes Etui und das Feuerzeug vergessen hatte, entschuldigte er sich für einen Moment und ging dann über den gepflegten Rasen in den Palast zurück. Es waren nur ein paar Schritte bis zum Salon, der auf den Palastgarten hinausging. Auch Gracia Patricia stand auf und schlenderte zu der Mauer hinüber, die den Palast umgab. Sie drehte sich kurz um und schaute nach Olive, aber der Zwergpudel blieb einfach liegen. Er hatte eben auch seinen Stolz. Gracia Patricia lehnte sich mit beiden Ellenbogen auf die Mauer und stützte den Kopf auf die gefalteten Hände. Dort unten in Monte Carlo, da tobte das Leben.

Es war schon fast dunkel. Wie geschliffene Edelsteine funkelten die Lichter des Hafens und spiegelten sich auf dem Wasser. Nach einer Weile lehnte sich Gracia mit dem Rücken zur Mauer und betrachtete die weißen Lichter der Häuser und Straßenlaternen am Berghang hinter Monte Carlo, die nahtlos in den Sternenhimmel übergingen, der wie ein strahlendes Diadem über dem Fürstentum prangte. Was für ein Ort, um glücklich zu sein!

Und doch hatte bereits der erste Grimaldi-Fürst vor siebenhundert Jahren in das Stammbuch seiner Dynastie schreiben lassen: »Das Glück ist flüchtig in Monaco. Wer hier glücklich sein will, muss stets bereit sein, das Glück wieder herzugeben …«

Gracia Patricia wusste natürlich von diesen sagenumwobenen Worten des Ahnen ihres Mannes, aber sie hatte sich nie damit identifizieren wollen. Zwar war auch sie durch ihre Heirat ein Mitglied dieses Fürstengeschlechts und damit zu einer Grimaldi geworden, doch es war gut möglich, dass sie diese Tatsache einfach verdrängt hatte – denn darin war sie eine Meisterin. Sie, die ehemalige Schauspielerin Grace Kelly, liebte es, in die Haut fremder Personen zu schlüpfen, und vielleicht glaubte sie bei aller Liebe zu Rainier insgeheim, in der Besetzung als »Fürstin von Monaco« die schönste Rolle ihres Lebens spielen zu können: Sie war wie ein Engel aus den rosa Wolken Hollywoods herabgeschwebt und direkt in dem zauberhaften Monte Carlo gelandet, wo sie das traumhafte Leben einer Fürstin führen sollte. Aber was passiert, wenn der Zauberstab eines Tages verschwindet? Wenn man vom unbarmherzigen Schicksal eingeholt wird, und es gibt keine Umkehr?

Das Klicken des Feuerzeugs riss Gracia Patricia aus der Betrachtung ihrer Umgebung und brachte sie in die Wirklichkeit zurück.

»Du siehst bezaubernd aus«, sagte Fürst Rainier, der sich wieder an ihre Seite gesellt hatte. Dann nahm er einen tiefen Zug von der Zigarette und meinte: »Ja, bleib so stehen, genau

Ein seltener Augenblick der Zweisamkeit:
das Fürstenpaar mit Pudel Olive

so. Wenn ich dich nicht schon über alles lieben würde, dann wäre es in diesem Augenblick um mich geschehen.«

Gracia Patricia strich ihm sanft über die Wange und erwiderte: »Du weißt doch, was meine Mutter immer zu meinem Vater sagte: Wahre Liebe ist wie ein Ring. Und ein Ring hat kein Ende!«

Lachend gingen sie zu ihrem Tisch zurück, um ihr Diner zu beginnen, wo Olive die beiden aufgeregt wedelnd begrüßte.

»Was sollen wir nur mit Stephanie machen?«, fragte Rainier schließlich mit jener Besorgnis in der Stimme, die der Gedanke an seine jüngste Tochter allzu oft in ihm aufkeimen ließ.

Gracia Patricia schob ihr Glas langsam hin und her und erwiderte: »Ich nehme sie morgen mit nach Roc Agel und werde mit ihr reden.«

Der Fürst war von dieser Idee sehr angetan.

Roc Agel ist der Landsitz der Fürstenfamilie, der einige Kilometer oberhalb von Monaco in den Bergen liegt, umgeben von Wäldern und steilen, grasbewachsenen Hängen. In dem Landhaus gibt es nur wenige Bedienstete, und was in diesen Räumen besprochen wird, verhallt ungehört und weit entfernt von den Türen des Grimaldi-Palastes, die mitunter große Ohren haben. Wie heißt es doch immer so schön in der Presse? *Eine Kammerzofe hörte, ein Leibwächter erfuhr ...* – doch in Roc Agel war man unter sich, genau wie bei Familie Meier oder Müller. Die Fürstin bezeichnete die Küche als »ihr Reich« und kochte für alle. Sehr gut übrigens, wie viele ihrer Freunde bestätigten. Und sie liebte die Natur rund um Roc Agel. In ihrer Freizeit sammelte sie dort auf den Wiesen die schönsten Blumen, Blätter und Gräser und trocknete sie, um später daraus zauberhafte Collagen zu gestalten. Seit ihrer Kindheit war Gracia fasziniert von diesen Geschenken der Natur; sie hat als ganz junges Mädchen sogar einmal ein Gedicht darüber verfasst, das in Kapitel vier nachzulesen ist. Heute hängen Gracias Collagen, die teilweise zwei mal zwei Meter groß sind, im Grimaldi-Palast.

Der Fürst hingegen war in Roc Agel oft damit beschäftigt, den Rasen rund um das Landhaus zu mähen. Das bereitete ihm zwar alles andere als Vergnügen, »aber es hält mich fit«, wie er mehrfach augenzwinkernd behauptet hat.

Roc Agel war also weitaus mehr der Mittelpunkt des Familienlebens, als der Palast auf dem Felsen von Monte Carlo es je hätte werden können. Jeder hielt sich gern dort auf, und so mag es nicht verwunderlich erscheinen, dass die drei Fürstenkinder Caroline, Albert und Stephanie auf dem Landsitz die schönste Zeit ihrer Jugend verbrachten. Aber sie wussten auch, dass es ans Eingemachte ging, wenn Mama oder gar Papa einmal allein mit ihnen dort hinfahren wollten. Dann gab es immer etwas Wichtiges zu besprechen, und ihnen war klar, dass dies meist nichts Positives zu bedeuten hatte. Aber da weder Fürst Rainier noch Fürstin Gracia Patricia lange Moralpredigten hielten, kamen der Prinz und die Prinzessinnen fast immer mit einem blauen Auge davon. Die Eltern hatten es sich zur Grundlage ihrer Erziehung gemacht, die Kinder in ausführlichen Gesprächen durch Argumente zu überzeugen.

Dieses Mal ging es also um Prinzessin Stephanie. Sie war damals siebzehn Jahre alt und wollte verständlicherweise ihr Leben genießen, wie alle jungen Frauen in diesem Alter. Ein kleiner Flirt hier, eine harmlose Liebelei dort. Das wäre ja alles nicht so schlimm gewesen, wäre Stephanie ein normales Mädchen und keine monegassische Prinzessin. Damit aber war sie Freiwild für Paparazzi, die aus allen Ecken Europas in den Zwergstaat strömten und sie auf Schritt und Tritt verfolgten. Wurde sie Händchen haltend mit einem jungen Mann gesehen, so war das schon ein Thema für die Skandalpresse. Wurde sie gar bei heißen Küssen fotografiert, war das ein Titelbild wert. Es dauerte nicht lang, da sah sich die Prinzessin sogar mit einem Oben-ohne-Foto konfrontiert, das an einem Strand aufgenommen worden war.

Das Foto blieb auch Papa Rainier nicht verborgen, der ihr daraufhin eintrichterte: »Wenn du dich von vornherein nicht oben ohne an den Strand legst, kann man dich auch nicht halb entblößt fotografieren. So einfach ist das!«

So einfach war das für Prinzessin Stephanie aber nicht. Sie wollte ihre Jugend genießen und sich wie alle anderen Mädchen möglichst hüllenlos baden und sonnen.

Mama Gracia Patricia riet ihr: »Du musst ja keinen Badeanzug anziehen. Ein Bikini ist doch völlig in Ordnung.«

Die Prinzessin schmollte, aber sie fügte sich – sie wurde bis zum heutigen Tag nie wieder barbusig abgelichtet.

Aber die internationale Presse ließ trotzdem nicht locker. Auch eine Stephanie im Bikini war eine Reportage wert, wenn

Der Grimaldi-Palast auf dem Felsen von Monte Carlo

ein junger Mann an ihrer Seite lag. »Die Nachfrage bestimmt das Angebot«, hatte ein italienischer Chefredakteur einmal seine ständigen Veröffentlichungen über die amourösen Abenteuer der jüngsten Grimaldi-Tochter gerechtfertigt. »Unsere Leser sind ganz wild danach. Die Auflage steigt, wenn wir die Kleine zeigen.«

Doch die Kleine litt unter diesen Veröffentlichungen, die ihr die Privatsphäre raubten, was den italienischen Chefredakteur lediglich zu der Aussage brachte: »Sie verkauft sich bald so gut wie einst ihre Schwester Caroline. Und das will etwas heißen!«

Als Prinzessin Caroline in der Blüte ihrer Jugend war, verging keine Woche, in der sie nicht in mehr oder weniger eindeutigen Posen mit einem jungen Mann auf den Titelseiten der Gazetten zu sehen war. Weltweit. Und dieses Schicksal wollten die Eltern ihrer Jüngsten ersparen. Aber wie?

Ein Palast-Insider sagte damals: »Stephanie ist schwieriger zu lenken als ein Schiff mit gebrochenem Ruder im größten

Sturm.« Wahre Worte – wie wahr, das sollte sich viele Jahre später in dramatischem Ausmaß zeigen.

Jetzt wollte die Fürstin ihr Nesthäkchen erst einmal mit sanfter Hand lenken. Ihre mütterlichen Gefühle waren stärker als der Wunsch, sie zu maßregeln, und daher hatte sie genaue Vorstellungen, wie das Gespräch in Roc Agel verlaufen sollte. Fürst Rainier seinerseits wusste, dass er sich in familiären Angelegenheiten hundertprozentig auf seine Frau verlassen konnte. Damals kümmerte er sich vorrangig um die Erziehung von Prinz Albert, dem einzigen Sohn und Nachfolger, während sie versuchte, ihre lebenslustigen Töchter zu bändigen. Das war beileibe kein Kinderspiel, denn Caroline und Stephanie waren die begehrtesten Prinzessinnen der Welt. Ihr Charisma schien eine schier unwiderstehliche Wirkung auf ihre Verehrer auszuüben, schließlich war ihnen die Schönheit der Mutter und das heiße Temperament der Grimaldis in die Wiege gelegt worden, und das war eine Mischung, die ihnen immer wieder zum Verhängnis wurde. Den Prinzessinnen und den Männern, die sie liebten. Oder die sie glaubten zu lieben. Oder von denen sie glaubten, geliebt zu werden. Männer, die sie betörten und von denen sie sich betören ließen. Eine wahre Achterbahn der Gefühle, von der sie sich bereitwillig mitreißen ließen.

Caroline zum Beispiel war 1978 dem siebzehn Jahre älteren Finanzmakler Philippe Junot verfallen, was Fürst Rainier entsetzte und Fürstin Gracia Patricia zum Weinen brachte. Aber sie gaben ihren Segen zu der Hochzeit, weil sie, wie alle Eltern, nur das Wohl ihrer Tochter im Sinn hatten.

»Sie ist doch unser Kind!«, sagten sie sich seufzend. Zwei Jahre später wurde die Ehe geschieden, und das Fürstenpaar nahm Caroline wieder in den Schoß der Familie auf. Über Philippe Junot ist im Palast seitdem nie wieder gesprochen worden.

Fürstin Gracia Patricia liebte ihre Töchter. Aber sie vergöt-

Nesthäkchen Stephanie bereitet den Eltern oft mehr Kummer als Freude

terte ihren einzigen Sohn. Ihrem Mann war dies wohl bewusst, und er hatte mitunter den Gedanken, dass Albert verweichlichen könnte, wenn er zu sehr unter dem Einfluss seiner Mutter stünde. Geschickt und im höchsten Maße diplomatisch wog der Fürst zwischen seinem Einfluss und Gracia Patricias nie enden wollender Liebe ab. Der junge Prinz scheint das gefühlt zu haben, spielte die Eltern aber nie gegeneinander aus. Er ließ sich vom Vater beraten und von der Mutter verwöhnen. Ein Zustand, den er durchaus genießen konnte. Wenn er sah, dass seine Schwestern den Papa um den kleinen Finger wickelten, blieb er ganz ruhig, denn er konnte sicher sein, dass ihm dadurch keine Nachteile entstanden. So etwas wie Eifersucht war nie in seiner Kinderseele aufgekeimt, und das blieb so, bis der Prinz erwachsen war.

Auf der anderen Seite spürten Caroline und Stephanie, dass

sie der Mutter niemals so nahe stehen würden wie ihr Bruder. Die Fürstin hatte ihnen dieses Gefühl zwar nie vermitteln wollen, aber schon als kleine Mädchen hatten die Prinzessinnen dafür feine Antennen. Hätte Gracia Patricia einer von ihnen mehr Aufmerksamkeit geschenkt, wäre das wahrscheinlich einer Katastrophe gleichgekommen. Doch Albert, der geliebte Bruder, war nie eine Konkurrenz. Im Gegenteil: Die große Schwester Caroline wollte ihn immer beschützen, die kleine Schwester Stephanie himmelte ihn an. Der Prinz stand mehr oder weniger immer im Mittelpunkt der gesamten Familie. Was wollte er mehr?

Albert ist in den vergangenen Jahren mehrfach in Interviews auf diese Situation angesprochen worden, und seine Antwort lautete stets: »Ich habe mich nie bevorzugt gefühlt. Und wissen Sie, warum? Ich habe nichts anderes kennen gelernt. Darum habe ich auch nie darüber nachgedacht. Es gab einfach keinen Grund dazu.«

»Du rauchst zu viel«, sagte Fürstin Gracia Patricia sanft mahnend und streichelte die linke Hand ihres Mannes. Dabei berührte sie sein Kupferarmband, das er seit vielen Jahren trug. »Glaubst du wirklich, dass es dich vor Krankheiten schützt?«

Rainier nickte stumm. Bestätigte er damit, dass er zu viel rauchte oder dass sein Kupferarmband Wirkung zeigte? Gracia Patricia bekam nie mehr die Gelegenheit, das Thema weiterzuverfolgen, und der Fürst konnte zu diesem Zeitpunkt nicht wissen, dass dies die letzte Frage war, die seine Frau ihm je stellen würde.

Als Olive merkte, dass Frauchen und Herrchen aufbrechen wollten, rannte er ihnen in den Palast voraus. Wie so oft, wenn früh am nächsten Morgen ein Termin anlag, zogen sich Gracia Patricia und Rainier in getrennte Schlafzimmer zurück, damit sie einander am nächsten Morgen nicht störten. Eigentlich war es ein Abend wie viele andere Abende gewesen, die sie gemeinsam verbracht hatten.

Rainier küsste seine Frau auf die Wange und sagte: »Schlaf gut, mein Schatz!«

Woraufhin sie mit einer Geste, die er sehr mochte, sein Gesicht in beide Hände nahm und ihn auf die Stirn küsste. »Ich liebe dich«, flüsterte sie.

Fürstin Gracia Patricia sollte ihren Mann nie wiedersehen. Und er durfte nur noch ein einziges Mal in ihre Nähe kommen, nämlich nach ihrem Autounfall auf der Intensivstation des Princess-Grace-Hospitals in Monte Carlo. Fürst Rainier hatte damals die schwerste Entscheidung seines Lebens getroffen, als er das Ärzteteam bat, die lebenserhaltenden Maschinen abzustellen …

Als strenger Katholik glaubte Fürst Rainier an ein Leben nach dem Tod. Er war sich sicher, eines Tages mit Gracia Patricia wieder vereint zu sein. Weil er sie so sehr liebte, beschloss er, dass niemals eine andere Frau seine Nähe spüren sollte, und deshalb hatte er auch nie wieder in seinem Leben getanzt. Nicht einmal mit seinen Töchtern. Sein letzter Tanz, ein Wiener Walzer mit Gracia auf dem Rotkreuzball im Jahre 1982 im *Sporting-Club* von Monte Carlo, sollte für immer seiner Frau gehören.

Zweiundzwanzig Jahre und sieben Monate lang war Fürst Rainier Witwer. Er starb am 6. April 2005 im Princess-Grace-Hospital im selben Zimmer wie seine Frau. Seine letzte Ruhestätte befindet sich neben Gracia Patricia in der Kathedrale von Monaco. Damit endete eine der größten Liebesgeschichten des letzten Jahrhunderts, die wie ein Märchen begann.

2
Die Grimaldis

»Piraten auf dem
Fürstenthron«

Die Grimaldis besitzen eine faszinierende Ahnengalerie, die sich im fürstlichen Palast von Monte Carlo befindet. Die Gemälde sind mehrere Millionen Euro wert, doch eine genaue Summe ist nicht bekannt, und das hat verschiedene Gründe. Zum einen ist der historische Wert der Sammlung so hoch, dass selbst die besten Auktionshäuser der Welt für die Schätzung intensive Recherche betreiben müssten. Und zum anderen besteht kein Anlass dafür, die Kunstwerke taxieren zu lassen, denn genau wie seine Vorfahren würde auch der neue Fürst Albert II. diese Kunstwerke niemals zum Kauf anbieten. Es handelt sich dabei um Zeichnungen und Ölgemälde aus unterschiedlichsten Epochen, die insgesamt mehr als siebenhundert Jahre umfassen.

Die Dynastie der Grimaldis zählt zu den ältesten Monarchien in Europa. Fürst Rainier III. war einer der wenigen Herrscher, die eine vollkommen lückenlose Blutsverwandtschaft zu ihren Vorgängern nachweisen können, und das trifft selbstverständlich auch auf seinen einzigen Sohn und Nachfolger, Fürst Albert II., zu.

Königin Elizabeth II. von England hingegen kann mit solch einer unmittelbaren Blutsverwandtschaft zu ihren Ahnen nicht aufwarten. Dafür sind die Vorfahren der Queen durchweg adelig und mit den meisten europäischen Königshäusern eng verwandt, was wiederum die Grimaldis nicht von sich behaupten können. Sie stammen von Piraten und Plünderern ab – und genau das macht die Geschichte dieser Familie so spannend.

Der Legende nach begann alles an dem düsteren Abend des 8. Januar 1297, als ein Schiff aus Genua kurz nach Mitternacht vor der Küste der heutigen Stadt Monte Carlo landete. Späher der Besatzung, die aus gefürchteten Piraten der italienischen Grimaldi-Sippe bestand, wurden ausgesandt, um die Festung hoch oben auf dem Felsen auszukundschaften. Und schließlich erklomm ein als Franziskanermönch verkleideter Seeräuber den steilen Hang. Sein Name: Francesco Grimaldi. Unter seiner Kutte trug er ein Schwert, als er sich mit zwölf treuen Gefolgsleuten der Festung näherte. Die ahnungslosen Wachposten, die dem vermeintlichen Mönch gerade noch das Tor geöffnet hatten, wurden ohne viel Aufhebens hinterrücks erstochen. Der Franziskanermönch schaute nur stumm zu und nickte. Sein Dolch war noch blank, denn das Attentat, das er auszuführen beabsichtigte, sollte erst in wenigen Minuten im Inneren der Festung stattfinden.

Barfuß begab sich der falsche Mönch in die Gemächer des damals herrschenden Stammesfürsten aus der Familie der Ghibellinen, mit denen die Grimaldis bis aufs Blut verfeindet waren. In der Schlafkammer wartete bereits ein Komplize auf ihn, Rainier Grimaldi, ein Cousin des vermeintlichen Franziskanermönchs. Gemeinsam erdolchten sie den Erzfeind im Schlaf, und kurz darauf wurde die Festung unter lautem Jubelgeschrei in Besitz genommen. Mit dieser Eroberung war der Grundstein für die Regentschaft der Familie Grimaldi gelegt.

Doch nicht der als Franziskanermönch verkleidete Francesco wurde erster Herrscher der Grimaldi-Sippe auf dem Felsen, sondern sein Komplize und Cousin, weil dieser sieben Jahre älter war. Er nannte sich fortan Rainier Grimaldi I., Herr

Ein hart umkämpfter Fürstenthron – vor dem Palast die Bronzestatue des ersten Grimaldi-Eroberers Francesco

von Cagnes-sur-Mer, das sich in enger Nachbarschaft zu dem berühmten Felsen befindet. Das Wappen Rainiers zeigt zwei Schwerter schwingende Franziskanermönche, die einen Schild halten, und darunter steht in lateinischer Inschrift *Deo Juvante*, was so viel heißt wie: Mit Gottes Hilfe.

Als die Grimaldis im Jahre 1997 den 700-jährigen Jahrestag der ersten Übernahme Monacos feierten, enthüllte Rainier III. vor dem fürstlichen Palast ein Bronzedenkmal seines berühmten Vorfahren Francesco.

Rainier Grimaldi I. (1267-1314), der als Stammesvater des monegassischen Zweigs der Grimaldis gilt, war in seinem Herzen immer ein Seemann geblieben. Zwar regierte er mit eiserner Hand, doch man sagte ihm auch Gerechtigkeit nach. Unter seiner Herrschaft wurden die Festungsanlagen gegen Angreifer verstärkt, was die starke Position des berühmten Felsens von Monaco, der schon in vorchristlicher Zeit den Menschen als

Das junge Fürstenpaar – überglücklich. Welches tragische Ende musste ihre Liebe nehmen

Zufluchtsstätte gedient hatte, weiter verbesserte. Wenn Rainier Grimaldi I. nicht auf dem Meer kämpfte, vergnügte er sich auf seinem Schloss mit schönen Frauen. Zweimal war der Stammesfürst verheiratet, doch weil er vom Rausch der Sinne nie genug bekommen konnte, ließ er sich auch Freudenmädchen bringen.

Eines Tages verliebte er sich in eine schöne junge Flämin, die seinem Drängen aber widerstand, woraufhin er sie schließlich im Garten seiner Burg vergewaltigte. Laut schreiend ohrfeigte sie ihn und erklärte ihm mit düsteren Worten, dass sie über die Kraft der schwarzen Magie verfüge. Dann verfluchte sie ihn und seine Familie bis in alle Ewigkeit mit einem Racheschwur, der den Herrscher erschaudern ließ: »Mögen die Grimaldis niemals glücklich werden. Und schon gar nicht in einer Ehe!«

Abergläubische Monegassen halten diesen Fluch fest im Gedächtnis. Die heutigen Mitglieder der fürstlichen Familie auch? Das wird man offiziell wohl nie erfahren, denn der Palast schweigt sich über das Thema aus, doch die Tatsachen sprechen für sich: Fürst Rainier III. verlor seine Frau Gracia Patricia kurz nach der Silberhochzeit durch einen tragischen Autounfall. Seine Schwester, Prinzessin Antoinette, war drei Mal unglücklich verheiratet. Ihr letzter Mann, der Balletttänzer John Gilpin, starb schon in den Flitterwochen an einem Herzinfarkt. Prinzessin Carolines erste Ehe mit dem siebzehn Jahre älteren Finanzmakler Philippe Junot wurde aufgelöst. Ihr zweiter Mann, der Italiener Stefano Casiraghi, verunglückte tödlich bei einem Bootsrennen. Prinzessin Stephanies erste Ehe mit dem Leibwächter Daniel Ducruet, Sohn eines Fischhändlers, scheiterte. In zweiter Ehe war sie mit dem Zirkusartisten Adans Peres verheiratet, doch die Verbindung hielt noch nicht mal ein Jahr. Und ihr Bruder, der heutige Fürst Albert II., ist mit 47 Jahren noch immer ledig. Befürchtet er, dass auch ihn der Fluch ereilen könnte? Nur der neue Fürst selbst könnte eine Antwort auf diese Frage geben …

Doch wenden wir uns wieder dem Gründer der Dynastie zu, Rainier Grimaldi I., dessen Wurzeln ursprünglich im italienischen Genua lagen. Er verliebte sich noch mehrere Male unglücklich und zog schließlich wieder die Seefahrt und ihre blutigen Schlachten den Frauen vor, was ihm im Jahre 1304 die Ernennung zum Admiral durch den französischen König Philippe IV. einbrachte. Insgesamt war Rainier I. jedoch zu häufig auf den Meeren unterwegs, um die mit viel List und Tücke eroberte Festung von Monaco halten zu können, und bereits im Jahre 1301 musste er sie wieder an die verhassten Feinde, die Ghibellinen, abtreten. Als Rainier I. bei seiner letzten Schlacht gegen den deutschen Kaiser Heinrich VII. im

Jahre 1314 den Heldentod starb, war er gerade einmal 47 Jahre alt.

Der Sage nach waren seine letzten Worte: »Ach, mein geliebtes Land! Warum nur bist du mit Leid befleckt? Das Glück ist flüchtig in Monaco. Wer hier glücklich sein will, muss stets bereit sein, das Glück wieder herzugeben …«

Auf Rainier I. folgten in der über 700-jährigen Geschichte des Zwergstaats etliche Fürsten, die sich ihren Herrschaftsanspruch hart erkämpfen und dafür vielerlei Allianzen eingehen mussten.

Immer wieder sah sich das Geschlecht der Grimaldis im Laufe der Jahrhunderte mit starken politischen Gegnern konfrontiert, die sich das so prächtig auf dem Felsen von Monte Carlo gelegene Monaco gern einverleiben wollten – von den Herrschern Genuas über Spanien bis hin zu Frankreich. Doch mit Kalkül und politischem Geschick gelang es den Fürsten in den meisten Fällen, das Schicksal zu ihren Gunsten zu beeinflussen.

Charles I., der bis in das Jahr 1357 über Monaco und die benachbarten Orte Roquebrune und Menton herrschte, wird als der erste wahrhaftige Regent Monacos gesehen, denn ihm war es 1341 gelungen, den Felsen wieder in den Besitz der Grimaldis zu bringen, und in dieser Zeit taucht sein Name zum ersten Mal in amtlichen Urkunden auf. Charles I. stellte seine Flotte und seine Söldner in die Dienste verschiedener Könige, was ihm zu weiteren Reichtümern und mächtigen Verbündeten verhalf. Er war reich genug, um seinen Gegnern die Ländereien rund um den Felsen von Monaco abzukaufen, und sorgte durch günstige Steuergesetze dafür, dass sich die Menschen in Monaco niederließen, das bis dato als Land der Piraten und Plünderer gesehen worden war. Auch das mit den französischen Nachbarn ausgehandelte Zollsystem für Schiffe, die vor dem Felsen kreuzten, sorgte für einen gewissen Aufschwung, in dessen Zuge Charles I. die Hafenanlagen von Monaco verstärken konnte.

Den mächtigen Genuesern war dies alles ein Dorn im Auge. Im Jahre 1357 eroberten sie unter der Führung von Simon Boccanegra in einer blutrünstigen Schlacht Monaco und die Ländereien von Roquebrune und Menton. Bei der Belagerung der Festung starb Charles I., seine Familie floh ins Exil.

Erst im Jahre 1419, als die Guelfen in Genua an die Macht kamen, wurde Charles' vier Enkeln Jean, Ambroise, Gaspard, und Antoine gestattet, auf ihren Besitz zurückzukehren, wo sie sich im jährlich wechselnden Turnus die Macht teilten. Doch schon bald konnte Jean I. den monegassischen Thron allein für sich beanspruchen und überließ nach einem erbitterten Erbstreit seinen Brüdern dafür die Herrschaft über Roquebrune und Menton.

Jean I. (1382-1454) war wie seine Vorfahren ein exzellenter militärischer Stratege und ein gefürchteter Kriegsherr, der über eine starke Flotte verfügte und jedem zahlungskräftigen Verbündeten zur Seite stand, der nach seiner Hilfe verlangte. Im Zuge dessen wurde der Herrscher über den Felsen jedoch in mehrere militärische Auseinandersetzungen verwickelt, die ihn vom Thron und den Regierungsgeschäften fern hielten und ihn in die Gefangenschaft des Herzogs von Mailand brachten, der mit seiner Hinrichtung drohte, sollte sich Monaco weigern, die Herrschaft Genuas über das Fürstentum anzuerkennen.

Jeans Frau Pomeline, die als Regentin in Monaco zurückgeblieben war, ist es zu verdanken, dass auf die Forderungen des Herzogs von Mailand nicht eingegangen wurde. Übrigens trägt die älteste Tochter von Prinzessin Caroline, Prinzessin Charlotte Marie Pomeline Casiraghi (geboren am 3. August

1986 in Monaco), den gleichen Vornamen wie ihre standhafte Urahnin.

Als Jean I. im Jahre 1454 starb, bestimmte er in seinem Testament, wie die Erbfolge der Grimaldis künftig geregelt werden sollte. Wenn ein Herrscher keine männlichen Nachkommen hinterließ, gab es mehrere Möglichkeiten, die Nachfolge zu sichern: Entweder wurde die älteste seiner Töchter mit einem würdigen Adeligen verheiratet, der daraufhin in den Stand eines Grimaldi erhoben wurde und seinen Geburtsnamen ablegen musste. Oder ein männlicher Verwandter der gleichen Blutslinie wurde zum Nachfolger ernannt, wie dies bei Jean I. der Fall gewesen war.

Sein Sohn Catalan überlebte seinen Vater nur um drei Jahre und starb im Jahre 1457, ohne einen männlichen Erben zu hinterlassen. Noch kurz vor seinem Tod war es Catalan jedoch gelungen, die Hochzeit seiner ältesten Tochter Claudine (1451-1515) mit seinem Neffen Lambert zu arrangieren – einem Spross aus dem Zweig der Grimaldis, der in Antibes beheimatet war.

Damit ist Jean I. der Begründer eines Erbrechts, das auch weibliche Nachkommen berücksichtigt – und das seit über fünfhundert Jahren.

Im Jahre 1489 erkannten der französische König Charles VIII. und der Herzog von Savoyen die monegassische Unabhängigkeit unter der Regentschaft von Fürst Lambert I. an, und seither gibt es auch völkerrechtlich den unabhängigen Staat Monaco.

Unter der Regentschaft von Fürst Honoré II. (1597 – 1662) wurde Frankreich zur Schutzmacht Monacos, und Honoré II. beschloss, die alte Festung auf dem Felsen zu einem repräsentativen Palast umzubauen. Heutzutage ist es Besuchern Monacos möglich, zu bestimmten Zeiten, wenn die fürstliche Familie nicht anwesend ist, Teile des Palasts zu besichtigen, darunter auch offizielle Audienzzimmer, die auf die Zeit eben jenes Herrschers zurückgehen. Außerdem legte Honoré II. mit einer umfangreichen Sammlung von Gemälden den Grundstock zu der berühmten Ahnengalerie der Fürsten von Monaco, von der am Anfang dieses Kapitels schon die Rede war.

Nach dem Tod von Fürst Honoré II. im Jahre 1662 bestieg sein Enkelsohn Louis, das Patenkind des französischen Sonnenkönigs, Louis XIV., den Thron und nannte sich fortan Louis I. Ihm war es nicht vergönnt, sich ausführlich den Regierungsgeschäften in Monaco zu widmen, da er sich im Auftrag des französischen Königs viel im Ausland, vor allem in Rom aufhielt, um die politischen Interessen Frankreichs zu vertreten. Dort starb Louis I. im Jahre 1701, das durch den Beginn des spanischen Erbfolgekrieges gekennzeichnet ist.

Wie man sich leicht vorstellen kann, hatte die Französische Revolution auch für die Familie Grimaldi weit reichende Konsequenzen. 1789 wurden alle Adelsrechte durch das französische Parlament abgeschafft, und die Grimaldis wurden ebenfalls enteignet. Am 13. Januar 1793 wurde die Vereinigung des Fürstentums mit Frankreich beschlossen, und Fürst Honoré III. wurde in Paris in den Kerker geworfen, wo er 1795 sechs Monate nach seiner Freilassung starb. Die Frau seines zweiten Sohnes Joseph fand den Tod durch die Guillotine. Auch die restlichen Mitglieder der fürstlichen Familie wurden gezwungen, sich nach Frankreich zu begeben, wo sie teils in Haft oder in ärmlichen Verhältnissen lebten. Und auf dem berühmten Felsen, dem *rocher*, war der fürstliche Palast geplündert worden und diente zunächst als Kaserne, später als Krankenhaus, während man Monaco in Fort Hercule umbenannt hatte.

Erst im Jahre 1814, als Napoleon abdanken musste und die Unabhängigkeit Monacos durch den so genannten ersten Ver-

links: Begründer der Ozeanografie:
Fürst Albert I. (1848 – 1922)
rechts: Fürst Louis II.,
Rainiers Großvater (1870 – 1949)

trag von Paris wiederhergestellt werden konnte, kehrten die Grimaldis nach Monaco zurück.

Unter Charles III. (1818 – 1889) erfuhr das Fürstentum einen Aufschwung, der einem wahren Wirtschaftswunder glich. Die Veränderungen waren zunächst aus der Not geboren, als Charles III. am 2. Februar 1861 die beiden Städte Menton und Roquebrune an Frankreich abtreten musste und damit vier Fünftel seines Staatsgebietes verlor.

Dafür aber konnte der Fürst in einem gewissen Umfang Ausgleichsleistungen mit Napoleon III. vereinbaren, die die Infrastruktur von Monaco verbesserten.

Frankreich verpflichtete sich, die Küstenstraße zwischen Menton und Monaco auszubauen und instand zu halten; ferner sollte Monaco an die Eisenbahnstrecke Nizza–Genua angeschlossen werden. Und beide Staaten gingen ein Zollabkommen ein, was die Entwicklung des Postsystems in Monaco förderte.

links: Fürst Rainier III. im Alter von 25 Jahren kurz nach seinem Amtsantritt im April 1949
rechts: Fürst Albert II. – amtierender Herrscher von Monaco

Mit der Unterstützung seiner Frau, der Gräfin Antoinette de Mérode, die aus einer noblen belgischen Familie stammte, verlieh Charles III. Monaco und der neuen Stadt Monte Carlo über die Grenzen des Landes hinaus ganz neuen Glanz. Auf der Suche nach neuen Einnahmequellen für seinen Zwergstaat gründete er 1863 beispielsweise die berühmte »Société des Bains de Mer« (SBM), von der später noch ausführlicher die Rede sein wird. Mit dem Bau des Spielcasinos unter der Führung von François Blanc, dem »Zauberer von Monaco«, strömten immer mehr ausländische Touristen in den Miniaturstaat am Mittelmeer. Luxushotels entstanden, und der wirtschaftliche Erfolg des Spielcasinos war nach anfänglichen Schwierigkeiten so immens, dass bereits drei Jahre später, im Jahre 1869, die direkte Besteuerung abgeschafft werden konnte.

1889 bestieg nach dem Tod von Charles III. dessen Sohn Albert den Thron der Grimaldis und stattete Monaco mit einer eigenen Verfassung aus, was ihm in der Bevölkerung zu großer Beliebtheit verhalf. Obwohl Fürst Albert I. – wie wir im anschließenden Kapitel noch erfahren werden – seiner Familie gegenüber äußerst engstirnig und borniert agierte, galt er als aufgeklärter Mäzen, der durch seine Wohltätigkeit beim Volk sehr beliebt war. Als Albert I. 1922 starb, brach im ganzen Land eine große Volkstrauer aus.

Alberts Sohn Louis, der bei seiner Mutter Mary Victoria in Baden-Baden aufgewachsen war, folgte als Fürst Louis II. auf dem monegassischen Thron. Es gelang ihm, nachdem er zunächst nur widerwillig sein Erbe angetreten hatte, das kleine Land ohne größere Probleme durch die schwierigen Zeiten der Weltwirtschaftskrise zu führen.

Monaco war im Zweiten Weltkrieg bis zum 3. September 1944 von deutschen Truppen besetzt worden, doch diese wurden anfangs als weniger bedrohlich wahrgenommen als die Streitkräfte des faschistischen Italien. Doch wäre nicht Louis' Enkel Rainier – der Rainier, dem dieses Buch gewidmet ist – rechtzeitig de Gaulles Streitkräften des freien Frankreichs beigetreten, wäre es für Monaco möglicherweise nach Beendigung des Zweiten Weltkriegs kompliziert geworden. Denn de Gaulle hätte nach der Landung der Alliierten einen Präfekten in Monaco einsetzen und damit die monegassische Unabhängigkeit beenden können. Aber Fürst Louis II., der ohne männlichen Erben war und dessen Tochter Charlotte auf ihren Thronanspruch verzichtet hatte, versicherte in einer Erbfolgeregelung, dass sein Enkel Prinz Rainier eines Tages den Thron besteigen würde. Das stand im Einklang mit den Plänen de Gaulles, der wusste, dass er sich auf einen Fürsten Rainier III. verlassen konnte.

Und er sollte Recht behalten, denn mit Fürst Rainier III. ist am 6. April 2005 ein monegassisches Staatsoberhaupt gestorben, das nicht nur das dienstälteste von ganz Europa war, sondern auch durch viel Besonnenheit, Geschick und Klugheit seiner Zwergmonarchie zu einem beständig hohen Ansehen und wirtschaftlichem Reichtum verholfen hat.

Man darf gespannt sein, ob und inwieweit es dem neuen Fürsten Albert II. gelingen wird, das Werk seines Vaters weiterzuführen, der Monaco wie einen wirtschaftlich äußerst erfolgreichen Großkonzern geleitet hat.

3

Rainier Louis Henri Maxence Bertrand

»Er muss Fürst werden.
Wir haben keinen anderen Thronerben!«

Für den amtierenden Regenten Fürst Louis II. war Rainier ein echtes Wunschkind. Als sein einziger Enkelsohn und Nachfolger am 31. Mai 1923 um 8.25 Uhr in Monte Carlo das Licht der Welt erblickte, ließ er 101 Böllerschüsse abfeuern, damit jeder im Land wusste, dass der ersehnte Stammhalter zur Welt gekommen war. Der glückliche Fürst gab für seine Bediensteten Champagner aus, alle Staatsdiener bekamen einen Tag frei und mit dem nächsten Gehalt einen Sonderbonus. In der langen Familiengeschichte der Grimaldis war Rainier der erste Erbprinz, der im eigenen Land geboren wurde, und dazu noch im Palast statt in einer Klinik.

Die vollständige Liste seiner Vornamen lautet: Rainier Louis Henri Maxence Bertrand. Der überaus stolze Großpapa ließ es sich nicht nehmen, seinem Enkel 37 Titel mit auf den Lebensweg zu geben, darunter: Prinz von Monaco, Erbprinz von Monaco, Herzog von Valentinois, Graf von Carladès, Baron de Buis, Seigneur de Saint-Rémy, Sire de Matignon, Graf von Torigni, Baron von Saint Luc de la Luthumière und von Hambye, Herzog von Estouville, von Mazarin und von Mayenne, Fürst von Porsien, Graf von Ferrette, von Belfort, von Thann und von Rosemont, Baron von Altkirch, Seigneur von Isenheim, Markgraf von Chilly, Graf von Longjumeau, Baron von Massy und Markgraf von Guiscard.

Aber diese klangvollen Titel sagen natürlich nichts über den *Menschen* Rainier aus, der sich dahinter verbirgt. »Meine Titel sind nichts als Schall und Rauch«, erzählte Rainier einmal in einem Interview. »Ich habe sie mir nicht verdient, sondern sie wurden mir in die Wiege gelegt. Mein Leben war von der ersten Minute an vorprogrammiert, und das ließ mir in allen wichtigen Entscheidungen nie eine echte Wahl. Hätte ich eine gehabt, dann wäre ich wahrscheinlich lieber Zirkusdirektor als Fürst von Monaco geworden. Ich habe diese Gedanken aber nie zu Ende gedacht; dabei hatte ich mir als Kind vor dem Einschlafen oft fest vorgenommen, von einem Dasein außerhalb der Palastmauern zu träumen. Sogar Papier und Bleistift hatte ich mir neben das Bett gelegt, um alles nach dem Aufwachen sofort notieren zu können. Zu gern hätte ich damals gewusst, wie es gewesen wäre, als Sohn anderer Eltern aufzuwachsen. Aber der Zettel blieb leer. Später tröstete ich mich mit der Einsicht, wenigstens nicht meinen Träumen nachlaufen zu müssen.«

Wie war er, der Mensch Rainier? Warum spielte er als Junge manchmal mit dem Gedanken, wie sein Leben verlaufen wäre, wenn er andere Eltern gehabt hätte? Die Antworten auf diese Fragen liegen in seiner Kindheit begründet …

Rainiers Eltern Charlotte und Pierre haben nicht aus Liebe geheiratet, sondern wurden von Fürst Louis füreinander ausgesucht und regelrecht verkuppelt, wie es in aristokratischen Kreisen eben so üblich ist. Die meisten Ehen der älteren Generation von europäischen Monarchen funktionierten nach dem Schema: »Kronprinz heiratet Prinzessin aus bestem Adelsgeschlecht und macht sie später zu seiner Königin.« Warum sollten die Grimaldis da eine Ausnahme bilden?

Die Hauptaufgabe der königlichen oder fürstlichen Ehefrau besteht auch heute noch vor allem darin, einen Stammhalter zu

Fürst Rainier ganz privat vor dem Jagdschloss Marchais der Grimaldis im Norden Frankreichs

gebären. Erstens, weil die Nachfolge der Dynastie gesichert sein muss, und zweitens, weil das Volk es so wünscht. Es möchte Fotos von seiner »glücklichen Kronprinzenfamilie« sehen, sich diese Aufnahmen im Bilderrahmen in der guten Stube aufhängen, sie in besondere Fotoalben kleben oder voller Nationalstolz als Postkarten verschicken.

In der Regel arrangierten sich die adeligen Eheleute einer gestifteten Verbindung in irgendeiner Form und wahrten nach außen hin den Schein. Und wenn sie viel Glück hatten, entwickelte sich im Laufe des Zusammenlebens so etwas wie Zuneigung und in ganz seltenen Fällen sogar Liebe. Bei den Grimaldis hingegen war das *nie* der Fall. Jede Ehe, die arrangiert worden war, zerbrach.

Ein Paradebeispiel für eine derartig unglückliche Verbindung war die Ehe von Fürst Albert I. von Monaco, Rainiers Urgroßvater. Dessen Vater Charles III. und Frankreichs Kaiser Napoleon III. hatten beschlossen, Schicksal zu spielen, und in einem persönlichen Gespräch festgelegt, dass der junge Thronfolger Albert die schöne Lady Mary Victoria Douglas-Hamilton heiraten sollte. Albert war damals 21 Jahre alt, die Brautanwärterin gerade 18 geworden.

Das unfreiwillige Paar wurde einander im Grimaldi-Palast auf dem Felsen durch den kranken, fast erblindeten Fürst Charles III. mit folgenden Worten vorgestellt: »Ihr werdet heiraten.« Beide wussten sofort bei ihrer ersten Begegnung, dass sie sich zutiefst unsympathisch waren, aber sie wagten nicht zu widersprechen. Die Hochzeit fand im August 1869 auf Schloss Marchais im Norden Frankreichs statt, das auch heute noch zum Besitz der Grimaldis gehört.

Lady Mary Victoria Douglas-Hamilton war damals eine der besten Partien in politischer, wirtschaftlicher und standesgemäßer Hinsicht. Sie wurde am 11. Dezember 1850 in Hamilton Palace in London geboren; ihr Vater war der schwerreiche und mächtige William Alexander Archibald Hamilton, elfter Herzog von Douglas-Hamilton. Ihre Mutter war die bezaubernde Prinzessin Marie Elisabeth Caroline von Baden, eine Enkelin des Großherzogs Karl Ludwig Friedrich von Baden und Stephanie de Beauharnais (die übrigens eine Adoptivtochter von Kaiser Napoleon I. war).

Fürst Charles III. hatte seinem Sohn Albert und seiner neuen Schwiegertochter Mary Victoria eine Hochzeitsreise auf die Insel Madeira versprochen, doch das Paar war sich wenigstens darin einig, dieses Geschenk nicht annehmen zu wollen. Und sie waren sich auch einig, dafür keinen Grund zu nennen.

In den ersten Tagen ihrer Ehe griff Mary Victoria immer wieder gespielt verliebt nach der Hand ihres Mannes, wenn der

Schwiegervater in der Nähe war, bis Albert sie eines Nachmittags anherrschte: »Das brauchst du nicht zu tun. Mein Vater ist so gut wie blind und sieht das sowieso nicht.«

Mary Victoria hasste den fürstlichen Palast, weil sie sich dort wie in einem goldenen Käfig fühlte und unter der Hofetikette litt, die ihr viel zu streng und zu altmodisch erschien. Von düsteren Vorahnungen befallen, eilte ihre Mutter Prinzessin Marie Elisabeth Caroline von Baden nach Monte Carlo und richtete sich im fürstlichen Palast ein, um ihrer Tochter Beistand zu leisten – sehr zum Missfallen von Schwiegersohn Albert. Die junge Mary Victoria hätte er sich vielleicht noch zurechtbiegen können, aber jetzt versteckte sie sich hinter ihrer Mutter, die alle Fäden in die Hand nehmen wollte.

Nach einem Monat Aufenthalt im Palast fragte die Prinzessin von Baden ihre Tochter: »Liebst du ihn?«

Die Antwort kam wie aus der Pistole geschossen: »Nein. Sogar das Atmen fällt mir in seiner Gegenwart schwer.«

Mutter und Tochter fielen sich weinend in die Arme, und jedes weitere Wort war überflüssig geworden.

Als Erbprinz Albert eines Tages bemerkte, dass seine Ehefrau, die neue Prinzessin von Monaco, offizielle Dokumente und Briefe weiterhin mit Lady Mary Victoria Douglas-Hamilton unterschrieb, wurde er sehr wütend. »Du bist jetzt eine von Monaco, vergiss das bitte nicht«, sagte er mit tiefem Groll in der Stimme.

»Das ist mir egal, das interessiert mich nicht«, war ihre gereizte Antwort, die sie ihm jedoch, wie bei allen Auseinandersetzungen, mit einem milden Lächeln präsentierte, was ihren Ehemann regelmäßig zur Weißglut brachte. Der Kleinkrieg zwischen den beiden Eheleuten drohte immer weiter zu eskalieren.

»Ich habe diese Heirat nicht gewollt«, verkündete Albert sechs Wochen nach der Hochzeitszeremonie gegenüber seiner

Frau, die daraufhin lapidar antwortete: »Glaube mir, ich auch nicht.« Das war wirklich der einzige Punkt, in dem das Paar übereinstimmte, nachdem es rasch begriffen hatte, dass es niemals in der Lage sein würde, aus der Situation das Beste zu machen.

Eines Nachmittags, beim Tee im Palastgarten, sagte Mary Victoria zu ihrer Mutter: »Siehst du die beiden kleinen grünen Vögel dort drüben in ihrem Käfig? Wie lange mögen sie wohl schon dort zusammen sein? Jeder sitzt in seiner Ecke. Sie singen nicht, sie zwitschern nicht, sie haben sich dieses Leben bestimmt nicht ausgesucht. Irgendjemand hat sie gekauft oder gefangen und dort eingesperrt. Wahrscheinlich mögen sie sich nicht einmal. Aber danach wird ja nicht gefragt. Ich bin mir sicher, dass sich darüber auch noch nie ein Mensch einen einzigen Gedanken gemacht hat. Und ich – ich fühle mich wie einer dieser beiden Vögel.«

Die Prinzessin von Baden nickte und wagte nicht, ihrer unglücklichen Tochter in die Augen zu blicken. Plötzlich stand Mary Victoria auf, setzte ihren Strohhut auf und ging zu dem Käfig hinüber. Dann öffnete sie das kleine Türchen und entließ die Tiere in die Freiheit. Tränen liefen ihr über die Wangen, als sie beobachtete, wie die Vögel fröhlich zwitschernd unter dem blauen Sommerhimmel verschwanden …

Erbprinz Albert war die Geschichte mit den freigelassenen Vögeln zugetragen worden, und zum ersten Mal empfand er so etwas wie Sympathie für seine Frau. Doch das war nicht genug für ein gemeinsames Leben. Kurz entschlossen heuerte er auf einem Schiff an und fuhr zur See – ohne sich von seiner Ehefrau zu verabschieden, die zu diesem Zeitpunkt bereits sein Kind unter ihrem Herzen trug. Die fürstliche Prinzessin fühlte sich zutiefst verletzt und zog aus dieser Schmach ihre Konsequenzen, indem sie ihren Mann während dessen Abwesenheit nach knapp sechsmonatiger Ehe im Februar 1870 verließ und Monaco den Rücken kehrte. Zusammen mit ihrer Mutter flüchtete sie nach Baden-Baden und brachte dort am 12. Juli einen Sohn zur Welt – den ersten und einzigen in Deutschland geborenen Grimaldi.

In einem kurzen Brief, der mit einem Kurier von Baden-Baden nach Monte Carlo geschickt wurde, teilte Mary Victoria ihrem Mann mit: »Du hast einen Sohn. Wie soll er heißen?«

Der Bote wartete im Fürstenpalast und nahm das noch kürzere Antwortschreiben des Vaters Albert gleich wieder mit zurück nach Deutschland. Darin standen nicht etwa Glückwünsche oder gar die Frage, wie es der Mutter im Wochenbett erging, sondern lediglich vier Namen: »Louis Honoré Charles Antoine«.

Prinz Louis wuchs in Baden-Baden auf, umsorgt von seiner Mutter Mary Victoria, die ihn abgöttisch liebte. Neben seiner Muttersprache Deutsch lernte er auch Französisch und Englisch und konnte zwischen diesen drei Sprachen fließend und akzentfrei wechseln. Seinen Papa, Erbprinz Albert, lernte er erst kurz vor seinem zehnten Geburtstag kennen, als Mary Victoria 1880 nach Monaco reisen musste. Der traurige Anlass war die Scheidung seiner Eltern. Während Mary Victoria die dazu notwendigen Papiere im Audienzzimmer unterschrieb, spazierten Vater und Sohn für ungefähr zehn Minuten allein durch den Garten des Palastes.

»Das alles wird einmal dir gehören«, schwärmte Albert seinem Sohn vor, den er gerade erst kennen gelernt hatte.

Fragend blickte sich der Kleine im Garten um.

»Nein, doch nicht nur das hier«, sagte Albert nervös und zog seinen Sohn auf einen Stuhl, damit er über die Palastmauer schauen konnte. »Da unten, das ist Monaco. *Das* wird dir einmal gehören.«

Der kleine Prinz nickte artig, doch es war nicht zu übersehen, wie sehr er sich freute, als seine Mutter plötzlich im

Garten erschien. »Das war's«, sagte sie zu Albert, nahm ihren Sohn an die Hand und verließ Monaco für immer.

Während Mary Victoria nie wieder eine Ehe einging, flüchtete sich ihr geschiedener Mann Albert in die Arme der verwitweten Herzogin Alice von Richelieu. Er bezeichnete sie als die große Liebe seines Lebens und heiratete sie schon vier Wochen nach der Scheidung von Mary Victoria. Doch Alice war mannstoll und betrog ihn nach Strich und Faden. Im Laufe der Jahre wurde ihr Verhalten so dreist, dass Albert nichts anderes mehr übrig blieb, als sich wieder scheiden zu lassen. Nun befand Albert, dass es an der Zeit war, Kontakt zu seinem Sohn Louis aufzunehmen, um den er sich nie zuvor gekümmert hatte. Der Prinz war zu einem intelligenten jungen Mann herangewachsen und damit der ganze Stolz seiner Mutter Mary Victoria.

Im Jahre der Thronbesteigung seines Vaters, 1889, hatte Louis auf einem Pariser Internat gerade sein Abitur mit Bestnoten abgelegt. Mittlerweile wusste er auch, dass sein Vater Albert I. jetzt Fürst von Monaco war, doch das interessierte ihn herzlich wenig. Dennoch musste Louis in seiner Eigenschaft als Erbprinz dem Ruf des Palastes folgen, auch wenn er das Gemäuer auf dem schroffen Felsen nicht mochte, weil seine Mutter dort so unglücklich gewesen war. In der fürstlichen Residenz angekommen, fühlte er sich in der Zimmerflucht, die ihm der Vater zur Verfügung gestellt hatte, entsetzlich unbehaglich. Auch fand er keinen Zugang zu den Kammerherren, den Dienern und seinem Sekretär, da sie sich alle in seinen Augen viel zu förmlich benahmen. Er hätte lieber junge Leute um sich gehabt – doch der Vater bestand auf dem altgedienten Personal, was dazu führte, dass Louis ihm auswich und seine Aufenthalte in Monaco auf das Nötigste beschränkte.

In seiner Verzweiflung schrieb Fürst Albert I. seiner geschiedenen Frau nach Baden-Baden: »Unser Sohn soll sich gefälligst daran gewöhnen, künftig in Monaco zu leben, weil er in die Staatsgeschäfte eingeweiht werden muss.«

Mary Victoria antwortete postwendend: »Unser Sohn muss gar nichts. Wenn es ihm genehm ist, wird er sich an seine Pflichten, wenn er sie denn erfüllen möchte, erinnern.«

Der alte Hass, vielleicht war es sogar eine Art von Hassliebe, brandete wieder auf und wurde in dem Briefwechsel zwischen Albert und Mary Victoria immer deutlicher. Sie hatte die Macht in Händen, weil ihr Sohn, der künftige Fürst von Monaco, nur ihr vertraute und keineswegs dem Vater, den er nicht mochte. Aber Fürst Albert I. war auf seinen einzigen Sohn als Thronerben angewiesen, um zu verhindern, dass Monaco nach seinem Tod an Frankreich fiel. Mary Victoria genoss ihre süße Rache und dachte nicht im Traum daran, zwischen Vater und Sohn zu vermitteln. Im Gegenteil, schon im Herbst 1890 bekräftigte sie Louis in seinem Entschluss, ins Afrikakorps einzutreten und Frankreich in Algerien zu dienen. Dank seiner strengen Ausbildung auf einer französischen Militärschule verfügte Louis bereits über den Rang eines Unteroffiziers.

Prinz Louis wurde in Constantine, der drittgrößten Stadt Algeriens, stationiert, wo er sich ausgesprochen wohl fühlte. In Briefen an seine geliebte Mutter schwärmte er: »Mama, hier fühle ich mich wie im Paradies auf Erden. Ich bitte dich von Herzen, einmal herzukommen …«

Mary Victoria hat es nie geschafft, ihren Sohn in seiner Wahlheimat zu besuchen, was sie später bereut haben soll. Doch es bleibt fraglich, ob es ihr dort gelungen wäre, den Hang ihres gut aussehenden Sprösslings zu bürgerlichen Damen zu verhindern. Das Schicksal nahm seinen Lauf, als Louis am 13. Juli 1894, einen Tag nach seinem 24. Geburtstag, mitten auf der Straße von Constantine eine Frau kennen lernte, die sein Leben von Grund auf veränderte: Marie-Juliette Louvet war drei Jahre älter als er und von Beruf Wäscherin. Die beiden sahen sich in die Augen und verliebten sich unsterblich ineinander, sodass sich Marie-Juliette schon wenig später von ihrem Mann, einem Fotografen halb nackter Damen, scheiden ließ.

In seinen Briefen an die geliebte Frau Mama im fernen Baden-Baden erwähnte der Prinz seine Angebetete zunächst mit keinem Wort, doch das sollte sich schlagartig ändern, als feststand, dass Marie-Juliette ein Kind von ihm erwartete. Am 30. September 1898 war es so weit, und Marie-Juliette gebar ihrem geliebten Prinzen eine kleine Tochter: Charlotte Louise Juliette. Als Mary Victoria von diesem Ereignis durch einen Brief ihres Sohnes erfuhr, fiel sie in Ohnmacht.

Fürst Albert wurde persönlich von seinem Sohn informiert, als dieser nach Monaco reiste, um von seinem Vater die Zustimmung für eine Heirat mit Marie-Juliette zu erbitten. Der Fürst tobte und machte seinem Sohn unmissverständlich klar, dass eine Hochzeit mit dieser geschiedenen Wäscherin aus Algerien unter keinen Umständen in Frage käme und dass er allen Ernstes gedenke, über diese Frau für den Rest seines Lebens nie wieder ein einziges Wort zu verlieren.

Was nun? Tief betrübt und ohne jegliche Hoffnung auf ein Eheglück mit Marie-Juliette reiste Prinz Louis zurück nach Constantine. Marie-Juliette aber war eine Frau mit klarem Menschenverstand, die nie daran geglaubt hatte, dass der Fürst von Monaco einer Ehe zustimmen würde. Darum war die Absage trotz des großen Schmerzes keine Überraschung für sie. Sie tröstete ihren Geliebten nach dessen Rückkehr und versuchte, für sich und ihn das Beste aus der Situation zu machen.

Nach zwei Jahren erkannte Louis die kleine Charlotte sogar offiziell mit Brief und Siegel, wie das damals üblich war, als sein Kind an. Er glaubte, damit von seinem Vater eine Heirat erpressen zu können, und reiste wieder voller Hoffnung nach Monaco. Doch Fürst Albert I. blieb weiterhin stur und sprach,

Tochter einer algerischen Wäscherin: Erbprinzessin Charlotte von Monaco, Mutter von Rainier

wie er es sich vorgenommen hatte, den Namen der Mutter seiner unehelichen Enkelin kein einziges Mal aus. Stattdessen verlangte Albert I. von seinem Sohn, dass er unverzüglich nach Monaco zurückkommen solle, und zwar für immer.

»Von mir aus auch mit deinem Kind. Aber ohne SIE!«, lautete der unmissverständliche Befehl.

Auch dieses Mal hatte Marie-Juliette den hoffnungslosen Ausgang des Gesprächs in Monaco vorhergesehen und einen Plan geschmiedet, der ihr schier das Herz zu brechen drohte. Als Prinz Louis nach Algerien zurückkehrte, sollte er seine Lebensgefährtin völlig unerwartet von einer ganz neuen Seite kennen lernen: »Ich liebe dich nicht mehr!«, kreischte sie, als er sie umarmen wollte. »Ich will dich nie wiedersehen und unser

Kind auch nicht. Nimm Charlotte und geh mit ihr nach Monte Carlo. Geh, geh noch heute!«

Louis verstand die Welt nicht mehr – wo war die Frau geblieben, deretwegen er in Monaco gerade durch Hölle und Fegefeuer gegangen war?

»Du sollst gehen!«, schrie sie erneut aus Leibeskräften. »Ich hasse dich!« Dann küsste die verzweifelte Mutter ihre Tochter ein letztes Mal und schob sie in die Arme ihres Geliebten. Noch am selben Abend reiste Louis völlig verzweifelt mit seinem Kind zurück nach Monaco.

Es sollten noch viele Jahre vergehen, bis Prinz Louis erfuhr, dass Marie-Juliette ihn und ihre Tochter immer abgöttisch geliebt hatte. Aber sie war klug genug gewesen, um zu sehen, dass es für sie und Louis kein gemeinsames Leben geben konnte, und so wollte sie wenigstens ihrem Kind eine gute Zukunft sichern. Sie selbst war viel zu stolz, um von dem Mann, den sie liebte, auch nur eine einzige Münze anzunehmen.

Marie-Juliette verdiente sich ihren Lebensunterhalt weiterhin als Wäscherin, ihr Herz krank vor Sehnsucht nach Louis und ihrem Töchterchen. In den langen verweinten Nächten ihrer Einsamkeit tröstete sie sich mit der Vorstellung, dass ihr Liebstes bei ihrem Liebsten war. Was für eine Frau!

Die kleine Charlotte wurde im Palast der Grimaldis von französischen und englischen Gouvernanten zur Prinzessin erzogen. Ihr Vater Louis liebte sie von Herzen, während Großvater Fürst Albert I. »dieses Kind der algerischen Wäscherin« nur sehen wollte, wenn es sich nicht vermeiden ließ, wie zum Beispiel an Weihnachten oder zu offiziellen Anlässen wie dem monegassischen Nationalfeiertag. Die Kleine durfte nicht etwa liebevoll Großpapa zu ihm sagen, sondern musste ihn stets mit »Monseigneur« anreden.

Prinz Louis teilte seine freie Zeit zwischen Tochter und

Vater auf und konnte wenigstens durchsetzen, dass er Charlotte zum Mittagessen sehen durfte. Die abendlichen Diners musste er jedoch mit Fürst Albert einnehmen, der ihn mehr und mehr in die Regierungsgeschäfte einband. So wurde Prinz Louis zum Vorstand des fürstlichen Haushalts und organisierte Kabinettssitzungen, die er später selbst leitete.

Fürst Albert I. war mit den Leistungen seines Sohnes zufrieden und widmete sich im Laufe der Jahre immer mehr seinen persönlichen Hobbys, unter anderem dem Segeln. Sein ganzer Stolz war seine nagelneue Yacht *Prinzessin Alice II*, die er wenige Tage nach der Jungfernfahrt dem deutschen Kaiser Wilhelm II. präsentierte, als dieser mit seiner Yacht *Hohenzollern* im Hafen von Monte Carlo vor Anker lag. Der Fürst und der Kaiser verstanden sich blendend und liebten den nächtlichen Gedankenaustausch bei einer Flasche Rotwein und einer guten Zigarre.

Diese Freundschaft zwischen Fürst Albert I. von Monaco und Kaiser Wilhelm II. von Deutschland ist für alle, die Interesse an Adelsgeschichte haben, äußerst aufschlussreich. Denn die beiden Monarchen hätten sich damals sicherlich nicht einmal im Traum vorstellen können, dass ihre Familien später sehr eng miteinander verbunden sein würden, und dies sogar mit einer gemeinsame Blutsverwandten: Prinzessin Alexandra von Hannover. Die am 20. Juli 1999 geborene Tochter von Prinzessin Caroline von Monaco und Prinz Ernst August von Hannover ist die Ururenkelin von Fürst Albert I. und die Ururenkelin von Kaiser Wilhelm.

Zum besseren Verständnis möchte ich an dieser Stelle eine kleine Ahnenreihe darstellen – ausgehend von der kleinen Prinzessin Alexandra und ihren Eltern:

Mütterlicherseits: Prinzessin Alexandra von Hannover ist die Urenkelin eben jener Prinzessin Charlotte (1898-1977), die aus Algerien stammt. Ihr Ururgroßvater war Fürst Louis II.

von Monaco – und damit war Fürst Albert I. von Monaco ihr Ururgroßvater.

Väterlicherseits: Carolines Ehemann Prinz Ernst August von Hannover ist der Sohn des ersten Prinzen Ernst August von Hannover (1914-1987). Seine Großmutter war die deutsche Kaisertochter Prinzessin Viktoria Luise von Preußen, und sein Urgroßvater war Kaiser Wilhelm II. von Deutschland (1859-1941) – der damit der Ururgroßvater von Ernst Augusts Töchterchen Prinzessin Alexandra von Hannover ist.

Aber kehren wir in den Palast von Monaco zurück, wo Charlotte im September 1905 ihren siebten Geburtstag feierte. Kurz darauf schickte Vater Louis sie in ein französisches Internat und später auf die besten Schulen von Paris, so dass sie erst als junge Frau wieder nach Monaco kam. Und dort wurde sie auch dringend gebraucht – nämlich als Thronerbin!

Da Prinz Louis nicht verheiratet war und keine weiteren Kinder hatte, wurde Charlotte mit zwanzig Jahren zur rechtmäßigen Thronanwärterin ernannt und in der Folge am 16. Mai 1919 in der monegassischen Gesandtschaft in Paris von ihrem Vater adoptiert.

Großvater Fürst Albert I. hatte nur äußerst ungern seine Zustimmung gegeben, aber schließlich war ihm keine andere Wahl geblieben. Fortan war Charlotte die legitime Tochter von Prinz Louis und damit Erbprinzessin von Monaco. Sie erhielt zusätzlich den Titel Herzogin von Valentinois.

Als Charlotte mit ihrem Vater Louis eine Woche nach der Adoption nach Monte Carlo zurückkam, wurden die beiden ins Kaminzimmer des Palastes zu Fürst Albert I. bestellt. Charlotte trug ein leuchtend gelbes Kleid und machte einen formvollendeten Hofknicks vor Monseigneur Großpapa. Dann geschah etwas, das ihr schier den Atem raubte: Der alte Fürst nahm seine Enkelin zum ersten Mal in die Arme und küsste sie auf die Stirn! Prinz Louis stiegen bei dem Anblick die Tränen in die Augen. Wenige Minuten später zeigten sich Fürst Albert I. und Prinz Louis mit der vor Glück strahlenden Charlotte auf dem Balkon des Grimaldi-Palastes. Das Volk jubelte der neuen Erbprinzessin stürmisch zu und rief immer wieder: »Viva Charlotte! Viva Charlotte!«

Der Fürst, der bei seinen Untertanen sehr beliebt war, registrierte diese Anerkennung sichtlich gerührt und legte die Arme um Sohn und Enkelin.

Doch zogen nun Friede, Freude und Familienglück ins Haus Grimaldi ein? Weit gefehlt. Fürst Albert hatte nicht von heute auf morgen die große Liebe zu seiner Enkeltochter entdeckt, er wollte sie lediglich für seine Pläne gewinnen, die er zunächst mit seinem Sohn besprach. Zu diesem Zweck zitierte er ihn in sein Arbeitszimmer und fing an: »Deine Tochter wird heiraten.«

»Was?«, fragte der erstaunte Prinz Louis. »Sie hat mir nicht gesagt, dass sie verliebt ist.«

»Das tut nichts zur Sache.«

»Hat Charlotte mit dir gesprochen?«

»Nein, natürlich nicht. Sie weiß ja noch nicht, dass sie heiraten wird.«

»Das kannst du nicht tun!«

»Doch, das kann ich.«

»Wen, um Himmels willen, soll sie denn heiraten?«

»Das werde ich dir in den nächsten Tagen noch sagen.«

»Hast du Charlotte gegenüber eine Andeutung gemacht?«

»Nein, sie wird es noch früh genug erfahren …«

Fürst Albert I. hatte sich zweimal mit dem französischen Präsidenten Raymond Poincaré getroffen, der auch einer der Paten bei der Adoption von Charlotte gewesen war, um mit ihm über die Zukunft seiner Enkelin zu sprechen. Er wollte die enge

Bindung zu Frankreich vertiefen und die Erbprinzessin an einen Franzosen verheiraten. Dieser Vorschlag gefiel dem Präsidenten, und er hatte auch sofort einen Heiratskandidaten parat: Graf Pierre de Polignac, einen gut aussehenden jungen Mann, höflich und aus einer der besten aristokratischen Familien Frankreichs stammend, die leider verarmt war.

»Wie sag ich's meinem Kinde?«, fragte Prinz Louis seinen Vater Fürst Albert wortwörtlich, als er den Namen des Auserwählten hörte.

»Gar nicht«, erwiderte der Fürst ruhig. »Das übernehme ich.« Und um ihren Großvater, der ihr doch plötzlich so zugetan war, nicht zu enttäuschen, stimmte Charlotte tatsächlich der Heirat zu.

Drei Monate nachdem das Paar sich kennen gelernt hatte, fand am 19. März 1920 die Hochzeit in Monaco statt – von der großen Liebe konnte allerdings nicht die Rede sein. Doch wenigstens waren sich Pierre und Charlotte nicht von Anfang an unsympathisch. Noch im selben Jahr, am 28. Dezember, brachte Erbprinzessin Charlotte ein Kind zur Welt: Antoinette Louise Alberte Suzanne. Prinz Louis war überglücklich, Großvater geworden zu sein, und küsste seine Tochter und seine Enkelin voller Liebe und Dankbarkeit.

Fürst Albert I. dagegen war bitter enttäuscht: »Ein Mädchen, na ja, was hätte ich anderes erwarten können. Verdammt, wir brauchen einen weiteren Thronfolger.«

Louis schüttelte fassungslos den Kopf. »Freust du dich denn gar nicht?«

»Doch, mein Sohn«, erwiderte der frisch gebackene Urgroßvater gelassen und legte Louis eine Hand auf die Schulter. »Aber in solchen Momenten denke ich an den Fortbestand unserer Dynastie.«

Charlotte sollte, wie wir nur allzu gut wissen, noch einen Sohn bekommen, aber das durfte Fürst Albert I. nicht mehr erleben, denn er starb am 26. Juni 1922 während eines Aufenthaltes in Paris. Sein Leichnam wurde nach Monaco überführt und zwei Wochen später feierlich in der Kathedrale von Monte Carlo beigesetzt. Seinen Untertanen blieb er als gerechter Fürst und guter Landesvater in Erinnerung, und nicht nur das: Fürst Albert gilt unter anderem auch als Begründer der Ozeanografie.

Sein Ururenkel, der heutige Fürst Albert II. von Monaco, ist allerdings zwiespältiger Meinung, wenn es um den berühmten Vorvater geht: »Sicherlich war Fürst Albert I. ein interessanter Mann. Aber ich verspüre in mir mehr Sympathie für meinen Urgroßvater Fürst Louis II., weil er menschlicher war.«

Das mag nicht verwunderlich erscheinen, wenn man bedenkt, dass Fürst Louis in Charlotte ein uneheliches Kind hatte, und auch Fürst Albert II. im Juli 2005 seinen unehelich geborenen Sohn Alexandre anerkannte – hierzu in Kapitel elf mehr.

Viele Monegassen haben sich übrigens gewundert, dass Albert nicht traditionsgemäß auf den Tag genau drei Monate nach der Trauerzeit um seinen Vater Fürst Rainier III. sein Amt übernahm. Doch Albert hatte bis zum 12. Juli 2005 gewartet – dem 135. Geburtstag seines verstorbenen Urgroßvaters Fürst Louis II.

Während der Trauerzeit für Fürst Albert I. ruhten in Monaco die Staatsgeschäfte, und es gab sogar Überlegungen, das Spielcasino zu schließen. Aber auf die Einnahmen hatte man letztendlich doch nicht verzichten wollen.

Am 26. September 1922 übernahm Louis die Amtsgeschäfte, und eine Woche später wurde er im Thronsaal des Grimaldi-Palastes offiziell zum neuen Fürsten gekrönt. Zu diesem Anlass zeigte er sich auf dem Balkon mit Tochter Charlotte,

Schwiegersohn Pierre und Enkelin Antoinette. Die treuen Untertanen jubelten und erhofften sich eine lange und friedvolle Regierungszeit ihres neuen Landesvaters.

Charlotte übernahm als Erbprinzessin und damit als Thronfolgerin immer mehr Repräsentationspflichten, doch litt sie im Laufe der kommenden Monate immer häufiger an Unwohlsein und musste sogar mehrere Termine absagen. Der Grund war eine zweite Schwangerschaft, wie ihr die Hofärzte mitteilten, woraufhin die Erbprinzessin zuerst ihren Vater und dann ihren Mann Pierre von der glücklichen Nachricht unterrichtete. Am 31. Mai 1923 brachte sie im Grimaldi-Palast einen gesunden Jungen zur Welt: Rainier Louis Henri Maxence Bertrand. Einen Sohn, einen Stammhalter, einen Thronfolger, einen zukünftigen Fürsten! Der Jubel der Monegassen war grenzenlos.

Doch Charlotte und ihr Mann Pierre hatten sich leider schon Monate vor der Geburt Rainiers kaum noch etwas zu sagen gehabt und mussten einsehen, dass ihre arrangierte Ehe nicht funktionierte. Was anfangs noch nach gegenseitigem Verständnis ausgesehen hatte, verwandelte sich in einen Machtkampf, denn beide waren vom Charakter her sehr dominant. Während die schöne Charlotte ihren Ruhm und ihre Beliebtheit als Erbprinzessin genoss, konnte sich der zuweilen arrogant wirkende Pierre an seine Rolle als Prinzgemahl nicht gewöhnen. Es verletzte seinen männlichen Stolz, wenn er in der Öffentlichkeit immer einen Schritt hinter seiner fürstlichen Gemahlin hergehen musste. Doch viel schlimmer war, dass sie keinerlei gemeinsame Interessen hatten, und das gipfelte schließlich darin, dass sie sich schon langweilten, wenn sie sich nur zusammen in einem Raum aufhielten. Die Atmosphäre jedoch war dann zum Schneiden. Was den beiden fehlte, war die wichtigste Grundlage für eine Beziehung: die Liebe, wie sie in Fürstenhäusern damals eine noch größere Rarität war als heutzutage.

In den kommenden Jahren versuchte Fürst Louis zwischen

Tochter und Schwiegersohn zu vermitteln und bat die beiden, es doch wenigstens der Kinder wegen weiter miteinander zu versuchen. Doch es half alles nichts. Am 8. Februar 1930 wurde die Ehe von Charlotte von Monaco geschieden. Der kleine Rainier war damals erst sechs Jahre alt, seine Schwester Antoinette neun. Das Sorgerecht für die Kinder erhielt am Anfang Vater Pierre, weil sein monegassischer Anwalt Louis Auréglia, ein politischer Erzfeind des Fürsten Louis, vor Gericht besser argumentierte. Wie er das in Einzelheiten anstellte, steht in den Unterlagen des Prozesses, die fest verschlossen in einem Tresor im fürstlichen Palast liegen. Der Fürst konnte aber wenigstens durchsetzen, dass er in Erziehungsfragen das letzte Wort haben würde.

Rainier und Antoinette zogen mit ihrem Vater in eine hochherrschaftliche Villa nach Nizza, während ihre Mutter Charlotte nach Paris umsiedelte, um dort ihr Leben neu zu ordnen. Die Kinder sahen ihre Mutter nun viel zu selten, und auch Fürst Louis II. bedauerte den Weggang seiner Tochter, denn ihm fehlte für offizielle Auftritte nun eine First Lady an seiner Seite. Charlotte war jedoch der Ansicht, sie habe mit der Geburt des Thronfolgers Rainier ihre Schuldigkeit für Monaco getan, und sie beschloss, künftig gar nicht mehr zu repräsentieren. Dies war ein harter Schlag für den Fürsten. Von heute auf morgen hatte er die drei Menschen, die er am meisten liebte, nicht mehr um sich: die Tochter und die Enkelkinder.

Große Einsamkeit machte sich im Palast breit, während Charlotte als Erbprinzessin von Monaco zu einer schillernden Figur der Pariser Gesellschaft wurde. Doch es gab auch eine andere Seite an ihr, die sehr großzügig und aufopfernd war. Heimlich und im Schutz einer selbst gewählten Anonymität ließ sich Charlotte zur Krankenschwester ausbilden und pflegte Arme und Bedürftige in Hospitälern und Hospizen. Sie besaß ein großes Herz und hoffte inbrünstig, dass die sterbenden

Fürst Louis II. 1924 im Kreise seiner Familie (v. l. Erbprinzessin Charlotte, Prinzessin Antoinette, Pierre de Polignac und Prinz Rainier)

Frauen und Männer, die sie als *Schwester Charlotte* auf dem letzten Weg betreute, sie um ihrer selbst willen liebten.

Das Schicksal schenkte Erbprinzessin Charlotte in dieser Zeit einen der unvergesslichsten Augenblicke ihres Lebens. Es war der 24. September 1930 – eine knappe Woche vor ihrem 32. Geburtstag. Schwester Charlotte war wie immer pünktlich zu ihrer Schicht im Krankenhaus erschienen und sollte dort an die fünfzehn Frauen waschen, betten und füttern. Sie verrichtete ihre Aufgabe wie immer mit einem liebevollen Lächeln und aufmunternden Worten für ihre Patientinnen. Summend blieb sie vor dem Bett einer Kranken stehen, die als Nächstes an der Reihe war, und versuchte, den mit Bleistift hingekritzelten Namen zu lesen. Und was sie dort entzifferte, ließ sie schlagartig verstummen. Der Name lautete: *Louvet.*

»Warum singen Sie nicht weiter, Schwester?«, fragte die Kranke leise und mit geschlossenen Augen. Charlotte konnte kein Wort hervorbringen, ihr Herz raste. Durfte es wahr sein, was da als Gedanke durch ihren Kopf schoss? Als sie merkte, wie todkrank die Frau in dem Bett vor ihr war, umarmte sie sie und sang ihr ein französisches Kinderlied.

»Schön, o wie schön, ich hatte mal eine Tochter ...«, waren die letzten Worte der sterbenden Frau.

Wie betäubt holte Charlotte sofort einen Arzt, der nickend nur noch den Tod bestätigen konnte. Dann blickte er in die tränenverschleierten Augen der Krankenschwester vor ihm und fragte: »Dieser Fall scheint Sie aber besonders zu erschüttern, warum ist das so? Sie waren doch sonst immer so tapfer.«

Tränenüberströmt küsste Charlotte die Verstorbene auf die Wange und flüsterte: »Weil ich glaube, dass sie meine Mutter war!«

Es war tatsächlich Charlottes Mutter, Marie-Juliette Louvet, die durch einen wahnwitzigen Zufall ihre letzten Minuten in den Armen ihrer Tochter verbringen durfte, ohne zu wissen, wen sie vor sich hatte. Marie-Juliette Louvet, die Wäscherin aus Constantine in Algerien – sie wurde nur 63 Jahre alt. Über die Jahre hinweg hatte sie von ihrem kargen Lohn Geld zurückgelegt, falls es ihr im Alter einmal schlecht gehen sollte und sie ärztliche Hilfe benötigte. Und als die Krankheit Krebs tatsächlich in ihrem Körper wütete, bat Marie-Juliette einen Cousin, ihr die Reise nach Paris und den Aufenthalt in einer Klinik dort zu organisieren. Sie hatte sich Heilung erhofft, aber jede Hilfe war zu spät gekommen. Charlotte hat natürlich nie erfahren, ob ihre Mutter nicht vielleicht doch gespürt hatte, wer ihr während ihrer letzten Atemzüge zur Seite stand ...

Nachdem Charlotte ihre Mutter ganz allein und in aller Stille zu Grabe getragen hatte, fuhr sie nach Monte Carlo zu Fürst Louis II.

»Meine Mutter ist tot, doch ich war in den letzten Minuten an ihrer Seite«, eröffnete sie das Gespräch mit ihrem Vater.

»Geht es dir nicht gut? Charlotte, was redest du! Du bist krank!«, regte sich der Fürst auf.

Doch dann setzte sich Charlotte ihrem Vater gegenüber in einen Sessel und erzählte ihm die ganze Geschichte. Als sie geendet hatte, schien der Fürst förmlich in sich zusammenzusacken. »Marie-Juliette«, hauchte er und hielt sich krampfhaft mit beiden Händen an den Lehnen seines Sessels fest. »Weißt du, dass du ihr wie aus dem Gesicht geschnitten bist?«

Charlotte blickte betreten zu Boden, und es war genau dieser scheue Blick von Marie-Juliette, in den sich Louis einst verliebt hatte. Der Fürst atmete tief durch und sagte seufzend: »Wenn es eine höhere Schicksalsmacht gibt, dann glaube ich ab heute daran.«

Graf Pierre de Polignac war mit der Erziehung von Antoinette und Rainier überfordert und ließ sie immer häufiger allein, während er sich wieder der Damenwelt widmete. Die Kinder wurden ihm schließlich endgültig zu viel, und so brachte er sie seinem Schwiegervater Fürst Louis zurück in den fürstlichen Palast hoch oben auf dem Felsen, dem *rocher*.

Rainier hat später in mehreren Interviews bestätigt, dass er und seine Schwester Prinzessin Antoinette eine unbeständige, unglückliche und lieblose Kindheit hatten. Der kleine Prinz war gerade einmal elf Jahre alt, als Großpapa Louis ihn auf das englische Internat St. Leonard's-on-Sea in Summerfields schickte, von wo aus er später nach Stowe in Buckinghamshire wechselte. Dem luxusverwöhnten Rainier gefiel es auf den englischen Schulen überhaupt nicht. Er mochte sich nicht damit

Aller Anfang ist schwer: Fürst Rainier als Internatsschüler

abfinden, dass er mit 20 anderen Kindern in einem Schlafraum zu nächtigen hatte, außerdem war er der einzige Ausländer und wurde von seinen Mitschülern häufig schikaniert. Wegen seiner Pummeligkeit riefen sie ihm »fetter kleiner Monaco« hinterher. Mehr als einmal hat der kleine Rainier versucht, aus dem Internat zu fliehen, doch die Polizei fing ihn jedes Mal am Bahnhof ein und brachte ihn zu seinem Schulleiter zurück.

Mit knapp 15 Jahren wechselte Rainier sowohl die Schule als auch das Land und besuchte in der Schweiz das Internat Château des Rosey, wo man viel aufgeschlossener und freundlicher war. Nach Abschluss seiner Schulausbildung ging der monegassische Thronfolger dann an die Universität von Montpellier und studierte später Politische Wissenschaften am renommierten Institut d'Etudes Politiques in der französischen Hauptstadt Paris.

Am 30. Mai 1944, einen Tag vor Rainiers 21. Geburtstag, verzichtete seine Mutter Charlotte offiziell auf ihre Thronrechte; sie hatte das Interesse an der Regentschaft schon lange verloren. Fürst Louis II. akzeptierte ihre Entscheidung und ernannte seinen Enkel Prinz Rainier drei Tage später, am 2. Juni 1944, offiziell zum Kronprinzen und damit zum Thronfolger des Fürstentums Monaco. Im September desselben Jahres verpflichtete sich Erbprinz Rainier in der französischen Armee und wurde im Kampf gegen die Nationalsozialisten zum Lieutnant ernannt.

Von der Front schrieb der einsame Rainier glühende Liebesbriefe an die Schauspielerin Gisèle Pascal, die Tochter eines Blumengroßhändlers, geschieden und zwei Jahre älter als er. Der gut aussehende Prinz hatte seine Angebetete 1941 in Südfrankreich kennen gelernt. Fürst Louis war entsetzt, als er von dieser Verbindung erfuhr, und lud die Dame in Abwesenheit von Rainier in den Palast ein, um ihr deutlich mitzuteilen, dass er gegen diese Beziehung war. Es heißt, er habe ihr sogar ein finanzielles Angebot gemacht, damit sie auf den Prinzen verzichtete. Die lebenslustige Gisèle ließ sich davon zwar nicht beeindrucken, musste sich später aber trotzdem schweren Herzens von Rainier trennen, als das Ergebnis eines Fruchtbarkeitstests angeblich bewies, dass sie nicht in der Lage sein würde, dem monegassischen Thronfolger einen Erben zu schenken.

Doch nicht nur Enkel Rainier, sondern auch Enkelin Antoinette machte dem alten Fürsten mit einer Liebelei das Leben schwer. Die Prinzessin hatte sich tatsächlich in einen deutschen Soldaten, den Sohn eines Frankfurter Bahnschrankenwärters, verguckt, der in Monaco stationiert war. Bei aller Deutschfreundlichkeit (Louis war ja in Baden-Baden geboren) – dieser Mann gehörte ins Lager der Feinde und war zudem noch äußerst unstandesgemäß. Fürst Louis machte auch diesem Liebesdrama ein schnelles Ende und ließ dabei seine Kontakte spielen, sodass der deutsche Soldat rasch zu einer anderen Einheit versetzt wurde und man nie wieder etwas von ihm hörte.

Als Rainier 1945 aus dem Krieg nach Monte Carlo zurückkam, erlebte er eine große Überraschung, denn in den Palast war während seiner Abwesenheit eine Dame namens Ghislaine Dommanget eingezogen. Ghislaine war 45 Jahre alt und von Beruf Schauspielerin. Mit ihren raffinierten Verführungskünsten hatte die bildhübsche Frau den alten Fürsten Louis verzaubert – erst bei heimlichen Treffen, dann im Laufe der Zeit quasi vor den Augen der Öffentlichkeit. Als Rainier sie zum ersten Mal sah, saß Ghislaine neben seinem Großvater auf einem Sofa und kraulte ihn lachend unter dem Kinn, was den altehrwürdigen Monarchen dazu brachte, laut und töricht aufzulachen. Rainier war diese Frau egal, er kannte sie schließlich nicht, aber dass sein vor Liebe trunkener Großpapa sich mit einer Schauspielerin amüsierte und ihm gleichzeitig die Romanze mit Gisèle Pascal verbot, das machte Rainier sehr, sehr wütend. Von diesem Moment an ließ er sich in Herzensdingen nichts mehr vorschreiben und beschloss, dass er entweder einmal aus Liebe heiraten würde – oder überhaupt nicht.

Als er das hörte, hätte Fürst Louis seinen Enkel aus Rage am liebsten enterbt, doch seine Wut verrauchte schnell, als ihm bewusst wurde: »Rainier muss Fürst werden. Wir haben keinen anderen Thronerben!« Hätte es in jenen Zeiten nicht den wunderbaren Hofkaplan Francis Tucker gegeben, den Mann, dem Rainier vertraute und von dem er sich den Rücken stärken ließ, wäre die spätere Begegnung mit der anmutigen Schauspielerin

Grace Kelly vielleicht trotz aller Bemühungen niemals zustande gekommen …

Fürst Louis II. amüsierte sich in der Zwischenzeit fröhlich weiter und setzte seinem Treiben zum Entsetzen seiner Tochter Charlotte und seiner Enkelkinder Rainier und Antoinette die Krone auf, als er beschloss, seine Altersliebe tatsächlich zu heiraten! Zwölf Tage nach seinem 76. Geburtstag, am 24. Juli 1946, wurde die Schauspielerin Ghislaine Dommanget im Grimaldi-Palast ganz offiziell zur Fürstin von Monaco. Für Fürst Louis II. war es die erste Ehe.

Als der heutige Fürst Albert II. in einem Interview anlässlich seines 47. Geburtstags am 14. März 2005 gefragt wurde, wann er denn heiraten würde, sagte er: »Ich werde heiraten, wenn ich die richtige Frau gefunden habe. Und ich versichere Ihnen, dass ich mir Mühe geben werde, diese Entscheidung nicht erst mit 76 Jahren zu treffen, wie mein von mir verehrter und geliebter Urgroßvater Fürst Louis II.«

Um sein mehr als dreißig Jahre jüngeres »Frauchen«, wie er Ghislaine zu nennen pflegte, gegen die »familiäre Brut« abzusichern, änderte Fürst Louis schon am Tag nach der Hochzeit sein Testament. »Frauchen« sollte fünfzig Prozent seines Vermögens erben, die andere Hälfte durften sich Tochter Charlotte und deren Kinder Antoinette und Rainier teilen.

Nicht einmal drei Jahre waren Fürst Louis II. mit seiner Gemahlin vergönnt, dann erwischte ihn im Sommer 1947 eine schlimme Virusinfektion, von der er sich nie wieder erholte. Ghislaine pflegte ihren Mann aufopfernd und voller Hingabe – es hieß damals, sie habe ihn wirklich geliebt und sei nie erpicht darauf gewesen, Fürstin von Monaco zu werden. Die Familie sah das allerdings anders.

Bevor Louis II. ins Koma fiel, übertrug er seinem damals fast 26-jährigen Enkel Rainier am 5. Mai 1949 offiziell die Regierungsgeschäfte. Seine mit schwarzer Tinte geschriebene Unterschrift auf dem Dokument war verwackelt und kaum lesbar, doch durch das fürstliche Siegel wurde sie amtlich. Vier Tage später, am 9. Mai 1949, starb Fürst Louis II. am späten Nachmittag in seinem Schlafzimmer in den Armen seiner Frau, genau so, wie er es sich zum Schluss gewünscht hatte. Im Vorzimmer bangten seine Tochter Charlotte und sein Enkel Rainier um den todkranken Louis. Als Fürstin Ghislaine vor ihre Stieftochter und ihren Stiefenkel trat, nickte sie stumm und ging dann hoch erhobenen Hauptes in die Palastkapelle, um für ihren verstorbenen Mann zu beten.

Angestachelt von seiner Mutter Charlotte und ermutigt von seiner Schwester Antoinette, hatte Rainier es sich zur Aufgabe gemacht, das finanzielle Erbe seines Großvaters zu regeln. In einem streng geheimen Gerichtsverfahren, das weniger als eine halbe Stunde dauerte, siegte er, und »Frauchen« Ghislaine bekam nicht die ihr zugedachten 50 Prozent des Vermögens, sondern nur eine Lebensrente, über deren Höhe eisern geschwiegen wurde.

Obwohl die 48-jährige Witwe ihre Zimmerflucht im Palast behalten durfte, war das Verhältnis zur Familie so miserabel, dass sie drei Jahre später nach Schloss Marchais zog, vor die Tore von Paris. Dort verbrachte sie den Rest ihres Lebens in Einsamkeit, gemieden von den Grimaldis, weil sie in deren Augen den Fehler begangen hatte, den alten Fürsten zu heiraten. Was hätte sie noch alles aus ihrem Leben machen können! Allein mit dem Namen Fürstin Ghislaine von Monaco hätte die ehemalige Schauspielerin die Leinwand wieder erobern können; schließlich war sie nach dem Tod ihres Mannes noch nicht einmal fünfzig Jahre alt, und die Filmproduzenten rissen sich um sie.

Es mussten noch sieben Jahre vergehen, bis das Schicksal einer Schauspielerin erlaubte, mit Glanz und Gloria an der

Seite ihres Fürsten Einzug in Monaco zu halten und von allen geliebt und anerkannt zu werden …

Doch Ghislaine für ihren Teil hatte sich für ein Leben in totaler Zurückgezogenheit entschieden. Täglich zündete sie eine Kerze für ihren geliebten Louis an. Fürstin Ghislaine wurde 90 Jahre alt. Sie starb am 30. April 1991 völlig vereinsamt auf Schloss Marchais – in der Hand ein Foto ihres Mannes.

Rainier war nach dem Tod seines Großvaters Louis II. Staatsoberhaupt von Monaco und wurde am 11. April 1950 im Thronsaal des Palastes zum Fürsten Rainier III. von Monaco gekrönt.

In den Monaten nach der Inthronisierung gab es viele hässliche Gerüchte – da hieß es zum Beispiel, dass Rainiers ältere Schwester Prinzessin Antoinette ihm den Thron aus Machtstreben und Habgier streitig machen wollte. Ob das wirklich stimmt, liegt verborgen unter dem Mantel der Vergangenheit. Weder der Fürst noch seine Schwester haben je öffentlich darüber gesprochen.

Prinzessin Antoinette ist, wie alle weiblichen Mitglieder der Familie Grimaldi, eine Frau mit Vergangenheit. Nach verschiedenen stürmischen Liebschaften brachte sie am 17. Januar 1949 ihren unehelichen Sohn Christian zur Welt – Vater unbekannt. Das war dreieinhalb Monate vor dem Tod ihres Vaters Louis, der damals schon viel zu krank und zu schwach war, um sich darüber aufzuregen.

Nachdem Antoinette im Oktober 1951 offiziell auf ihre Ansprüche auf den monegassischen Thron verzichtet hatte, heiratete sie am 4. Dezember 1951 in Genua ihre große Liebe, den Rechtsanwalt Alexandre Noghès. Leider verlief die Ehe unglücklich und wurde am 10. Mai 1954 in Monaco geschieden. Danach blieb Prinzessin Antoinette längere Zeit allein und heiratete schließlich in zweiter Ehe am 2. Dezember 1961 in Den

Haag den Notar Jean-Charles Rey. Nach zwölf Jahren folgte auch hier die Scheidung. Ihre dritte Heirat sollte ihre letzte sein: Antoinette gab dem zehn Jahre jüngeren englischen Tänzer und Ballettmeister John Gilpin am 28. Juli 1983 in Monte Carlo das Jawort. Doch dieser Mann starb nach 40 Tagen am 5. September 1983 noch in den Flitterwochen in London an einem Herzinfarkt. Es schien, als habe der Fluch der Grimaldis wieder einmal erbarmungslos zugeschlagen:

Niemals soll ein Grimaldi das wahre Glück finden. Und schon gar nicht in einer Ehe ...

Die Witwe Antoinette lebt heute zurückgezogen in ihrer Villa *Le Bour de Monde* in Eze in der Nähe von Monaco. Sie hat es sich zur Lebensaufgabe gemacht, herrenlose Hunde und Katzen zu retten und an tierliebe Menschen abzugeben. Ihre Villa gleicht deswegen fast einem Tierheim, doch mit dem großen Unterschied, dass die dankbaren Vierbeiner hier alle frei herumlaufen dürfen.

Als Hofberichterstatter war ich einmal im Zuge einer Reportage bei ihr zu Gast. Auf meine Frage, ob es nicht schwierig sei, alle Tiere in gute Hände weiterzugeben, antwortete sie mir mit einem fast schelmischen Lächeln auf den Lippen: »Nein, das ist überhaupt nicht schwer, Herr Loh. Wenn Leute einen Hund abholen möchten, sind sie mitunter erstaunt, wie viele Mischlinge ich aufgenommen habe. Ich behaupte dann scherzhaft, dass sie alle sehr edel und von monegassischer Rasse seien.«

Das Gespräch mit Prinzessin Antoinette fand im Garten ihrer Villa statt, zu dem auch ein stattlicher Swimmingpool gehört. Wir unterhielten uns gerade, da sprang sie plötzlich auf und kniete sich an den Rand des Schwimmbeckens. Ich war so überrascht, dass ich einfach nur beobachtete, wie sie mit der Hand durch das Wasser fuhr und nach etwas zu greifen schien.

Als sie sich wieder aufrichtete, erkannte ich eine Biene im Gras, die von der Prinzessin aus dem Wasser geholt worden war.

»Schauen Sie doch nur, ich habe sie gerettet!«, sagte Rainiers Schwester glücklich. »Das mache ich immer, wenn ich so etwas sehe. Glauben Sie mir, eine Biene oder eine Fliege hat das gleiche Leben und die gleiche Seele in sich wie wir Menschen.«

Da konnte ich ihr nur hundertprozentig zustimmen, und als ich ihr erklärte, dass ich aus Liebe zu Tieren seit 1981 Vegetarier bin, kein Fleisch und keinen Fisch esse, verstanden wir uns noch besser. Übrigens: Seit diesem beeindruckenden Erlebnis rette auch ich jede ertrinkende Biene aus dem Wasser.

Prinzessin Antoinette wohnt schon seit Ende der 60er Jahre in Eze, und dies werten einige missliebige Zeitgenossen als Beweis dafür, dass Rainier seiner Schwester einst verboten hat, sich in Monaco niederzulassen – weil sie angeblich Ansprüche auf den Thron angemeldet haben soll. Wie gesagt – dafür gibt es keine amtlichen Quellen, geschweige denn eine Bestätigung in irgendeiner Form.

Viele Gedanken dürfte Fürst Rainier III. zu Beginn seiner Amtszeit an so etwas auch nicht verschwendet haben, denn er war vorrangig damit beschäftigt, die Modernisierung des Fürstentums voranzutreiben. Es sollten Wolkenkratzer gebaut und Banken dazu angeregt werden, Niederlassungen zu eröffnen. Schon nach kurzer Zeit erhielt Rainier den Spitznamen »der Bauherr«. Seine Herrschaft zählt zu den Regierungszeiten, die das Fürstentum am meisten geprägt haben. Dank seiner unermüdlichen Bestrebungen über die Grenzen seines Landes hinaus wurde Monaco im Jahre 1993 in die Vereinten Nationen aufgenommen.

Zu diesem Zeitpunkt war Fürst Rainier schon seit elf Jahren Witwer. Es muss oft sehr einsam für ihn in den 233 Zimmern des Palastes gewesen sein. Die Töchter Caroline und Stephanie

Vom Schicksal zum Witwerdasein verdammt:
Fürst Rainier im gelben Salon des Grimaldi-Palastes
vor einem Gemälde seiner verstorbenen Frau Gracia

waren längst ausgezogen, und Erbprinz Albert verbrachte die meiste Zeit in einer seiner sturmfreien Buden in den riesigen Wolkenkratzern von Monaco. Wie viele Appartements er im Laufe der Zeit besaß, weiß niemand genau zu beziffern; Erbprinz Albert wechselte die Eigentumswohnungen jedenfalls wie seine Handynummern. Es hieß, dass er so für die eine oder andere Verehrerin, die er nicht mehr sehen wollte, schwer erreichbar blieb …

Und wie sah ein ganz normaler Tag im Leben von Fürst Rainier aus? Im Laufe der Jahre sprach er darüber in verschiedenen Interviews im monegassischen und französischen Fernsehen:

»Ich stehe um acht Uhr auf und lasse als Erstes oft meine Wohnung auf mich wirken: Sie wurde von der Fürstin im Art-déco-Stil dekoriert, mit Möbeln, die teilweise Toulouse-Lautrec gehörten. Dann wird mir das Frühstück serviert: Kaffee, Toast und ein weich gekochtes Ei.

Um 9.00 Uhr bin ich in meinem Büro. Normalerweise habe ich dann eine Besprechung mit den Verantwortlichen, die sich um den reibungslosen Ablauf im Palast kümmern. Es handelt sich um einen kleinen Kreis von Mitarbeitern: Buchhalter, Sekretärin und Assistenten. Wir besprechen Pläne, und ich frage nach, wie verschiedene Projekte vorangehen. Dann berede ich mit dem Koch, was es zum Mittag- und zum Abendessen geben soll. Er macht mir Vorschläge und legt mir meistens schon einen Menüplan vor, der sich danach richtet, was er auf dem Markt finden konnte. Vor dem Lunch lese ich in meinem Büro die Post und treffe Mitglieder der Regierung. Je nach Zeitplan esse ich mittags allein, oder ich habe ein Arbeitsessen organisiert, um Zeit für dringende Erledigungen zu sparen.

Ich mag es, wenn sich die Gesichter um mich herum nicht verändern. Darum habe ich seit Jahren, teilweise sogar seit Jahrzehnten, die gleichen Mitarbeiter und Angestellten um mich. Ich kenne ihre Art zu arbeiten, ihren Charakter, sie kennen mich, und man gewöhnt sich aneinander. Es ist immer traurig, einige gehen zu sehen, und dann fällt es mir sehr schwer, sie durch Menschen zu ersetzen, die den gleichen Stil haben und die gleichen Maßstäbe ansetzen wie ich. Eigentlich habe ich mit meinen Mitarbeitern immer Glück gehabt, und ich erwarte nur das, was ich von mir selbst erwarte: gut ausgeführte Arbeit, Beständigkeit, Diskretion, Pünktlichkeit und persönlichen Einsatz.

Meine Nachmittage sind mit Konferenzen und weiteren Gesprächen ausgefüllt. Gegen 19.30 Uhr verlasse ich mein Büro und begebe mich in meine Privatgemächer, wo ich allein zu Abend esse, es sei denn, dass ein offizielles Dinner ansteht. Doch wenn ich allein bin, sehe ich mir die Nachrichten im Fernsehen an, und da der Palast verkabelt ist, empfange ich News aus der ganzen Welt. Ja, das war es eigentlich. Ach ja, ich versuche so oft wie möglich, vor Mitternacht ins Bett zu gehen!«

Aus meinen Tagebüchern, die ich als Hofberichterstatter seit über dreißig Jahren führe, habe ich für meine lieben Leserinnen und Leser eine kleine Sammlung von Wissenswertem über den sympathischen Fürsten Rainier III. zusammengetragen:

Seine Durchlauchtigste Hoheit benutzte als Rasierwasser *Habit Rouge* von *Guerlain* – ein Duft, der seinem Temperament entsprach: klassisch und würzig. Seine Rasierutensilien stammten von *Penhaligon's* aus London, und in der Filiale von *Cartier* in Monte Carlo fertigte man seine Manschettenknöpfe mit zwei ineinander verschlungenen Buchstaben *R* in Platin, Gold oder Silber an. Seit zwei Generationen ist die Familie Grimaldi Kunde dieses Juweliers.

Fürst Rainiers Friseur hieß George und kam in den letzten 23 Jahren einmal in der Woche in den Palast. Er verriet mir einmal: »Seine Durchlauchtigste Hoheit haben für sein Alter ungewöhnlich seidiges Haar.«

Was seine klassische Garderobe betraf, blieb Fürst Rainier über Jahrzehnte hinweg den gleichen Herstellern treu. Sein Schneider in Monaco war Louis Sciolla, seine Hemden ließ er in San Remo anfertigen, seine Schuhe bei *Gonfalone* in Mailand und bei *Lobb* in London. Privat trug er Pullover von *Old England*. Der Fürst trennte sich nur alle zwanzig Jahre von Krawatten, die alle von *Hermès* stammten.

Seine Leidenschaft war das Sammeln alter Autos. In seinem Museum im Palast, das zu besichtigen ist, stehen 89 Modelle, die alle fahrtüchtig sind, darunter sechs Rolls-Royce und acht Bugatti.

Als der Schah von Persien einmal hörte, dass Fürst Rainier auch für antike Silbertabletts und alte Teppiche schwärmte, ließ er ihm per Privatjet besondere Exemplare zukommen.

Der monegassische Landesvater hatte, man stelle sich vor, eine Vorliebe für Süßigkeiten. Am liebsten mochte er die Schokolade *La Riviera* des monegassischen Geschäfts *L'Epi d'Or*.

Und mit italienischen Eissorten konnte man ihn ebenso verwöhnen.

In seiner Freizeit fertigte der Fürst Schmiedearbeiten im eigenen Atelier an, weil er es schön fand, »mit den eigenen Händen zu arbeiten«. Viele seiner Eisen-Kunstwerke standen in seinem Büro.

Neben den offiziellen Fürstenporträts schmücken zahlreiche Gemälde den Palast. In Rainiers Schlafzimmer hingen ein Monet und ein Dufy. Ein Utrillo und ein Picasso zieren den Großen Salon. In seinem Arbeitszimmer hing ein weiterer Monet, der den Hafen von Monaco zeigt.

Aber seine wohl ungewöhnlichste Sammlerleidenschaft richtete sich auf Plüschtiere. Am liebsten mochte er einen Teddy, den er einmal von seinem englischen Kindermädchen Kathleen Wanstall bekommen hatte.

Zu Fürst Rainiers besten Freunden zählte Georges Lukomski, ein ehemaliger Judo-Champion polnischer Herkunft, und seine beste Freundin war Madame Virginia Gallico, eine ehemalige Hofdame von Gracia Patricia. Nach dem Tod der Fürstin war sie die einzige Frau, der die gesamte Familie Grimaldi das uneingeschränkte Vertrauen entgegenbrachte. Sie war auch diejenige, die mit Liebe, Respekt und Würde und doch gebührendem Abstand eine Art Mutterrolle für Albert, Caroline und Stephanie übernahm. Ihr Herz und ihre Tür hatten den Fürstenkindern zu jeder Zeit offen gestanden – und das ist bis heute so geblieben. Aus Dankbarkeit bat Prinzessin Caroline Madame Gallico, die Patenschaft für ihre jüngste Tochter Prinzessin Alexandra von Hannover zu übernehmen.

Private Briefe schrieb der Fürst stets handschriftlich und zeichnete – Zirkusfan, der er war – neben seine Unterschrift ein lustiges Clownsgesicht.

Geld hatte er natürlich, wie alle Monarchen dieser Welt,

nie in der Geldbörse, allenfalls eine Kreditkarte und seinen Glücksbringer. Für Rainier war das ein 100-Dollar-Schein, den er in den fünfziger Jahren von Pater Tucker bekommen hatte.

Sein monegassischer Diplomatenpass trug die Nummer 0001, und diese ist nun in den Pass seines einzigen Sohnes und Nachfolgers Albert II. übertragen worden.

Fürst Rainier sagte in einem Interview einmal über sich und seine Familie: »Jeder von uns Grimaldis zeigt Ihnen ein anderes Bild der Fürstenfamilie. Das ist die Folge der großen Unterschiedlichkeit unserer Charaktere. Das Verhalten jedes Einzelnen ist sehr individuell, aber ich glaube, dass gerade diese Verschiedenheit insgesamt ein menschliches Bild von uns zeichnet. Wir möchten Menschen wie alle anderen sein – mit ihren Problemen, ihren Freuden und ihrem Leid.«

4
Grace Kelly

»A star is born«

Aufgeregt rutschte das kleine blonde Mädchen beim Abendbrot auf seinem Stuhl hin und her. Seine Mutter Margaret, eine resolute und energische, aber auch liebevolle Person, hatte heute wirklich ihre liebe Not, die fünfjährige Grace wenigstens zu ein paar Löffeln voll Rührei zu überreden. Was ging in der kleinen Träumerin nur vor? Mit einem schelmischen Lächeln auf dem Gesicht tastete sie mit ihrer kleinen Hand in ihre linke Schürzentasche, als trage sie darin einen heimlichen Schatz mit sich herum und müsse sich immer wieder vergewissern, dass er noch da war. Das Zu-Bett-Gehen dagegen fiel an diesem Abend bei Grace völlig unkompliziert aus.

»Nehmt euch ein Beispiel an unserer kleinen Grace«, sagte Mutter Margaret sogar noch zu den älteren Geschwistern John Jr. und Peggy, als Grace pünktlich um acht ins Bett ging, nicht mal mehr eine Gutenacht-Geschichte wollte und – kaum war die Tür geschlossen – keinen Mucks mehr von sich gab. Doch sobald das Licht gelöscht war, tapste Grace in ihrem Spitzennachthemd auf bloßen Füßen zu dem Stuhl, auf den die Mutter sorgfältig ihre Kleidung gelegt hatte. Aufgeregt wühlten die Händchen in der Schürzentasche, und erleichtert atmete das kleine Mädchen auf, als es einen winzigen, harten Gegenstand ertastete. Da war sie ja, die Erbse! Grace hatte sie heute Mittag heimlich in der Speisekammer mitgehen lassen. Und jetzt, jetzt

Ein wahrer Wonneproppen: Grace Kelly im Alter von sechs Monaten

war die große Stunde der kleinen Erbse gekommen. Jetzt, in dieser Nacht, würde sie Grace zeigen, ob es stimmte, was die Geschwister sagten, dass alle ihre Träume und Pläne nur Hirngespinste waren. Oder ob sie, Grace, Recht hatte. Ob sie in Wahrheit eine kleine Prinzessin war, im Krankenhaus gleich nach der Geburt verwechselt wurde und nur aus Versehen in ihr zwar reiches, aber bürgerliches Elternhaus in der Henry Street in Philadelphia geraten war.

»Erbse, Erbse in der Hand, wer ist die wahre Prinzessin im Land?«, murmelte Grace verschwörerisch, wie sie es mit ihrer besten Freundin heimlich ausgemacht hatte. Dann stopfte sie das harte grüne Kügelchen tief unter ihre Matratze. Genau in die Mitte, genau an die Stelle also, wo man sie einfach spüren musste. Und tatsächlich, es gab keinen Zweifel, kaum hatte sich Grace ein paar Minuten auf ihrem Bett hin und her geworfen, pikte es ganz unangenehm in ihrem Rücken. Grace konnte die Erbse deutlich spüren! Sie war also wirklich eine Prinzessin! Beruhigt schlief sie ein – und träumte von ihrer Krone, ihrem Prinzen und ihrem Schloss, das hoch über dem Meer in der Sonne lag …

Als Grace Kelly ihren Eltern und Geschwistern am nächsten Morgen von ihrem nächtlichen Test und ihren Rückschlüssen daraus erzählte, schüttelten zwar alle die Köpfe, aber wirklich überrascht waren sie nicht, denn von Grace waren sie in der Richtung schon einiges gewöhnt. Sie schlug total aus dem Rahmen ihrer realistisch eingestellten Millionärsfamilie. Grace war einfach ein Prinzesschen – wenn auch zu diesem Zeitpunkt noch keiner ahnen konnte, dass Grace tatsächlich eines Tages als glanzvolle Märchenfürstin an der Seite von Rainier von Monaco in den Adelsstand aufsteigen sollte …

In Grace Kellys Elternhaus war für romantische Träume kein Platz. Ähnlich wie der Kennedy-Clan, in dem zur selben Zeit John F. heranwuchs, der charismatischste Präsident, den Amerika jemals gehabt hat, hegten auch die Kelly-Eltern ehrgeizige Ziele und setzten dafür vor allem auf Disziplin und Sportsgeist.

John Brendan Kelly, der Vater von Grace, war seit seiner Jugend begeisterter Ruderer. Mutter Margaret war ausgebildete Sportlehrerin. Die Stimmung in Grace' Elternhaus kann man wohl treffend als eine Art Mischung aus zähem Durchhaltevermögen und trotzigem Stolz beschreiben. Ließ sich nämlich eines der ehrgeizigen Ziele einmal nicht erreichen, lautete das oberste Gebot des Vaters: Sich nichts anmerken lassen, den Kopf hoch tragen, durchhalten und es noch einmal versuchen. Ob Grace Kelly ihre unnachahmliche majestätische Haltung, für die sie später so berühmt wurde, vom Vater lernte? Bestimmt zu einem Teil.

Im Leben von John Brendan Kelly, von allen Jack genannt, gab es ein Schlüsselerlebnis, eine Begebenheit, die ihm ganz sicher vor Scham und Wut das Herz in der Brust hatte rasen lassen. Doch davon hatte sich diese irischstämmige katholische Kämpfernatur damals rein gar nichts anmerken lassen. Jack hatte lieber ganz gelassen zum Gegenschlag ausgeholt. Er, der begeisterte Ruderer, hatte 1920 seine Teilnahme am berühmtesten Ruder-Wettbewerb Englands, der Henley-Regatta, angemeldet. Seine Familie war zu dieser Zeit bereits zu einigem

Wohlstand gekommen. Jacks Vater, John Henry Kelly, war Jahrzehnte zuvor als einfacher Maurer aus Irland eingewandert, und die Familie war diesem Gewerbezweig – mittlerweile mit eigenem Bauunternehmen – immer treu geblieben. Doch Jacks Teilnahme an der Ruderregatta wurde abgelehnt, und das mit einer fadenscheinigen Begründung, die ein Schlag ins Gesicht der Kelly-Familie war: Ein Maurer sei kein Gentleman, wurde ihm zu verstehen gegeben, schließlich habe er seine Muskeln auf unedle Weise, bei grober Arbeit, erworben. Nur Gentlemen könne man bei dieser Regatta zulassen.

Zwei Monate nach dieser schmachvollen Absage trat John bei den Olympischen Spielen in Antwerpen an – und gewann die Goldmedaille. Und damit nicht genug – ihm war es gelungen, ausgerechnet den englischen Champion auszustechen! Zum Teil war die Demütigung, die Jack Kelly von der britischen Aristokratie zugefügt worden war, damit getilgt. Dennoch war er seither und für den Rest seines Lebens von dem Wunsch besessen, seine Familie nicht nur zu Reichtum zu bringen, sondern ihr auch einen Platz in den besseren Gesellschaftskreisen zu sichern. Dass dieser Plan einmal ausgerechnet durch seine zarte Tochter Grace, die so gar nicht nach seinem sportlichen Ehrgeiz geraten wollte, verwirklicht werden würde, muss den alten Patriarchen wohl selbst am allermeisten überrascht haben.

Im Laufe der Jahre führte ich viele Gespräche mit John Jr. Kelly, dem einzigen Bruder der späteren Fürstin Gracia Patricia von Monaco. Er liebte es, über seine berühmte Schwester und seine eigene Familie zu sprechen, denn er war stolz darauf, ein Kelly zu sein.

Bei einem unserer Treffen sagte er mir: »Wissen Sie, Herr Loh, eigentlich ist unsere gesamte Familie ganz schön verrückt. Oder besser gesagt, durchgeknallt. Ich gebe Ihnen ein Beispiel:

Mein Vater hatte einmal sehr reiche Geschäftsfreunde zum Abendessen zu uns nach Hause eingeladen, und meine Mutter hatte das Dinner wie immer hervorragend organisiert. Im Laufe des Abends war sie dann aber von einer Begebenheit so geschockt, dass sie sogar unseren Koch entlassen wollte.«

Ich schaute ihn fragend an.

»Wissen Sie, was passiert war? Sie hatte beim Hauptgang festgestellt, dass das Grün der Erbsen nicht zum Grün der Tischdekoration passte!«

Ich schüttelte nur den Kopf, während John Jr. mich lachend fragte: »Haben Sie so etwas schon mal gehört? Und wenn, wäre Ihnen so eine Belanglosigkeit überhaupt aufgefallen?«

»Nein, so etwas habe ich wirklich noch nicht gehört«, sagte ich erstaunt. »Nicht einmal die gefürchteten Zeremonienmeister der Königin Elizabeth von England würden sich über so etwas aufregen, geschweige denn die Queen selbst.«

»Sehen Sie, meine Mutter wollte Verantwortung tragen und keine Schneeflocke sein.«

»Ihre Mutter wollte keine Schneeflocke sein?«

»Ja, sie sagte immer, eine Schneeflocke in einer Lawine wird sich für nichts verantwortlich fühlen.«

Nachdenklich zündete ich mir eine Zigarette an und nickte schweigend. Ein besseres Beispiel dafür, welcher Geist in seiner Familie herrschte, hätte John Jr. mir nicht erzählen können.

Aber zunächst einmal soll erzählt werden, wie sich Grace' Eltern kennen lernten. Und das geschah alles andere als auf leidenschaftliche Art, stammten doch beide aus Familien, in denen Vernunft, Besonnenheit und vor allem die Prüfung der Gefühle ganz groß geschrieben wurden. Die Vorfahren von Miss Margaret Maier, wie Grace' Mutter mit Mädchennamen hieß, stammten aus Deutschland. Bevor sie nach Amerika auswanderten, lebten sie in dem kleinen Örtchen Heppenheim, etwa siebenundzwanzig Kilometer von Heidelberg entfernt. Ihre Tochter war Sportlehrerin. Und Mister John Brendan Kelly war mit Leib und Seele Athlet, der sich, wie wir bereits wissen, ganz dem *Skulling*, einer besonderen Form des Ruderns, verschrieben hatte. Die beiden teilten also die gleiche Begeisterung für körperliche Ertüchtigung. Und genau darüber lernten sie sich auch kennen, nämlich in einem Sportverein in Philadelphia. Ganz zaghaft und langsam begannen sie, romantische Gefühle füreinander zu entwickeln.

Doch ihrer Eheschließung im Jahre 1924 gingen, wie hätte es bei zwei so bodenständigen Menschen auch anders sein können, sehr vernünftige Überlegungen voraus. Jack hatte die Zeit genutzt, sein eigenes Bauunternehmen so weit voranzutreiben, dass er seiner Frau und seinen zukünftigen Kindern eine 12-Zimmer-Villa in einem der besten Viertel Philadelphias präsentieren konnte. »Drum prüfe, wer sich ewig bindet …« Diesen Spruch hatten sich Grace' Eltern wirklich zutiefst zu Herzen genommen, und so kannten sie sich schließlich schon acht Jahre, bevor die Hochzeit stattfand. Und oft genug hatte sich Grace als junge Frau diesen Satz von ihren Eltern anhören müssen.

Wie unvernünftig, wie leichtsinnig muss es ihnen da vorgekommen sein, als die junge Grace im Jahre 1956 nach kaum mehr als ein paar Treffen ihren Märchenprinzen Rainier gleich heiraten und mit ihm auch noch ans andere Ende der Welt ziehen wollte! Oder hatten sich Jack und Margaret da bereits daran gewöhnt, dass ihre kleine Prinzessin ihren eigenen romantischen Kopf besaß? Immerhin hatte Grace, obwohl sie als das »schwächste« Familienmitglied der Kelly-Sippe angesehen wurde, durch ihre Beharrlichkeit, mit der sie ihre Schauspielkarriere verfolgte, bewiesen, dass auch sie eine gehörige Portion des typischen Durchhaltevermögens und des typischen Kelly-Stolzes im Blut hatte. Das war eine starke, verführerische und unwiderstehliche Mischung, mit der sie als

Leinwandgöttin Grace Kelly die Herzen der Amerikaner für sich gewann. Und bald darauf auch die Einwohner des Zwergstaats Monaco an der französischen Riviera.

Ein Jahr nach der Hochzeit von Margaret und Jack kam im Jahre 1925 Tochter Peggy zur Welt, ein Jahr später folgte Sohn John Jr. und 1929 die Erbsen-Prinzessin Grace. Die jüngste Tochter Lizanne wurde 1933 als Nachzüglerin geboren. Ist es ein Zufall, dass Jack genau in dem Jahr der Geburt seiner kleinen Grace im Baugeschäft die erste Million verdiente? Fast wirkt diese Tatsache wie ein Vorbote kommenden Geld- und Ruhmregens.

Doch so weit war es noch lange nicht. Noch wurde Grace in ihrer Familie belächelt und wegen ihrer Schüchternheit und Schwäche sogar oft getadelt. Sie war die Zarte und im Gegensatz zu ihren robusten Geschwistern anfällig für jeden kleinen Husten. Natürlich bekam sie als Erste von allen Kindern die Windpocken, und sogar ein hartnäckiges Asthma entwickelte die Kleine, was ihre Stimme so dünn und zart werden ließ, dass sie als Schauspielerin später jahrelanges Training benötigte, um zu einer starken, festen Stimme zu finden. Viele Stunden verbrachte Grace' Mutter damit, ihr besonders nahrhafte Speisen zuzubereiten. Beim Abendbrot bekam sie immer eine Extraportion Fleisch, nicht selten in Form eines Stückchens Kalbsleber, damit sie endlich zu Kräften käme.

Die Geschwister maulten schon wegen dieser Sonderbehandlung des »Prinzesschens«, wie sie Grace halb liebevoll, halb boshaft nannten. Doch es half nichts, Grace blieb zart wie ein Buschwindröschen. Ihre Geschwister dagegen waren muskulös, kernig und stark und damit ganz nach dem Geschmack der Kelly-Eltern.

Jedes Jahr im Sommerurlaub veranstaltete Papa Kelly eine kleine Kinderolympiade. Da hieß es weit springen, schnell laufen, schwere Kugeln stoßen. Und Grace? Ihr blieb dieses Programm erspart. Die Eltern hatten von sich aus ein Einsehen, und die kleine Grace bekam Ballettunterricht, den sie sich schon lange gewünscht hatte. Sie war überglücklich und tanzte so eifrig, dass sie schon mit sechs Jahren auf der Spitze stehen konnte. Aus dieser Zeit gibt es sogar eine Filmaufnahme, die allererste, die das Talent der späteren Leinwandgöttin dokumentiert. Und das kam so:

Die Kelly-Kinder waren ganz verrückt danach, für gute Zwecke Geld zu sammeln. Auf die Idee hatte sie ihre Mutter gebracht, die sich jede Woche für ein paar Stunden im »Women's Medical College«, einer Institution zur medizinischen Schulung von Frauen, engagierte. Nun wollten die Kinder dieser Institution mit einer Geldspende helfen.

Einmal verkauften sie selbst gemalte Bilder, ein anderes Mal Blumen aus dem elterlichen Garten. Dann aber kamen sie auf *die* Idee – einen Zirkus wollte die kleine Bande veranstalten! Die Arena: der familieneigene Tennisplatz. Die Artisten: die vier Kelly-Geschwister.

Peggy, die große Schwester, spielte den Zirkusdirektor. John Jr. war der starke (vor allem aber trickreiche) Eisenverbieger. Der Star aber war Grace als Seiltänzerin. In einem weißen Ballettröckchen trippelte sie in die imaginäre Manege und drehte anmutig ihre Pirouetten. Da war es den Zuschauern ganz gleich, dass das Seil nur eine auf den Boden gezeichnete Kreidelinie war. Die Zuschauer, viele Nachbarn und natürlich die stolzen Eltern Margaret und Jack, applaudierten begeistert. Und Grace spürte zum ersten Mal, wie es war, im Rampenlicht zu stehen. Wie es sich anfühlte, bewundert, verehrt und vom Publikum geliebt zu werden. Die Wangen des kleinen Mädchens auf dem Kreideseil glühten vor Aufregung. Es war dieser Augenblick, an den sie sich viele Jahre später am Höhepunkt ihrer Schauspielkarriere erinnern sollte, als sie den Oscar in den Händen hielt.

Eine amerikanische Traumfamilie – Jack Kelly umringt von Sohn John Jr., Grace, Peggy, Lizanne und Ehefrau Margaret

Die kleine Romantikerin Grace – sie hatte eine besondere Ausstrahlung, einen Zauber, der sie schon als Kind umgab. Als träumte sie von einem fernen Planeten, auf dem das Leben besser, die Menschheit freundlicher und die Liebe zärtlicher war. Grace schrieb sogar Gedichte, die sie später ihren eigenen Kindern Caroline, Albert und Stephanie vorlas. Eines davon ist mir von der Familie Kelly zur Verfügung gestellt worden. Es lautet:

Du hast Glück, kleine Blume.
Du stehst in der Sonne
und nimmst all die Wärme in Dich auf.
Du blühst, ohne mit der Wimper zu zucken,
während die Menschen um Dich her streiten und kämpfen.

Niemand weiß,
dass auch Du Kämpfe austrägst.
Gegen die Kälte der Nacht,
gegen das Dunkel,
gegen Wurzeln, die Dich umschnüren,
gegen Regen und Schnee.
Nichts davon sieht man
auf Deinem schlichten Antlitz.
Du lächelst.

Für ihre Eltern, die auch Grace gern als sportliche Kämpfernatur gesehen hätten, mochte dieses Gedicht damals allenfalls kindliche Schwärmerei gewesen sein. Sensibleren Menschen eröffnet es den Wesenskern dieses kleinen Mädchens – den Kosmos eines zarten, gefühlvollen Kindes, das ganz in seiner eigenen Welt lebte. Das beobachtete und wahrnahm, wie grausam und lieblos die Menschen zueinander sein können. Das aber auch die Schönheit sah und sich unbewusst entschieden hatte, sein Leben einmal in den Dienst der Schönheit und der Güte zu stellen, um auf seine ganz bescheidene Art die Welt ein wenig heller und lichter zu machen.

Grace' Gedicht lässt ihren starken Charakter erahnen, dem es stets gelungen ist, menschlichen Abgründen mit Haltung zu begegnen. Es lässt erahnen, dass aus ihr einmal eine prominente Persönlichkeit werden würde, die nicht durch Allüren und Skandale, sondern allein durch Können, durch Anmut und durch ihre Reinheit die Herzen der Menschen im Flug eroberte. Und der gerade deswegen später, als sie dann Gracia Patricia hieß, am Fürstenhof von Monte Carlo die Welt zu Füßen liegen sollte.

Wenn Grace nicht gerade Gedichte schrieb, was sie oft tat, da sie wegen ihrer häufigen Krankheiten immer wieder das Bett hüten musste, war sie in der Natur und sammelte Blumen. Die schönsten Blüten legte sie vorsichtig zwischen Zeitungspapier und beschwerte sie mit den dicken Kochbüchern ihrer Mutter. Nach ein paar Tagen schleppte sie die Bücher weg und faltete die Zeitungen vorsichtig auseinander. Behutsam nahm sie eine getrocknete und gepresste Blüte nach der anderen zwischen die Finger und bat ihre Mutter um ein wenig Haarspray. Damit sprühte sie die bunten Blütenblätter an, damit sie nicht ihre Farbe verloren. Dann klebte sie die kleinen Wunderwerke der Natur in ihr geliebtes Blumenalbum.

Prinzessin spielen, Blumen sammeln, Gedichte schreiben – es war eine Kindheit, wie man sie sich für eine spätere Fürstin vorstellt. Inmitten der so ganz anderen Atmosphäre ihres Elternhauses hatte sich dieses kleine Feen-Geschöpf selbst die wunderbare Welt der Grace Kelly erschaffen, in der sie Trost suchte, wenn sie der stetige Erfolgsdruck zu überwältigen drohte.

Obwohl Grace ein sehr zurückhaltendes Mädchen war, entging den Jungen an ihrer Schule und aus ihrer Nachbarschaft natürlich nicht, was für eine Schönheit da vor ihren Augen heranwuchs. Die Drittälteste der Kelly-Geschwister war gerade fünfzehn, da konnte sie sich vor Angeboten schon kaum mehr retten: Ob Grace nicht mit auf den Schulball wolle, ob sie nicht mit ins Kino kommen könne, ob sie vielleicht Lust auf einen Spaziergang habe?

Grace erklärte ihren Eltern, dass sie sich entschieden habe, überhaupt nur eine einzige der vielen Offerten anzunehmen, und zwar eine Einladung zum Schulball, die ein Freund ihres Bruders ausgesprochen hatte. Und dass sie dazu natürlich ein Prinzessinnenkleid brauchte. Ihre Eltern kamen ihrem Wunsch gern nach, und an ihrem 16. Geburtstag durfte sie sich nach ihrem eigenen Entwurf ein Kleid schneidern lassen.

Und was für ein Kleid das war! Selbst in Monaco konnte es noch vorkommen, dass Fürstin Gracia, wenn ihr das Design einer Robe einmal nicht zusagte, ihr damaliges Prinzessinnenkleid zum Vergleich heranzog. »Dieses Kleid hättet ihr sehen sollen!«, pflegte sie dann zu sagen. »Es war ganz einfach ein Traum aus weißer Seide. Ein Schnitt wie ein Krönungsmantel, lang und ausladend, leicht und fließend mit Federbesatz an den Ärmeln und am Dekolleté!«

Grace wurde in diesem Kleid zur Ballkönigin gewählt. Und ließ nach dem rauschenden Abend einen völlig verwirrten und rettungslos verliebten Verehrer zurück, so wie sie es auch später oft noch tun sollte. Viel mehr Eindruck als der junge Mann selbst hinterließ bei der jungen Grace allerdings, was er ihr mitgebracht hatte, als er schüchtern an der Haustür ihrer Eltern klingelte, um sie abzuholen: eine wunderschöne, exotische Orchideenblüte, verpackt in Zellophanpapier. Noch bevor sie zu dem Fest aufbrachen, stellte Grace sie fürsorglich in eine Vase. Und kaum war sie von ihrer ersten Ballnacht zurückgekehrt, kümmerte sie sich wieder um die Orchidee. Sie trocknete die langstielige Prachtblume und versah sie mit einem Bändchen und mit einem kleinen Kärtchen, auf das sie das Datum und den Anlass des Geschenks schrieb. So pflegte sie es über ihre gesamten Jungmädchenjahre hinweg zu tun.

Mythos Grace Kelly – mit ihrem unterkühlten Charme und ihrer Lieblichkeit eroberte sie die Herzen von Millionen

Grace Kelly – mit ihrem Aufstieg …

… zur Fürstin von Monaco …

… verlor Hollywood seinen beliebtesten Star

Mit Rainiers Verlobung mit Leinwandgöttin Grace Kelly erwachte Monaco aus seinem Dornröschenschlaf

Ein Traum wird wahr –
das offizielle Hochzeitsfoto des Fürstenpaares

Die Fürstenfamilie ganz privat
beim vergnüglichen Winterurlaub

*Erinnerungsfoto aus dem Familienalbum der Fürstin –
Caroline, Albert und Stephanie 1978 auf Roc Agel*

Grace lebte bei ihrer Familie in Philadelphia, bis sie mit knapp achtzehn Jahren die Schule beendete. Was jetzt? Die Zukunft lag ausgebreitet vor ihr. Ihre Eltern wollten, dass sie auf das traditionsreiche Bennington College ging, doch Grace war von dieser Idee überhaupt nicht begeistert. Aber sie wagte damals noch nicht zu offenbaren, was sie sich in Wahrheit wünschte. Zu abgehoben, zu unrealistisch erschienen ihr die eigenen Träume von der Schauspielerei. Zu frisch waren ihr die kritischen Worte und die allzu realistischen Vorstellungen ihrer Eltern in Erinnerung, mit denen diese immer wieder den zaghaften Anspielungen ihrer kleinen Schwärmerin begegnet waren. Also bemühte sich Grace tapfer, die Aufnahmeprüfung für das College zu bestehen. An Kreativität, Kunstsinn und musischen Fähigkeiten mangelte es ihr sicher nicht, aber sie verabscheute die nüchterne Mathematik, die abstrakte Physik und die seelenlose Chemie. An diesen Fächern, mit denen Grace schon seit Kindheitstagen auf Kriegsfuß stand, scheiterten die elterlichen Collegepläne kläglich, doch das geschah nicht zum Unglück von Grace selbst, wie sie wenig später ihren Eltern gegenüber zugab. Jetzt endlich, als der Familienrat tagte und die Eltern überlegten, was wohl für Grace unter diesen Umständen das Richtige sei, rückte sie mit ihren Plänen heraus: Schauspielerin wollte sie werden! Ein bisschen Bühnenerfahrung hatte Grace zusätzlich zu ihrem ersten legendären Auftritt als Seiltänzerin im Heim-Zirkus mittlerweile sammeln können.

Das war sechs Jahre zuvor gewesen, als sie mit gerade einmal zwölf Jahren, zusammen mit einer Laienspielgruppe namens »Old Academy Players«, das Stück »Don't Feed the Animals« aufführte.

Damals hatte die ganze Kelly-Sippe im Zuschauerraum gesessen, und Mutter Margaret war mindestens doppelt so nervös gewesen wie Grace selbst. Würde ihre Tochter perfekt sein und ihren Auftritt fehlerlos bewältigen? Schließlich war da ja noch die Sache mit der Verantwortung und der Schneeflocke – Margarets Motto, das, wie wir wissen, auch das letzte Detail ihres Lebens bestimmte.

Und tatsächlich, welch ein Schreck! Mitten im Stück begann Grace plötzlich zu stottern, konnte ihren Text nicht mehr! Doch geistesgegenwärtig wie ein Profi ließ das junge Mädchen seine Handtasche auf den Boden fallen, ging in die Knie, um sie aufzuheben, und konnte so ganz genau verstehen, was die Souffleuse ihr zuflüsterte. Dann stand Grace hoch erhobenen Hauptes auf, hatte den Faden wiedergefunden und sprach ohne das kleinste Stottern weiter.

Das Publikum klatschte begeistert, und Vater Kelly flüsterte seiner Frau schelmisch grinsend zu: »Abwarten! Sieht so aus, als ob aus unserer Grace doch noch mal eine richtige Schauspielerin werden könnte.«

Doch damals war Grace erst zwölf Jahre alt gewesen, und jetzt sollte aus dem Mädchentraum plötzlich Ernst werden? Die Eltern überkamen Zweifel. Ihre kleine Grace wollte sich tatsächlich mit Haut und Haaren diesem unsteten Lotterleben hingeben, wie man damals die Schauspielerei und Hollywood bezeichnete? Was würde in dieser Umgebung nicht alles an Verlockungen und Gefahren lauern! Und ausgerechnet das sollte für Grace, die doch so sensibel und verletzlich war, der richtige Ort und die richtige Beschäftigung sein?

Der Vater holte über Geschäftsfreunde, die sich finanziell an Filmprojekten beteiligten, Erkundigungen ein. Dann warnte er Grace eindringlich: »Der Schauspielerberuf ist hart. Und wenn es dir gelingt, bis zur Spitze vorzudringen, wird dein Privatleben öffentliches Eigentum. Denk wenigstens an uns. Wir haben einen guten Ruf zu verlieren!«

Doch für Grace gab es kein Zurück mehr. Sie wollte unbedingt Schauspielerin werden und ihren Weg genau so gehen, wie sie es schon als kleines Mädchen für sich beschlossen hatte. Dabei sollte sie der Weg nach New York führen, zur »American Academy of Dramatic Arts«, die immerhin eine der ersten Adressen war. Mit weniger hätte sie sich nicht zufrieden gegeben.

Wer jetzt allerdings glaubt, Margaret und Jack hätten sich einfach umstimmen lassen und Grace mit gerade einmal achtzehn Jahren in das wilde New York geschickt, ohne irgendwelche Vorsichtsmaßnahmen für ihr moralisches Wohlergehen zu treffen, der irrt gewaltig. Nein, sie wollten so sicher wie möglich gehen, dass ihre Tochter im Sündenpfuhl New York genauso wohlbehütet leben würde wie zu Hause in ihrer katholischen Familie in Philadelphia. Aus diesem Grund meldeten sie Grace in einem katholischen Mädchenwohnheim an, das als das anständigste und am strengsten bewachte in ganz New York galt: das »Barbizon Hotel for Women« in der 66. Straße. Für Mädchen auf Abenteuersuche, die schnellen Liebschaften nicht abgeneigt waren, bestimmt ein Alptraum. Für die unschuldige und zarte Grace genau das Richtige.

Noch Jahrzehnte später, als sie schon längst den Namen Gracia Patricia trug, schwärmte Grace von diesen ersten glücklichen Jahren in New York. Das durfte ich selbst erleben, als ich sie als Fürstin von Monaco 1972 während der Olympischen Spiele in München zum ersten Mal traf.

Eine Hofdame meldete mich in ihrer Suite im Hotel *Vier Jahreszeiten* an: »Herr Norbert Loh für das Interview ist da.«

Fürstin Gracia Patricia stand am Fenster und wandte sich um, als ich mit einem Strauß Blumen in der Hand die Suite betrat. Sie trug ein hellblaues Chanel-Kostüm und elegante Schuhe in der gleichen Farbe. Das glänzende Haar war zu einer ihrer unverwechselbaren Frisuren hochgesteckt, die ihre Perlenohrringe besonders gut zur Geltung kommen ließ. Und um ihren Hals lag eine dreireihige Perlenkette von Cartier – sie passte perfekt zu dem Perlenarmband, das ihr rechtes Handgelenk schmückte. Die Fürstin war zu diesem Zeitpunkt zweiundvierzig Jahre alt und atemberaubend schön. Ich hatte das Gefühl, dass ihre Aura die ganze Suite ausfüllte, als ich auf sie zuging. Und weil ich mich vorher über die Lieblingsblumen der Fürstin informiert hatte, waren es duftende Wicken in verschiedenen Pastelltönen, die ich ihr entgegenhielt. Mit einem bezaubernden Lächeln nahm Gracia Patricia den Strauß an und hielt ihn sich vor das Gesicht, um den Duft der Blüten einzuatmen, bevor sie ihn an eine Hofdame weiterreichte.

Dann setzte sie sich mit graziösen Bewegungen auf ein Sofa, bot mir den Stuhl gegenüber an, und das Interview hätte beginnen können. Doch stattdessen begann mein ganz persönliches Drama. Leider musste ich nämlich just in diesem Augenblick feststellen, dass ich meinen Notizblock mit den Interviewfragen vergessen hatte! Ich überlegte für eine Schrecksekunde, ob ich diesen fatalen Fehler, der mir glücklicherweise nur einmal während meiner gesamten beruflichen Laufbahn passiert ist, irgendwie vertuschen könnte. Aber ein solches Verhalten nützt in der Regel wenig und war einer so gütigen Person wie der Fürstin nicht würdig. So beschloss ich, ihr einfach die Wahrheit zu sagen, was die Fürstin amüsierte und was sie auch ein wenig zu beeindrucken schien. Dann schaute sie mir direkt in die Augen und wartete darauf, dass ich das Interview eröffnete.

»Ich habe Sie gestern Abend im Fernsehen in einem Ihrer Filme gesehen«, sagte ich.

»In welchem?«, fragte sie.

»Er hieß *Der Schwan.*«

»Hat er Ihnen gefallen?«

»Ja, sehr. Ich habe ihn mir auf Video aufgezeichnet.«

»Das ist sehr nett. Ich besitze Kopien von all meinen Filmen, sehe sie mir aber nicht mehr an. Das war damals eine andere Zeit. Nicht vergleichbar mit heute.«

»Natürlich nicht, das verstehe ich. Haben Ihre Kinder Ihre Filme gesehen?«

»Ja, alle, glaube ich.«

»Waren Sie dabei?«

»Ja. Ich war auf ihre Reaktionen gespannt. Dabei waren sie nicht kritisch. Sie amüsierten sich, ihre Mutter auf der Leinwand zu sehen. Und sie stellten viele Fragen.«

»Welche zum Beispiel?«

»Hätten Sie mich das auch gefragt, wenn Sie Ihren Block nicht zu Hause vergessen hätten?«

»Nein, wahrscheinlich nicht«, antwortete ich wahrheitsgemäß.

»Okay, sie wollten vor allem wissen, wie es war, als ich meinen Filmpartner küssen musste.«

»Und, wie war das?«

»Es waren Filmküsse.«

»Aha. Ja, ja, natürlich. Können Sie sich noch an Ihren ersten Filmkuss erinnern?«

»Ja, das kann ich. Aber ich habe den Namen des Kollegen vergessen. Es war in New York an der Schauspielschule. Eine schöne Zeit. Ich war so jung, so unerfahren, neugierig und voller Hoffnungen. Um nichts auf der Welt möchte ich die Erinnerung an diese ersten Monate eintauschen ...«

Dieses erste Interview mit Fürstin Gracia Patricia dauerte eine Stunde und wird mir immer in Erinnerung bleiben. Wir plauderten noch eine Weile, und die Fürstin war äußerst zuvorkommend bei der Beantwortung meiner Fragen. Durch ihre lockere Art half sie mir immer wieder sehr charmant über meine missliche Lage hinweg. Insgeheim war ich froh, dass

Fürst Rainier nicht zugegen war, ihm, dem Staatsmann, gegenüber wäre mir die Sache mit dem Block noch peinlicher gewesen.

Gracia Patricia sagte mir, dass ihr Mann Gespräche mit dem monegassischen Konsul für Bayern, Alfred Liegl, führe und sich deswegen entschuldigen ließ. Ihre Augen leuchteten, als sie den Namen »Liegl« aussprach. Sie erzählte mir, dass sie und der Fürst sich mit dem Ehepaar Liegl so wunderbar verstünden. Und ihr Sohn Prinz Albert sei mit dem Sohn des Konsuls, Alexander, sogar richtig befreundet.

Diese Freundschaft besteht übrigens auch heute im Jahr 2005 noch. Die Jungs, wie Gracia Patricia sie damals nannte, sind natürlich längst erwachsen. Albert ist nach dem Tod seines Vaters neuer Fürst von Monaco, und Alexander ist nach dem Tod seines Vaters neuer Konsul für Monaco in Bayern.

Ich beendete mein erstes Interview mit Fürstin Gracia Patricia mit der Frage: »Eure Durchlauchtigste Hoheit, wie gefällt Ihnen eigentlich München und Bayern? Hatten Sie am Rande der Olympischen Spiele schon die Gelegenheit, sich etwas umzuschauen?«

»Ja, ja natürlich!«, sagte sie spontan und lächelte strahlend. »Ich liebe München. Das sagt man manchmal so, wenn man Gast in einer Stadt ist. Aber ich meine es wirklich. Hier vor dem Hotel gibt es wunderbare Geschäfte. Ich war mit Caroline schon ein paar Mal zum Shopping.«

»Darf ich Sie etwas fragen, was vielleicht indiskret ist? Und wenn ja, dann möchte ich mich auch gleich dafür entschuldigen. Aber das interessiert mich wirklich sehr …«

»Bitte, ich bin gespannt.«

»Wie bezahlen Sie Ihre Einkäufe?«

»Mit Kreditkarte.«

Diese Frage hätte ich mir vielleicht sparen können, aber sie ergab sich im Gespräch, und ich war neugierig. Ich möchte an dieser Stelle erwähnen, dass ich damals erst 19 Jahre alt war und noch am Beginn meiner journalistischen Laufbahn stand. Das erklärt auch meine letzte Frage dieses Interviews, die ich heute als Hofberichterstatter keiner Königin oder Fürstin mehr stellen würde:

»Haben Sie sich etwas gekauft, mit dem Sie Ihren Mann überraschen möchten?«

»Ja!«, lautete Gracias spontane Antwort.

»Darf ich …?«

»Sie dürfen fragen. Es handelt sich um ein Dirndl.«

»Ein Dirndl?«

»Ja. Ich war mit Frau Liegl am Tegernsee. Und da habe ich in einem Geschäft ein Dirndl gesehen, das so bezaubernd war, dass ich es einfach haben musste.«

Ich beglückwünschte die Fürstin zu dem Kauf, und für eine Sekunde schwirrte mir im Kopf die Frage herum, ob sie mir das Dirndl wohl zeigen würde. Aber dann verkniff ich mir die Worte lieber und verabschiedete mich mit einem Handkuss und einer tiefen Verbeugung. Unter keinen Umständen möchte ich meine Fragen auf dem vergessenen Notizblock gegen unser Gespräch eintauschen.

Doch begeben wir uns wieder zurück nach New York, in die Anfangszeit der jungen Schauspielerin. Grace Kelly war am Ziel ihrer Träume angelangt: Sie hatte die Aufnahmeprüfung der »American Academy of Dramatic Arts«, kurz AADA genannt, bestanden. Sie besuchte jetzt die renommierteste Schauspielschule Amerikas, auf der schon Hollywood-Giganten wie Spencer Tracy und Robert Redford ihren darstellerischen Feinschliff erhalten hatten. Für die schüchterne Grace muss es ein Wechselbad der Gefühle gewesen sein. Auf der einen Seite der Stolz, die Chance zu bekommen, einmal zu den Besten zu gehören. Auf der anderen Seite die Furcht, den Anforderungen nicht gewachsen zu sein. Eine – nicht zuletzt wegen der Asthma-Erkrankung in ihrer Kindheit – zu dünne Stimme zu haben. Oder im entscheidenden Augenblick aus Nervosität zu versagen. Bisher hatte sie ja nur vor Nachbarn oder vor einem Publikum gespielt, das sich zum größten Teil aus ihrer eigenen Familie zusammensetzte. Wie es damals um das bange Herz der jungen Grace Kelly stand, begreift man, wenn man die Notizen ihres damaligen Prüfers liest:

»Stimme: noch nicht ausgeprägt. Ausstrahlung: sensibel. Spontaneität: gut, jugendlich. Dramatischer Ausdruck: einfühlsam, tief. Intelligenz: gut. Allgemeiner Eindruck: positiv, viel versprechend.«

Das klang nach einem Rohdiamanten, dem nur noch etwas Schliff fehlte. Nach einem jungen, hochbegabten Menschen, der allerdings selbst noch nicht wagte, an sein enormes Talent zu glauben. Bei Grace Kelly sollte es aber nicht mehr allzu lange dauern, bis ihr funkelnder Glanz, ihre kühle Sinnlichkeit ganz Amerika den Atem verschlagen würden.

Zunächst stürzte sich Grace mit Feuereifer in ihre Ausbildung, belegte so viele Kurse, wie nur irgend möglich. Trainierte sogar Fechten, um später einmal in Mantel- und Degenfilmen die schwierigsten Rollen ohne Double meistern zu können. Diese Rollen hat sie freilich nie gespielt, schon weil sie später zugunsten ihres Lebens als Fürstin von Monaco ihre Filmkarriere sehr früh aufgab. Trotzdem war es so, als hätte sie nun, in ihrer Welt angelangt, endlich den Ehrgeiz ihres Vaters in sich entdecken und sich davon angespornt fühlen können.

Tatsächlich war die Art, wie Grace ihre Schauspielkarriere anging, am besten als »sportlich« zu bezeichnen. Ganz im Gegensatz zu anderen Kolleginnen, mit denen sie in Zukunft oft um Rollen konkurrieren musste, war es Grace nie eingefallen, mit ausladendem Dekolleté und kurzen Röcken als Sexgöttin zu inspirieren. Nein, Grace wollte durch Talent und Disziplin auffallen. Und das gelang ihr perfekt. Zunächst löste ihr Erscheinungsbild bei einigen Regisseuren, bei denen sie vorsprach, Verwirrung aus. Wollte sich diese Lady wirklich als Schauspielerin bewerben? War das nicht eher eine Sekretärin oder gar eine Anstandsdame?

Garderobe und Accessoires von Grace Kelly waren in der Tat äußerst ungewöhnlich: Stets trug sie einen artigen karierten Schottenrock, der ihre Knie bedeckte. Dazu Strumpfhosen, eine weiße Bluse oder einen weißen Pullover und immer flache Schuhe. Das Allerwichtigste aber war, dass Grace nie ohne makellos weiße Handschuhe auftrat. Und wenn sie nicht vor der Kamera stand, trug sie wegen ihrer Kurzsichtigkeit sogar eine dicke Hornbrille auf der Nase.

Was sollte man von einer solchen Erscheinung halten? Wer sollte das sein? Eine junge Adlige, die aus Langeweile ein wenig schauspielerte? Eine Tennisspielerin in weißer Bluse und flachen Sportschuhen? Ein versnobtes Millionärs-Töchterchen, das von Papa den Schauspiel-Spleen finanziert bekam?

Fest stand, dass Grace' unvergleichlicher Artig-Look bestimmt nicht dazu angetan war, Regisseure oder Agenten auf sie aufmerksam zu machen, wie es bei kurvenreichen Damen à la Marilyn Monroe funktionierte. Doch Grace gelang auf die Dauer etwas anderes. Etwas, das ihr selbst sehr viel wichtiger war, als für wunderschön und atemberaubend sexy gehalten zu werden. Sie wollte zeigen, dass sie spielen konnte, und so unterstrich sie mit ihrem Look, dass sie wie eine weiße Leinwand war: Was auch immer im Film aus ihr erschaffen werden sollte, sie würde der Figur Leben einhauchen. Damit wurde sie zum Traum eines anspruchsvollen Regisseurs wie beispielsweise Alfred Hitchcock, der sie bald für sich entdecken sollte.

Doch noch war Grace eine Schauspielstudentin wie viele andere, wenn auch eine mit bemerkenswertem Talent. Und dass bald die halbe Damenwelt Amerikas verrückt nach Schottenröcken und weißen Handschuhen sein würde, dürfte noch nicht einmal eine Träumerin wie Grace sich vorzustellen gewagt haben. Sie war froh, dass ihre makellose Ausstrahlung und die Reinheit, die sie von innen strahlen ließ, einigen Werbefotografen auffielen. Grace wurde für Titelfotos von Zeitschriften und für Werbefilmchen für Staubsauger und Kosmetika als Model gebucht. Eine willkommene Gelegenheit, ihr bescheidenes Taschengeld aufzubessern.

Trotz ihrer Zurückhaltung – oder gerade wegen der spröden Herausforderung, die viele Männer im Verhalten dieser wunderschönen Frau zu sehen glaubten – konnte sich Grace vor Verehrern kaum retten. Sie war zu einer der seltenen Frauen herangereift, die umso begehrenswerter erscheinen, je unerreichbarer sie sich geben. Doch Grace' Geschmack in Bezug auf Männer war ebenfalls etwas ganz Besonderes. Sie mochte es nicht, wenn ein Mann allzu forsch auf sie zuging. Da war sie noch immer ganz das verträumte Mädchen, das sie schon zu Hause in Philadelphia gewesen war. Kein Wunder also, dass es die hoffnungslosen Romantiker waren, zu denen Grace sich hingezogen fühlte.

Als sie einmal einen Kavalier für einen Wochenendbesuch mit zu ihren Eltern nahm, spottete ihr Bruder John Jr.: »Was soll das denn sein, Mann oder Maus? Der Typ ist ja verweichlicht wie eine Frau!«

Grace war tief verletzt und beschloss, in Zukunft keinen ihrer Verehrer mehr zu Hause vorzustellen. Tatsächlich hatte bis zu dem Mann, den sie ehelichen und an dessen Seite sie zur Fürstin von Monaco aufsteigen sollte, keiner ihrer Kavaliere mehr das elterliche Haus in Philadelphia betreten. Und das, obwohl unter den Männern, die Grace einige Jahre später zu Füßen lagen, einige gewesen wären, die ihren Bruder mit Sicherheit sprachlos gemacht hätten …

Grace zog ihre Schauspielausbildung zielstrebig durch und hatte bereits mit Anfang zwanzig das Diplom der renommierten AADA in der Tasche. Danach spielte sie in ein paar Theaterstücken mit und glänzte in einer wenig beachteten Produktion am Broadway, doch die großen Engagements ließen auf sich warten. Um für alle Eventualitäten gerüstet zu sein, lernte Grace, die Tüchtige, ganze achtunddreißig Rollen auswendig. Doch die Nachfrage nach der kühlen blonden Schönheit war gering, was Grace dazu bewog, sich weiter mit Werbeaufnahmen über Wasser zu halten.

Trotzdem war die erste Zeit nach ihrer Ausbildung kein Stillstand, denn Grace entwickelte sich persönlich weiter. Sie zog aus dem Mädchenwohnheim aus und nahm sich eine kleine Wohnung in der 66. Straße in unmittelbarer Nähe zu ihrer vertrauten Umgebung.

Und schließlich wagte sie sich allmählich aus ihrem Schneckenhaus heraus. Sie nahm an Partys teil, lernte viele andere Schauspieler und Regisseure kennen, tanzte und genoss das Leben.

Es war, als sei mit einem Mal in dem schüchternen Mädchen von einst die Frau erwacht. Als breche sich eine Lebenslust Bahn, die Grace bisher nicht zu leben gewagt hatte. Es war wohl kein Zufall, dass ihre erste Filmrolle exakt in diese Zeit fiel. Grace Kelly bekam eine Nebenrolle in dem Psychodrama »Vierzehn Stunden« *(Fourteen Hours)*. Das war zwar keine Rolle, die von der Kritik ausführlich zur Kenntnis genommen wurde, aber ein Film mit großem internationalen Erfolg. Und eine echte Entdeckungschance für Grace.

1952, ein knappes Jahr später, war es dann so weit: Grace bekam ihren ersten großen Auftritt, die Hauptrolle in dem Film »Zwölf Uhr mittags« *(High Noon)*.

Ihr Filmpartner war kein Geringerer als Gary Cooper, der Frauenschwarm und das Leinwand-Idol vieler Amerikaner der damaligen Zeit. Die Rolle war Grace wie auf den Leib geschnitten. Sie spielte Amy, eine Quäkerin mit einem strengen Mittelscheitel und einem artigen Häubchen auf dem Kopf. Eine Frau, die über den ganzen Film hinweg zurückhaltend und still ist, dann aber, im entscheidenden Moment, als es um das Leben ihres Mannes geht, über sich selbst hinauswächst, zum Gewehr greift und den Widersacher erschießt.

Nach außen behielt Grace auch ihrem Filmpartner Gary Cooper gegenüber ihre typische Zurückhaltung bei. Damit das auch so blieb, hatte Mama Kelly sogar wieder eine ihrer moralischen Vorkehrungen getroffen und ihrer Tochter kurzerhand für die Dreharbeiten zwei Anstandsdamen zur Seite gestellt, nämlich Grace' Schwestern Lizanne und Peggy. Und so schwärmte Grace ganz brav, nämlich rein beruflich, von Gary Cooper: »Wenn ich sein Gesicht auf der Leinwand sehe, weiß ich genau, was er denkt. Wenn ich aber mein Gesicht auf der Leinwand betrachte, sehe ich nichts, überhaupt nichts.«

Abgesehen davon, dass Grace hier mit sich selbst sehr viel härter ins Gericht ging als die Kritiker damals, die ihre Vorstellung sehr positiv aufnahmen, kam in dieser Aussage natürlich all die Bewunderung durch, die Grace für Gary Cooper empfand. Es sollte nicht das letzte Mal sein, dass die beiden gemeinsam vor der Kamera standen.

Das Publikum war begeistert von »Zwölf Uhr mittags«, und der Regisseur dieses ersten ihrer insgesamt zwölf Filme, Fred Zinnemann, sagte später: »Grace ist nicht erst durch ihre Hochzeit zur Fürstin geworden. Sie ist schon immer wie eine Königin aufgetreten.«

Ein Jahr später spielte Grace Kelly in »Mogambo« *(Mogambo,* 1953) an der Seite von Clark Gable. Gedreht wurde in der Hitze Afrikas – was das Blut der ganzen Truppe zum Kochen brachte. Vor allem Ava Gardner, die ihren Ehemann Frank Sinatra mit ans Set gebracht hatte, fiel durch regelmäßige Wut-

Grace Kelly mit Filmpartner Gary Cooper, der sich während der Dreharbeiten in sie verliebte

anfälle, Trennungsdramen und spontane Aktionen auf, mit denen sie die Aufmerksamkeit aller beherrschte. Einmal war sie sich so sicher, dass Hilfsarbeiter der Film-Crew sie heimlich bei ihrem täglichen Bad hinter einem Stoff-Paravent beobachtet hatten, dass sie vor Wut nackt, wie sie war, schimpfend und fluchend über das ganze Set rannte.

Wie anders war da Grace Kelly! Solche Auftritte waren ihr komplett unverständlich. Sie blieb, wie es auch ihre Rolle verlangte, stets die beherrschte Lady mit den weißen Handschuhen. Da konnte die Sonne noch so brennen, und da mochte ihr Filmpartner noch so flehen.

Es hatte sich schnell am Set herumgesprochen, dass sich Clark Gable, der 52-jährige »King of Hollywood«, in die zarte, gerade einmal dreiundzwanzig Jahre alte Grace verguckt hatte. Doch es sprach wieder für Grace, dass sie es war, die ihm die Regeln vorgab. Schnelle Eroberung und lodernde Leidenschaft? Nicht mit ihr. Stattdessen sah man das ungleiche Paar Abend für Abend romantisch zusammensitzen und an drehfreien Tagen auf Foto-Safari gehen. Grace erzählte stundenlang von ihrer Begeisterung für die Pflanzen und die Natur. Clark Gable, der alte Haudegen, war sanft wie ein kleiner Kater und lauschte hingebungsvoll ihren Worten. Er war wohl der erste Mann, der verstand, wie man *Prinzessin* Grace zu behandeln hatte, und sie dankte es ihm mit glühender Leidenschaft. Ihre Filmküsse, die sie am Ende der Urwald-Romanze tauschten, fanden ihre Fortsetzung in heimlichen Treffen.

»Vor einer ernsthaften Beziehung hatte ich aber Angst«, sagte Grace Kelly später. Und doch hatte sie in den Wochen in Afrika, in denen sie erstmals von keinem Mitglied ihrer Familie begleitet wurde, einiges von dem entdeckt, was sie brauchte: einen Mann, der voller Rücksicht auf ihre Wünsche achtete, einen echten Gentleman, der diskret war und sie für ihre Zurückhaltung liebte. Und vielleicht auch ein wenig Exotik. Genau die Mischung also, die sie später bei ihrem Ehemann Fürst Rainier wiederfinden sollte.

Die beiden zuvor erwähnten Filme genügten, um den Großmeister der Spannung, das Genie der Gänsehaut, auf Grace Kelly aufmerksam zu machen – und eines Tages meldete sich Alfred Hitchcock bei ihr. Fasziniert von ihrer kühlen Ausstrahlung, ihrer Distanziertheit, ihrer vornehmen Blässe, wollte er sie unbedingt in der Hauptrolle seines Films »Bei Anruf Mord« *(Dial M for Murder*, 1954) sehen. Der Film wurde Grace' schauspielerischer Durchbruch, bei dem sie ihren Partner Robert Cunnings, der sich rettungslos in sie verliebte, spielend in den Schatten stellte. Ab jetzt war Grace Kelly Hitchcocks Mädchen. Er engagierte sie gleich darauf für seinen nächsten Coup, »Das Fenster zum Hof« *(Rear Window*, 1954), der von der Kritik begeistert aufgenommen wurde.

Ganz Hollywood feierte Grace Kelly jetzt nur noch als »die neue Ingrid Bergman«. Ihr Partner in diesem Psycho-Drama war wieder einer aus der Herzensbrecher-Riege Hollywoods, nämlich James Stewart. Mittlerweile gehörte es schon fast zu Grace Kellys Ruf, dass sich ihre Partner beim Dreh haltlos in sie verliebten, und James Stewart bildete da keine Ausnahme. Doch da er gerade vor kurzem geheiratet hatte, blieben die beiden letztlich einfach nur Freunde. Diese Freundschaft dauerte bis zum Tod Gracias, und James Stewart war damals ganz selbstverständlich zur Beerdigung der Fürstin, seiner ehemaligen Kollegin und Freundin, erschienen.

Mittlerweile war Grace Kelly zu einem echten Superstar avanciert. Sie wurde Titel-Modell des Fotomagazins »Life«, das sonst nur Präsidenten und Politiker auf die erste Seite nahm. Ganz Amerika schwärmte von der wunderschönen Blondine, und Hitchcock brachte es auf den Punkt: »Ich habe noch nie eine Frau mit einem derartigen indirekten Sex-Appeal gesehen. Allein ihre bloße Anwesenheit im Filmstudio lässt die Luft prickeln wie Champagner. Sie ist einfach perfekt. Und sie strahlt eine Sinnlichkeit aus, die nie ins Vulgäre abkippt!«

Grace genoss den Erfolg, aber sie blieb trotzdem bescheiden und mit beiden Beinen auf der Erde. Wenn sie drehfrei hatte, führte sie in New York ein für einen Star äußerst zurückgezogenes Leben und besuchte regelmäßig ihre Eltern in Philadelphia. Die Amerikaner liebten sie dafür. Sie war eine der wenigen Schauspielerinnen, die nicht nur von Männern verehrt wurde, sondern der auch die Frauen zu Füßen lagen.

Sie wurde zum Inbegriff einer reinen, makellosen, fast engelhaften Schönheit. Umso größer war das allgemeine Staunen, als sie in einem ihrer nächsten Filme, »Die Brücken von Toko-

Dank Hitchcock zum Star avanciert:
die kühle Blondine in »Das Fenster zum Hof«
mit Filmpartner James Stewart

Ri« *(The Bridges at Toko-Ri,* 1955), ungewöhnlich viel nackte Haut zeigte. Aber halt! Selbstverständlich behielt Grace Kelly trotz allem dabei ihren Badeanzug an und blieb mindestens bis zum Dekolleté unter Wasser. Doch das tat dem Aufruhr keinen Abbruch. Sie wurde als schöne Scheue nur noch mehr geliebt.

Im Jahr zuvor hatte ihre Film-Firma MGM sie noch einmal in den Dschungel geschickt. Der bewährte Mix aus »Mogambo«, nämlich: »animalische Hitze trifft auf kühle Reserviertheit«, sollte wiederholt werden. Leider war das Drehbuch zu »Grünes Feuer« *(Green Fire)* ziemlich einfallslos. Von dem Film blieb hauptsächlich ein Satz in Erinnerung, den das Drehbuch für Grace vorsah und der im Nachhinein fast wie eine

Vorausahnung klang: »Ich war noch nie richtig verliebt, und ich warte auf den Märchenprinzen, bis er eben kommt.« Knapp zwei Jahre sollte es noch dauern, bis der Märchenprinz ihr dann tatsächlich erschien.

Und bis dahin blieb seiner Prinzessin genug Zeit, um ihre eigene Krone zu verdienen. Die Rede ist natürlich von der Krone der Schauspielkunst: dem Oscar. In »Ein Mädchen vom Lande« *(The Country Girl,* 1954) spielt Grace eine biedere Hausfrau, die mit den seelischen Abgründen ihres alkoholkranken und am Leben gescheiterten Ehemannes, Bing Crosby, zurechtkommen muss. Das Publikum war begeistert und staunte: Woher nahm diese reine Blüte Grace Kelly das Wissen um die Schattenseiten des Lebens, woher diesen Tiefsinn und diese Verlorenheit? Es war eine perfekte Schauspielleistung – und es war wieder einmal der Beweis dafür, wie viel Fantasie und Kreativität hinter Grace' kühler Fassade verborgen war.

Das Ergebnis der 27. Oscar-Verleihung im Jahre 1955 kam für Grace Kelly dennoch völlig überraschend. Sie hatte sich ganz entspannt noch im Laufe des Abends eine gelbe Rose ins Haar gesteckt, um eine widerspenstige Locke zu zähmen. Nicht ahnend, dass sie ein paar Stunden später, als *die* Überraschungs-Gewinnerin des Jahres tausendfach fotografiert, damit den neuen Sommertrend geschaffen hatte und dass in den nächsten Tagen kaum eine junge Frau mehr ohne eine gelbe Rose im Haar auf die Straße gehen würde.

Mucksmäuschenstill war es im Auditorium, als William Holden den Umschlag öffnete und verkündete: »Schauspielerin des Jahres ist – Grace Kelly!«

Tosender Applaus und heilloses Durcheinander im Zuschauerraum waren die Folge. Schließlich kam Grace nach vorne, ließ vor Aufregung ihre Hornbrille fallen und brach in Tränen aus. Was für ein Augenblick im Leben der sonst

In »Über den Dächern von Nizza« brillierte Oscar-Preisträgerin Grace Kelly neben Cary Grant

doch stets so beherrschten Leinwandgöttin! Völlig überwältigt brachte sie am Mikrofon nur heraus: »Ich bin so betroffen, dass ich gar nicht zum Ausdruck bringen kann, was ich in diesem Augenblick empfinde. Doch ich fühle tiefe Dankbarkeit.«

Spätestens jetzt hatte Grace Kelly die Herzen der Menschen in Amerika und auf der ganzen Welt erobert.

Ab jetzt wurde sie nicht mehr erst dann gefragt, wenn man eine Rolle hatte, die zufällig ganz gut auf sie passen könnte. Nein, ab jetzt wurden ihr die Rollen auf den Leib geschrieben. Allen voran die Rolle der verwöhnten, aber abenteuerlustigen Millionärstochter in »Über den Dächern von Nizza« *(To Catch a Thief,* 1955). Diesmal spielte sie an der Seite eines der größten Stars, die Hollywood je hervorgebracht hat: Cary Grant. Ein Traumpaar für die Presse!

Und Grace Kelly verliebte sich – allerdings nicht in Cary Grant, wie alle vermuteten, sondern in die Côte d'Azur, ihre zukünftige Heimat. Kaum hatte sie ein paar Stunden drehfrei, genoss Grace Kelly die wunderschöne Landschaft in vollen Zügen. Sie ließ sich im Cabrio die traumhaften Küstenstraßen entlangfahren, war hingerissen vom Anblick des smaragdgrünen Meeres und des azurblauen Himmels. Es kam ihr wie ein Paradies vor – geschmückt mit hochherrschaftlichen Hotels und Parkanlagen, Luxus-Bädern und Spielcasinos. Doch noch konnte Grace Kelly nicht ahnen, dass sie laut Drehbuch ihres Schicksals bald vor der größten Rolle ihres Lebens stehen würde. Ohne ihr Wissen begannen hinter den Kulissen die ersten Vorbereitungen für das Treffen, das ihr Leben für immer verändern sollte.

5

Verlobung und Hochzeit

»Du willst einen Fürsten heiraten?
Wo liegt dieses Monaco überhaupt?«

»Ich habe sie gefunden.«

Die ruhige Stimme des Fürsten durchdrang die träge Stille des frühen Nachmittags. In dem mit royalblauen, nougatbraunen und sattgoldenen Farbnuancen prachtvoll geschmückten Salon Louis XV. der fürstlichen Residenz hatten sich die warmen Sonnenstrahlen des Frühsommers gefangen und tauchten alles in ein unwirkliches Licht.

Es war erst wenige Minuten her, da war Rainier von Monaco hier in diesen fürstlichen Gemächern der großen Liebe seines Lebens begegnet. Auch wenn es sich bei der Zusammenkunft um ein arrangiertes Treffen gehandelt hatte, war Rainier von Hollywood-Star Grace Kelly schlichtweg verzaubert.

Der Duft ihres dezenten Parfums hing wie ein sanfter Schleier in dem Prunkzimmer, und Rainier spürte noch den leichten Druck ihrer Berührung, als sie sich von ihm verabschiedet hatte. Wieder und wieder tauchte ihr wunderschönes Gesicht vor seinen Augen auf. Jede Bewegung, auch ihr Hofknicks, mit dem sie ihm formvollendet ihre Reverenz erwiesen hatte, einfach alles hatte sich in sein Herz gebrannt.

Rainier wusste, dass er endlich den Menschen gefunden hatte, der ihm die Einsamkeit der Macht tragen helfen würde, der sich gemeinsam mit ihm um die Zukunft seines geliebten Monaco sorgen würde. Mit Grace Kelly an seiner Seite konnte ihm nichts mehr passieren, dessen war er sich hundertprozentig sicher.

Am Fenster des Louis-XV.-Salons stand nicht weit von Rainier entfernt Hofkaplan Pater Francis Tucker, der engste Vertraute des jungen Fürsten und der einzige Zeuge dieses historischen Augenblicks, als Rainier nach der Begegnung mit Grace Kelly in einem einzigen Satz seinen Gefühlen Ausdruck verlieh. Der Fürst hatte Pater Tucker schon so manches Mal einen tiefen Blick in seine scheue Seele gewährt, daher konnte der Pater sehr gut einschätzen, was diese Worte aus dem Mund von Fürst Rainier bedeuteten. Francis Tucker schaute aus dem weit geöffneten Schlossfenster hinab auf den Zwergstaat Monaco und seufzte erleichtert. Dann wandte er sich um und blickte Rainier an. Da stand er nun, sein Fürst, und strahlte, als wäre ihm ein Engel erschienen.

Tucker ging auf ihn zu, nahm die Hand des Monarchen und bedeckte sie mit seiner, bevor er ihm aus vollem Herzen wünschte: »Möge Gottes Segen mit Euch sein.« Dann zog er sich taktvoll zurück und überließ Rainier seinen Eindrücken von der Begegnung mit seiner Zukünftigen.

Was Rainier nicht ahnte: Auch das Herz des Priesters jubilierte. Endlich, endlich war es ihm gelungen, wenn auch mit fremder Hilfe, dem Fürsten eine Frau vorzustellen, die seine Zustimmung zu finden schien. Davon hatte Tucker schon nicht mehr zu träumen gewagt, doch nun war es wirklich geschehen. Die Liebe würde Einzug halten in die kühlen, stillen Mauern des ehrwürdigen Grimaldi-Palastes, so hoffte er. Und mit ihr das Leben, das Lachen, das Glück. Tucker wusste, dass für Rainier sein kleines Land immer an erster Stelle stand. Und wenn er eine Frau wählte, dann nur eine, die zu ihm *und* zu seinem Leben als Regent passte.

Trotz seines großen Interesses an Grace Kelly hielt Rainier es für klüger, den weiteren Kontakt zu ihr vorerst geheim zu halten. Dabei war erst eine Woche seit seiner schicksalhaften Begegnung vergangen, als er in einem Interview mit der amerikanischen Zeitschrift *Collier's Magazine* genau schilderte, wie seine Idealfrau aussehen sollte:

»Ein blondes Mädchen mit einem hellen Teint, graziös und weiblich. Sie soll intelligent sein, aber nicht intellektuell, und fünf bis zehn Jahre jünger als ich. Ich will lieber eine Frau als eine Fürstin, denn Letzteres ist eine Rolle, die man mit einer gewissen Disziplin lernen kann. Aber man kann nicht lernen, eine bestimmte Art Mensch zu sein.«

Niemand war damals in seiner Beschreibung die Ähnlichkeit zu Grace Kelly aufgefallen.

Über mehrere Monate hinweg sollte das Treffen im Palast die einzige persönliche Begegnung dieser beiden Menschen bleiben, die aus zwei Welten stammten, wie sie unterschiedlicher nicht hätten sein können. Dabei hatten sich ein paar Journalisten alles so schön ausgemalt. »Schuld« an der Inszenierung des ersten Treffens zwischen Rainier und Grace Kelly war nämlich die berühmte französische Illustrierte *Paris Match*. Und das kam so:

Die Filmfestspiele von Cannes standen wieder einmal vor der Tür, und es sah so aus, als würden es die langweiligsten Festspiele aller Zeiten werden. Darum begann man in der Redaktion von *Paris Match* fieberhaft nach irgendwelchen aufregenden Storys zu suchen. Als sie die Gästeliste der prominenten Festivalbesucher studierten, wurde den Redakteuren jedoch blitzartig klar: Grace Kelly, die kühle Blonde aus Hollywood, war *ihre* Frau! Im Nu verwandelte sich die ganze Redaktion in einen emsigen Ameisenhaufen, denn jetzt galt es, schleunigst den Traumpartner für diese amerikanische Schönheit zu finden, mit dem sich eine wunderbare Romanze arrangieren lassen würde. Und für diesen Part, das war allen ebenso schnell klar, kam nur einer in Frage: der monegassische Fürst! Schließlich war es kein Geheimnis, dass der gut aussehende Monarch auf Brautschau war. Niemand in der Redaktion hatte allerdings eine genaue Ahnung davon, *wie* wählerisch der Fürst war. Selbst gute Freunde, die sich schon als Heiratsvermittler versucht hatten, verloren allmählich die Geduld mit ihm. Der milliardenschwere Ölmagnat und Wahlmonegasse Aristoteles Onassis war zum Beispiel eifrig dabei, die amerikanische High Society nach einer heiratsfähigen Frau für Rainier zu durchkämmen – ohne Erfolg, wie wir im nächsten Kapitel noch ausführlicher erfahren werden.

Viele Töchter aus sehr gutem und reichem Hause, intelligente Mädchen und echte Schönheiten waren dem schüchternen Rainier bei allen möglichen Gelegenheiten schon vorgestellt worden, doch selbst die aufregendsten Frauen machten keinerlei Eindruck auf Rainier. Das Herz des Fürsten schien aus Eis zu sein, und das ließ seine Berater mit der Zeit fast verzweifeln, allen voran Pater Francis Tucker.

So ist es kaum verwunderlich, dass dieser begeistert mithalf, den romantischen Verschwörungsplan der *Paris Match* zu verwirklichen, sobald er davon erfuhr. Seine prominenteste Komplizin war dabei Olivia de Havilland, die unvergessene Schönheit aus dem Filmepos »Vom Winde verweht«. De Havilland war damals die Frau des *Paris-Match*-Chefredakteurs Pierre Galante. Sie sollte die Begegnung arrangieren, denn wer hätte dabei unauffälliger Postillon d'Amour spielen können als sie, die berühmte Kollegin. Olivia de Havilland gelang es, die sonst eher schwierigen MGM-Studios, bei denen Grace Kelly unter Vertrag stand, dazu zu bringen, ihrem Star von Cannes aus einen Abstecher nach Monaco zu erlauben. Letztlich war auch den MGM-Bossen klar, dass es kaum eine bessere Werbung für ihren Star geben konnte.

Dann musste die große Grace Kelly nicht zuletzt selbst noch

zu einem Treffen mit dem Fürsten überredet werden. Diesen Part übernahm Rupert Allan, ein guter Freund der Kelly, der ebenfalls in geheimer Mission für *Paris Match* unterwegs war. Er umschmeichelte die Freundin so lange, bis sie sich tatsächlich einverstanden erklärte. Dies war beileibe keine leichte Aufgabe für ihn gewesen. Denn Grace Kelly war zwar im März 1955 für ihre Hauptrolle in »Ein Mädchen vom Lande« für den Oscar nominiert worden und hatte damit selbstverständlich eine Einladung als Ehrengast zu den Filmfestspielen nach Cannes erhalten, doch eigentlich hatte die Schauspielerin keine große Lust auf den anstrengenden Trubel der europäischen Festspiele. Als die MGM-Studios und Rupert Allan jedoch auf ihrer Teilnahme bestanden und an ihren Stolz als Repräsentantin Amerikas appellierten, gab sie pflichtbewusst nach und flog schließlich nach Cannes – und damit ahnungslos ihrem Glück entgegen.

Nun fehlte nur noch eine Einladung aus dem monegassischen Fürstenpalast, und diese kam zur Überraschung aller Beteiligten prompt – natürlich von Hofkaplan Tucker. Von diesem Augenblick an stand einer Begegnung des neuen Traumpaares nichts mehr im Wege:

Am 6. Mai 1955 um Punkt 16.00 Uhr sollten sich der Fürst und der Hollywood-Star zum ersten Mal persönlich gegenüberstehen.

Aber wie das Schicksal es manchmal so will, wäre der Plan trotz aller Anstrengungen beinahe völlig gescheitert.

Zunächst musste das für 16.00 Uhr geplante Treffen der beiden um eine Stunde vorverlegt werden, weil Grace Kellys Anwesenheit als Gastgeberin auf einem großen Fest der MGM-Studios erforderlich war und sie deswegen spätestens um 17.30 Uhr wieder zurück in Cannes sein musste. Zum Glück schien diese Planänderung die Zeremonienmeister des Fürsten nicht weiter zu erschüttern, und der Palast akzeptierte tatsächlich den neuen Termin.

Gerade noch herrschte Erleichterung bei allen Beteiligten der kleinen Verschwörung, da bahnte sich die nächste Katastrophe an, als die Angestellten der Elektrizitätswerke von Cannes kurzerhand beschlossen zu streiken. Das gesamte Städtchen, durch Tausende von Festspielgästen hoffnungslos überfüllt, stand von einer Sekunde zur nächsten ohne Strom da. Über Häuser, Restaurants und Hotels legte sich ein tranceartiger Schleier, es war fast wie im Märchen von Dornröschen, wo ein ganzer Hofstaat in tiefen Schlaf versinkt. Mitten in diesem Desaster saß die schöne Grace Kelly in einem der traumhaften Hotels an der Promenade von Cannes und blickte betrübt auf ihre unausgepackten Koffer. Sie war weder geschminkt noch fertig frisiert, die Garderobe konnte nicht aufgebügelt werden, und ihr war einfach nur noch nach Heulen zumute. Am liebsten hätte sie das Rendezvous mit dem ihr völlig unbekannten Fürsten auf der Stelle abgesagt. Grace malte sich schon aus, wie die Horde von Fotografen, die vor dem Hotel lauerte, sie gnadenlos ablichten und die Journalisten später voller Hohn über ihre Erscheinung spotten würden. Welch ein furchtbarer Gedanke!

Doch zum Glück hatte Grace ihre Kostümbildnerin Gladys dabei, eine Frau, die voller Tatkraft und Ideen steckte. Mit viel Überredungskunst schaffte sie es, die völlig frustrierte Grace dazu zu bringen, sich anzuziehen und die Verabredung einzuhalten.

»Einen Fürsten darf man einfach nicht warten lassen«, erinnerte sie Grace an deren gute Erziehung.

Den Fotos, die Grace dann später zusammen mit dem Fürsten zeigen, sah niemand an, dass sie das schwarzgrundige Kleid mit den großen roten Rosen nur deshalb trug, weil es von ihrer gesamten Garderobe die wenigsten Falten aufwies. Als Grace

6. Mai 1955: Schicksalhafte Begegnung mit Hindernissen im Grimaldi-Palast. Späteres Happy-End nicht ausgeschlossen …

Kelly wenig später die große Hotelhalle betrat, wirkte sie so elegant und hinreißend schön wie immer. Keiner kam auf die Idee, dass ihre Frisur mit dem Blumenkranz eine Notlösung war, und niemand achtete auf ihr ungebügeltes Kleid, weil alle angesichts ihres Charmes wieder einmal dahinschmolzen. Vor allem aber, wie sie später immer wieder lächelnd zum Besten gab, der Fürst.

Grace Kelly hatte nun also dank Gladys ihre strahlende Laune wiedergefunden und bestieg die Limousine, die sie nach Monaco bringen sollte. Auf der Fahrt die Küstenstraße entlang wurde die Hollywood-Prinzessin von einem Pulk Journalisten eskortiert, und prompt kam es dabei zu einer weiteren Verzögerung, als einige der Reporter zu dicht auffuhren und den schwarzen Wagen des Stars rammten. Und als sei es der unerwarteten Hürden nicht genug, ließ wiederum Fürst Rainier seinen berühmten Gast, als dieser endlich mit einiger Verspätung im Palast angekommen war, eine geschlagene Stunde warten.

Die beiden Fotografen von *Paris Match*, die überall herumschwirrten, um die bevorstehende Begegnung für ihre nächste Ausgabe exklusiv abzulichten, vertrieben Grace die Wartezeit, indem sie ihr von Fürst Rainier erzählten und einige Aufnahmen von den herrlichen Räumen des Grimaldi-Palastes machten. Sie wollten nicht aufgeben und hofften bis zum Schluss, dass das Treffen doch noch zustande kommen möge. Zunächst sah es auch noch ganz danach aus, denn Grace ließ alles, was um sie herum geschah, nachsichtig über sich ergehen, schließlich war sie durch ihre Arbeit in den Filmstudios daran gewöhnt, Geduld aufzubringen. Doch irgendwann hatte sogar sie genug.

»Ich finde es sehr unhöflich, dass der Fürst uns so lange warten lässt«, sagte sie und forderte: »Gehen wir.«

Doch zur großen Erleichterung aller öffnete sich genau in diesem Moment die weißgoldene Flügeltür des Salons, und der Fürst betrat den Raum. Ein junger, gut aussehender Mann, nicht ganz so groß wie Grace, mit durchdringenden ozeanblauen Augen, strahlte sie an. In perfektem Englisch entschuldigte er sich bei ihr und bat sie voller Respekt, ihn durch den Park zu seinem kleinen Privatzoo zu begleiten …

Entzückt von seinem Charme und seinem gewandten Auftreten folgte Grace seiner Durchlaucht hinaus in den Park, wo weitere Fotografen bereits sehnsüchtig darauf warteten, das neue Traumpaar ablichten zu können. In der Tat verstanden sich Grace Kelly und Fürst Rainier III. bei ihrer ersten Begegnung auf Anhieb so gut, dass sich die Journalisten schon bald wie Eindringlinge vorkamen.

Als Grace Kelly dann wegen ihres nächsten Termins zurück nach Cannes musste, verabschiedete sich Rainier mit dem Hinweis, dass er vorhabe, im Winter Amerika zu besuchen, und bat schüchtern: »Darf ich Sie im Rahmen dieser Reise wiedersehen?«

Grace Kelly lächelte daraufhin charmant und sagte, dass sie sich über eine solche Begegnung selbstverständlich freuen würde, während ein rosiger Glanz ihrer Wangen überzog.

Verwundert stellte Rainier später gegenüber Pater Tucker fest: »Sie ist sehr zurückhaltend, gar nicht affektiert und von heiterem, selbstbewusstem Wesen.«

Bisher hatte Grace Kelly, wohl auf der Suche nach väterlicher Anerkennung, meist für ältere Männer geschwärmt oder sich sogar in sie verliebt. Doch Rainier, der »nur« sechs Jahre älter war als sie, war anders, das spürte sie sofort, und er gefiel ihr. Ihn umgab jene geheimnisvolle Aura von Macht, die nur Menschen ausstrahlen, die zum Herrscher geboren wurden. Trotzdem hielt Grace ihre Gefühle fest unter Verschluss.

»Ich war angenehm überrascht. Der Fürst war sehr charmant«, war ihr einziger, ziemlich unterkühlter Kommentar nach diesem von so vielen Menschen herbeigesehnten Treffen. Weder der Presse noch Freunden oder ihrer Familie gegenüber äußerte die kühle Blondine ein weiteres Wort darüber, welche Wirkung Rainier als Mann auf sie gehabt hatte. Sie schwieg, und alle waren furchtbar enttäuscht. Dabei hätte doch jeder, der sie ein bisschen kannte, wissen müssen, dass Grace Kelly die Geheimnisse ihres Herzens wie eine Sphinx hüten konnte.

Nur Rainier war nicht enttäuscht. Er war völlig hingerissen von Grace' betörender Anmut und ihrer eleganten Ausstrahlung. Zusammen mit Pater Tucker rätselte er darüber, welchen Eindruck er wohl auf sie gemacht hatte. Und ob sie womöglich dazu bereit sein würde, ihre glanzvolle Karriere als Hollywood-Star aufzugeben und sie gegen die Bürde der Krone einzutauschen.

Francis Tucker, höchst zufrieden mit der Wirkung, die die Begegnung mit dem Hollywood-Star beim Fürsten ausgelöst hatte, nahm nun wiederum die Geschicke in seine Hand. Er wusste genau, was zu tun war, und zögerte keinen Moment, als Grace kurze Zeit nach ihrem Besuch einen Dankesbrief von formvollendeter Höflichkeit an den Palast schickte.

In Rainiers Namen antwortete der Kaplan: »Ich danke Ihnen für diese Begegnung und kann sagen, dass Sie beim Fürsten einen tiefen Eindruck hinterlassen haben.«

Ein paar Wochen später erhielt Grace einen weiteren Brief aus dem fürstlichen Palast. Wieder war es der Kaplan, der höflich im Auftrag seines Fürsten anfragte: »Wann darf der Fürst Sie in Philadelphia treffen? Er plant nun seine geschäftliche Reise nach Amerika.«

Das Interesse des Fürsten beflügelte Grace Kelly, und sie spürte, dass sich ihr Leben verändern würde, doch noch war sie nicht bereit, sich den daraus resultierenden Konsequenzen zu stellen. Erst im Frühling des Jahres 1955 hatte sie ihre Romanze mit dem Modeschöpfer Oleg Cassini beendet, da ihre Eltern ihr verboten hatten, diesen Mann, der zweifach geschieden war, zu heiraten. Und obwohl Grace mit gerade mal achtzehn Jahren ihr Elternhaus verlassen hatte und längst ein Star war, gehorchte sie dem Diktat ihres mächtigen Familienclans. Sie fürchtete, sonst die Gunst ihrer Familie zu verlieren. Besonders die Beziehung zu ihrem Vater Jack Kelly war ihr immens wichtig; dabei hatte sie sein Herz ein Leben lang nicht wirklich erobern können. Stattdessen stillte die so häufig als unnahbar bezeichnete Schauspielerin ihre Sehnsucht nach Liebe mit heißen Affären, was die Presse natürlich mit großem Interesse verfolgte.

Ihre Familie jedoch nicht. Das alles interessierte den Clan jedenfalls so lange nicht, wie sie keinen dieser Männer heiraten wollte. Zweimal hatte Grace einen möglichen Heiratskandidaten mit nach Hause gebracht, und beide Male endeten diese Begegnungen in einem Fiasko. Kein Wunder also, dass Grace ihre Familie über viele Monate hinweg über ihre Gefühle zu dem Fürsten aus dem fernen Europa im Unklaren ließ. Sie erwartete ohnehin keinerlei Anteilnahme an ihrer Liebesgeschichte. Dabei reifte in ihr bereits die Entscheidung, einer Heirat zuzustimmen, sollte Rainier tatsächlich um ihre Hand anhalten. Vielleicht, so hoffte Grace heimlich, würde sie durch diese Ehe die Achtung und Liebe ihrer Familie erringen können.

Grace war sich durchaus der Tatsache bewusst, dass mit einer solchen Verbindung nicht nur Liebe und Glück, sondern auch große Verantwortung auf sie wartete. Das machte ihr Angst, und so stürzte sie sich zur Betäubung und Ablenkung erst einmal in eine neue Affäre mit ihrem alten Freund und Schauspielkollegen Jean-Pierre Aumont. Aber die Romanze zerbrach schon nach wenigen Monaten wieder, denn Grace vermochte ihre Gefühle für Rainier nicht mehr aus ihrem Herzen zu löschen.

Nur wenige Personen wussten, dass unsichtbar für die neugierigen Augen der Welt heimliche Botschaften zwischen Hollywood und Monte Carlo hin und her geschickt wurden.

Grace' Briefe waren auf blassblauem Büttenpapier verfasst und beinhalteten verschlüsselte Zeilen der Bewunderung für ihren charmanten Angebeteten. Die zaghaften Schmeicheleien Rainiers hingegen waren vom fürstlichen Wappen gekrönt, als sollten seine Worte durch ein amtliches Siegel beglaubigt werden. Und im Schutz der Verborgenheit erblühten tatsächlich zarte Gefühle: Fürst Rainier von Monaco und Hollywoods begehrtester Star Grace Kelly verliebten sich ineinander.

Grace musste sich allerdings eingestehen, dass sie nicht viel über den gut aussehenden jungen Mann am Mittelmeer wusste, und erst recht nicht über sein Land. Und so machte sie sich mit Feuereifer daran, alles, was mit ihm und der Grimaldi-Familie zu tun hatte, in Erfahrung zu bringen. Das entpuppte sich als ein mühsames Unterfangen, denn wer in Amerika kannte schon dieses winzige Fleckchen Erde? Doch beflügelt von ihrer heimlichen Romanze, trug sie fleißig Stück für Stück zusammen, bis nach und nach ein farbenprächtiges, beeindruckendes Mosaik von Monaco und seinem Regenten vor ihren Augen entstand.

Rainier erging es nicht viel anders. Zwar kannte er seine Angebetete aus ihren Filmen, doch noch konnte er sich keine Vorstellung davon machen, auf was er sich da einließ, wenn es um den sturen irischen Einwandererclan ging, der die Familie Kelly nun einmal war.

Rainiers erster Besuch in Philadelphia brachte ihn so manches Mal an den Rand der Beherrschung. Bislang war er, außer in seinem eigenen Land, in der Öffentlichkeit kaum beachtet worden. Doch seit seine Verbindung zu der allerseits vergötterten Grace Kelly bekannt geworden war, konnte er keinen Schritt mehr unbeobachtet tun. Überall in Germantown, dem Stadtteil Philadelphias, in dem die Villa der Kellys stand, wimmelte es von Journalisten, die krampfhaft versuchten, von ihm und Grace ein Wort oder wenigstens ein Foto zu erhaschen. So viel Aufsehen war dem Fürsten aus Europa fremd. In seinen Gesprächen mit Pater Tucker gab Rainier unumwunden zu, dass es ihm sehr schwer fiel, sich an diese Dauerbeobachtung zu gewöhnen.

Allerdings machte die Kelly-Familie Rainier das Leben nicht

minder schwer. Mehr als einmal war er kurz davor zu explodieren, weil das Familienoberhaupt Jack Kelly mit seinem groben Benehmen knapp an einer Majestätsbeleidigung vorbeirutschte. Denn Jack Kelly ließ ihn nur allzu deutlich spüren, dass Rainier ihm als Schwiegersohn nicht sonderlich willkommen war. Auch seiner Tochter Grace gegenüber hielt sich Vater Kelly nicht zurück und machte sich über diesen Operettenfürsten aus Europa mit seinem Hof-Schnickschnack lustig.

»Du willst einen Fürsten heiraten? Wo liegt dieses Monaco überhaupt?«, soll er seine Tochter verärgert gefragt haben, als sie ihm zum ersten Mal von ihren Heiratsplänen erzählte. »Ich will nicht«, so ließ Jack Kelly auch Pater Tucker unmissverständlich wissen, »dass irgendein bankrotter Herrscher eines völlig unbekannten Landes meine Tochter heiratet.«

Und Mutter Margaret Kelly verwechselte Monaco zu Anfang doch tatsächlich mit Marokko und fürchtete, ihre Tochter hätte sich in einen farbigen Stammesfürsten verliebt! Weder sie noch ihr Mann wollten einen Fremden in ihrer Familie haben. Und so ablehnend wie Grace gegenüber verhielten sie sich auch zu Rainier.

In solchen Situationen wandte der junge Fürst seine Aufmerksamkeit der Frau zu, die er liebte, und ließ den nörgelnden Kelly einfach stehen. Er beobachtete Grace, wie sie sich bewegte, wie sie lachte, wie ihre Augen glänzten, und schon waren alle Probleme vergessen.

Ohne Rücksicht auf die familiären Hindernisse hatte der unersetzliche Pater Tucker im Auftrag Rainiers bei Jack Kelly schließlich formvollendet um die Hand seiner Tochter Grace angehalten. Und lediglich die Tatsache, dass der alte Patriarch darauf spekulierte, mit der Heirat seiner Tochter in Philadelphias feiner Gesellschaft auftrumpfen zu können, war schließlich ausschlaggebend für sein widerwillig hervorgebrachtes

Grace Kelly präsentiert den stolzen Eltern Jack und Margaret den Verlobungsring ihres Märchenprinzen

Einverständnis. Den väterlichen Segen konnte man das wahrlich nicht nennen.

Allerdings sollte es noch ein Weilchen dauern, bis es so weit war und die Verlobung der beiden offiziell bekannt gegeben werden konnte. Schließlich durfte Rainier bei aller Liebe nicht blind irgendeine Frau heiraten, selbst wenn diese zur damaligen Zeit Amerikas größter Star war. Vielmehr begann nun der monegassische Geheimdienst, die gesamte Kelly-Sippe zu durchleuchten, denn nirgendwo in der Familiengeschichte durfte ein schwarzer Fleck zu finden sein. Das ist in Königs- und Fürstenhäusern nun einmal so üblich. Zuletzt entscheidet nicht das Herz, sondern ganz allein die Staatsräson. Rainier dachte, wie es sich für einen Monarchen zu allen Zeiten gehört: Zuerst kommt das Land, dann die Dynastie, und erst danach darf ein Monarch sein verliebtes Herz sprechen lassen.

Denken wir doch nur an das jüngste Beispiel aus den Niederlanden: Als sich Kronprinz Willem-Alexander Ende der neunziger Jahre in die temperamentvolle Máxima Zorreguieta aus Argentinien verliebte, schaltete sich auf Anordnung von Königin Beatrix der niederländische Geheimdienst ein. Dabei war es nicht so, dass die Monarchin etwas gegen Máxima hatte, ganz im Gegenteil, die Königin fand die Auserwählte ihres Sohnes auf Anhieb sympathisch. Aber sie wusste, dass die Regierung einer Heirat zustimmen musste, weil Kronprinz Willem-Alexander ihr ältester Sohn und Nachfolger ist. Wie sich rasch herausstellte, war Máximas Vater Jorge Zorreguieta in den achtziger Jahren Landwirtschaftsminister der Militärjunta gewesen, der Ausbeutung und Verschleppung von Menschen vorgeworfen wurde.

Das war Grund genug für die niederländische Regierung, einer Heirat Willem-Alexanders mit Máxima nicht zuzustimmen, und ein heftiger Schlag, den das verliebte Paar zu verkraften hatte. Doch der Kronprinz war nicht bereit, die Liebe seines Lebens kampflos aufzugeben, und so stimmte die Regierung nach einigem Hin und Her einer Hochzeit schließlich doch zu; allerdings nur unter der Bedingung, dass Máximas Eltern an der Trauung nicht teilnahmen. Die Zorreguietas gelten offiziell als »unerwünschte Personen« in den Niederlanden. Schweren Herzens und einzig aus Liebe zu Willem-Alexander willigte Máxima ein und konnte die Tränen doch nicht unterdrücken, als an dem schönsten Tag ihres Lebens ihre Eltern nicht anwesend waren …

Die Überprüfung von Grace' Familie, die selbstverständlich völlig unauffällig und streng geheim vor sich ging, dauerte mehrere Wochen. Niemand aus der Kelly-Familie durfte Verdacht schöpfen, und Rainier betete, dass nichts, aber auch gar nichts seine Heirat mit der wundervollen Grace gefährden würde. Auch blieb es lange Zeit ein Geheimnis der Liebenden, dass sich Grace einer ärztlichen Prüfung unterziehen musste, die gewährleistete, dass mit dieser Ehe die Thronfolge in Monaco gesichert war …

Weihnachten 1955 war Rainier wieder zu Gast in Grace Kellys Elternhaus, diesmal in Begleitung seines Arztes Dr. Robert Donat. Niemand konnte ermessen, was Rainiers Besuch für Grace bedeutete. Nicht, weil sie die Frau eines Fürsten werden würde, nein, in diesem Moment genoss sie es aus vollem Herzen, endlich einmal der Mittelpunkt ihrer Familie zu sein. Dies hatte sie all die Jahre ihrer Kindheit, Jugend und Karriere hindurch ersehnt. Und für diesen kostbaren Augenblick war sie Rainier ihr Leben lang zutiefst dankbar.

Ganz romantisch, im Schein der sanft flackernden Kerzen des üppig mit glitzernden Kugeln und Ketten geschmückten Weihnachtsbaumes, war der Moment gekommen: Fürst Rainier von Monaco machte Grace Kelly einen Heiratsantrag, den sie mit einem strahlenden Lächeln annahm. Ein fast heiliger Zauber umhüllte das Paar, wie ihn nur die Liebe zu entfachen vermag. Selbst den stets unzufriedenen Vater Jack stimmte die Atmosphäre an diesem Abend sanft und friedlich, und seine Tochter Grace war so aufgeregt, dass ihre sonst so blassen Wangen vor Aufregung glühten.

An Silvester wurde die Verlobung im engsten Kreis des Familienclans gefeiert. Es war Grace' letztes Silvester in der Heimat. Viele Nächte hatte sie wach gelegen, geplagt von Vorfreude und Zweifeln zugleich. Immer wieder hatte sie sich beklommen gefragt: War meine Entscheidung richtig? Bin ich dieser großen Aufgabe überhaupt gewachsen? Was ist, wenn ich versage? Schließlich hing das Lebensglück so vieler Menschen von ihr ab, das war ihr erschreckend klar.

Doch ihr Herz kannte nur eine Antwort auf ihre tausend Zweifel: Rainier und seine Liebe zu ihr.

Tagsüber waren alle Bedenken wieder verflogen, und Grace genoss das Aufhebens, das um sie gemacht wurde. Stolz ließ der Hollywood-Star seine Eltern und Geschwister das Verlobungsgeschenk bestaunen – ein goldener Ring mit einem zwölfkarätigen Diamanten, den Rainier ihr schon ein paar Tage zuvor bei einem gemeinsamen Ausflug an den Finger gesteckt hatte. Zum Glück ahnte das Paar während der beschaulichen Feiertage in Philadelphia noch nicht, dass jene Entscheidung für ein gemeinsames Leben unglaubliches öffentliches Aufsehen erregen und die Aufmerksamkeit der Medien wie ein Tornado über sie hinwegfegen würde.

Am 5. Januar 1956 gab Fürst Rainier III. von Monaco seine Verlobung mit Grace Kelly endlich offiziell bekannt, und am 10. Januar lud das Paar zu seiner glanzvollen und extravaganten Verlobungsfeier ins New Yorker Hotel *Waldorf Astoria* ein. Kein Mann hätte an diesem Abend stolzer sein können als Rainier. Er war so glücklich, die schönste Frau der Welt allen als seine Verlobte vorstellen zu können.

Doch ganz so romantisch, wie es sich die beiden vorgestellt hatten, wurde das Fest leider nicht. Jeder verliebte Blick, jede liebevolle Geste, jeder Händedruck wurde in grelles Blitzlichtgewitter getaucht. Für die Verliebten eine Tortur. Doch allen Anwesenden war klar, dass in dieser Nacht ein echtes Glamourpaar geboren war. Und was sich schließlich von der Verlobungsfeier bis zum Tag der Hochzeit abspielte, hatte die Welt bis dahin noch nicht erlebt. Amerikas Presse spielte vollkommen verrückt. Aber nicht etwa, weil ein Fürst aus Europa gekommen war, nein, alle interessierten sich nur für *ihre* Grace Kelly, *ihre* Filmgöttin. Besorgt fragte man sich, was das Schicksal für sie im fernen Europa bereithalten würde. So weit weg von ihrem geliebten Amerika!

Zwar hatte bei Grace Kellys innerem Kampf ihr Herz einen

klaren Sieg davongetragen, doch ein bisschen mulmig war ihr trotzdem noch zumute, auch nach dieser endgültigen Entscheidung. In dieser Zeit kam ihr die Zukunft manchmal unwirklich vor. Wie würde ihr Leben tatsächlich aussehen? Eine Fürstin zu *spielen* war schließlich etwas anderes, als eine wirkliche Fürstin zu *sein*. Und sie wollte von ganzem Herzen eine gute Fürstin sein. Etwas verängstigt über ihren eigenen Entschluss, klammerte sich Grace darum hoffnungsvoll an den Gedanken, auch als Fürstin Schauspielerin bleiben zu können, obwohl sie vielleicht schon ahnte, dass sie als Star den Höhepunkt ihrer Karriere erreicht hatte. Was sollte für sie noch kommen? Die begehrteste Trophäe des Films, den Oscar, hatte sie doch längst für »Ein Mädchen vom Lande« erhalten.

Außerdem hatte sie ihren künftigen Mann in dieser Hinsicht wohl nicht ganz richtig eingeschätzt. Rainier hatte bereits ganz konkrete Pläne mit seiner Verlobten, und daran ließ er auch in der Öffentlichkeit keine Zweifel aufkommen: »Ich will nicht, dass meine Frau arbeitet. Wir sind uns einig, dass Grace Kelly ihre Filmkarriere beenden wird.«

Und so mussten die MGM-Studios ihren größten Star in sein neues Leben entlassen, was sie allerdings nicht ohne Gegenleistung taten: MGM forderte dafür das Exklusivrecht, die Traumhochzeit des Jahrhunderts auf Zelluloid bannen zu dürfen. Ganz Amerika und ganz Europa, ja, die ganze Welt sollte Augenzeuge dieser Märchenhochzeit werden. Und in Amerika nahm der Jubel kein Ende. Für die Amerikaner war die Romanze zwischen dem Filmstar und dem Fürsten wie ein Märchen, das direkt aus der Traumfabrik von Hollywood zu kommen schien. Und für Grace und Rainier? Man darf wohl behaupten, dass die Zeit der Vorbereitungen für die beiden nicht enden wollenden Stress bedeutete.

Glamour und Glück:
das frisch verliebte Paar auf seiner Verlobungsparty
im noblen New Yorker Hotel Waldorf Astoria

Im Grimaldi-Palast brach nach der Bekanntgabe der Verlobung unglaubliche Hektik aus; plötzlich brummte es in den sonst so ruhigen, leeren Gemäuern wie in einem Bienenstock. Eine Gästeliste musste zusammengestellt, die Einladungen mussten entworfen und versandt werden. Den Blumenschmuck, die Hochzeitstorte, den Ablauf der Trauung und sogar die Trauzeugen galt es zu organisieren. Dem Hofmarschall und seinem Zeremonienmeister rauchten die Köpfe. Sie hatten gerade einmal drei Monate Zeit, um sich um alles zu kümmern und die Residenz und den kleinen Staat für die Hochzeit ihres Landesvaters auf Hochglanz zu polieren.

Während sich der ehrwürdige Sitz des Fürsten in einen Märchenpalast verwandelte, beendete Hollywood-Star Grace ihren letzten Film »High Society«. Da hatte sie bei Rainier ihren typischen Kelly-Dickkopf durchgesetzt, denn schließlich hatte sie sogar extra Gesangsstunden für diesen Film genommen. Und was sie dabei gelernt hatte, wollte sie unbedingt noch zeigen.

Trotzdem war Grace froh, als die Dreharbeiten endlich vorbei waren, denn als zukünftige Braut konnte sie kaum einen Gedanken von ihrer Aussteuer wenden. Schließlich kamen für ihre neue Garderobe nur die besten Designershops von New York in Frage. Sie schwelgte in der schier unermesslichen Fülle modischer Accessoires und Kleider, prüfte hier kritisch, wählte dort sorgfältig aus, verwarf an die tausend Mal ihre Entscheidungen – und brachte damit so manche Verkäuferin sowie ihre Begleiterinnen, Mutter Margaret und Schwester Peggy, an den Rand der Verzweiflung. Am Ende stapelten sich Rechnungen von über 25 000 Dollar – was damals noch ungefähr 100 000 Mark entsprach – für Kleider, Hüte, Schuhe und Taschen auf ihrem Schreibtisch. Keine Frage, dass Grace diese Vorbereitungen trotz aller Anstrengung genoss – wie wohl jede Braut es an ihrer Stelle ebenso getan hätte.

Doch über den wichtigsten Punkt hatte sie noch nicht entschieden – nämlich das Brautkleid selbst. Die Filmstudios MGM hatten sich großzügig gezeigt und ihrem Star zum Abschied neben den luxuriösesten Filmkostümen auch die Hochzeitsrobe geschenkt. Das Brautkleid sollte natürlich etwas ganz

Besonderes sein, etwas Einmaliges, das die Welt bis dahin noch nicht gesehen hatte. Grace' Wahl fiel auf die begehrteste Modedesignerin der MGM-Studios, Helen Rose, die für ihren Lieblingsstar einen Traum aus glänzender Seide und kostbarer Spitze schuf, in dem Grace sehr zart und zerbrechlich wirkte. Bei den Anproben herrschte selbstverständlich höchste Geheimhaltungsstufe, damit kein Detail dieser himmlischen Hochzeitsrobe vorzeitig in der Öffentlichkeit bekannt wurde. Grace liebte nämlich die altmodischen Bräuche und bestand darauf, dass ihr Bräutigam sie erst vor dem Altar in ihrem Kleid sehen durfte, damit die Ehe glücklich wurde.

Während Grace also ganz New York mit ihren Hochzeitsvorbereitungen auf den Kopf stellte, war auch Rainier im fernen Monaco nicht untätig. Anlässlich seiner eigenen Hochzeit wagte er sich an die ungewohnte Aufgabe, für sich selbst eine Gala-Uniform zu entwerfen, eine Uniform, die eines Fürsten würdig war.

Am Morgen des 4. April 1956 begab sich Grace Kelly an Bord der *SS Constitution*. Es war noch dunkel im Hafen von New York, doch die Fans hatten es sich nicht nehmen lassen, ihrem Star zum Abschied zuzuwinken. Die Menschen am Pier 84 verband eine Mischung aus stolzem Jubel und tiefer Trauer. Einerseits wollten die Amerikaner ihre Traumprinzessin nicht gehen lassen. Andererseits war es natürlich sensationell, dass nun eine der Ihren Fürstin in Europa werden würde …

Grace Kelly war von dem ganzen Rummel, der um sie gemacht wurde, völlig erschöpft. Bis zum letzten Tag ihrer Abreise hatte ein Interview das nächste gejagt, und sie hatte tapfer Rede und Antwort gestanden. Nun versuchte sie zu lächeln und nahm ein letztes Mal ihre Kräfte zusammen, als sie von der Reling des Luxusliners aus der Menschenmenge zuwinkte. Punkt 11 Uhr dampfte der Ozeanriese endlich unter ohren-

Unterwegs in den Hafen der Ehe:
Rainier und Grace auf der Deo Juvante
vor der Küste Monacos

betäubendem Lärm, Konfettiregen und lautem Getute in Richtung Europa ab.

Über siebzig Verwandte und Freunde waren mit Grace an Bord gegangen, um bei der großen Hochzeitsfeier in Monte Carlo dabei sein zu können. Selbst der immer noch nicht überzeugte Vater wollte sich dieses große Medienspektakel nicht entgehen lassen. Familie und Freunde hatten nebenbei auch die Aufgabe, die Braut, die vor Nervosität kaum schlafen konnte, etwas abzulenken und sie vor allzu neugierigen Blicken und Fragen anderer Mitreisender zu schützen.

Während der Luxusliner die Fluten des Atlantiks durchpflügte, erholte sich Grace von dem anstrengenden Abschied, und ihr Heimweh wich allmählich einer freudigen Erwartung. Besonders wenn es Abend wurde, genoss die künftige Fürstin von Monaco den Aufenthalt an Deck und blickte auf den sternenklaren Nachthimmel über dem Meer, während ihre Gedanken dem Schiff vorauseilten.

Tagsüber verbrachte Grace viel Zeit mit ihren Eltern oder spielte mit ihrem kleinen Pudel Olive, der sie oft von den Ängsten ablenkte, die sie nicht vollends ausblenden konnte. Auch während ihres Aufenthalts an Bord wurde immer wieder einmal ein Interview- oder Fotowunsch an sie herangetragen, den sie routiniert erfüllte, denn das war sie schließlich als Schauspielerin gewöhnt.

Eine Radiostation übertrug sogar ihre ersten Grüße nach Monte Carlo: »Ich bin glücklich und freue mich sehr auf meine neue Heimat«, ließ Grace die Monegassen wissen.

Acht Tage dauerte die Reise, bis an dem grauen und nebelverhangenen Morgen des 12. April die *SS Constitution* vor der Bucht von Monaco die Maschinen stoppte. Fürst Rainier kam mit seiner nagelneuen Superyacht *Deo Juvante II* dem amerikanischen Luxusliner, der ihm und seinem Land die neue Fürstin brachte, entgegen. Und genau in dem Moment, als die *Deo Juvante II* den Ozeanriesen erreichte, riss plötzlich die graue Wolkendecke auf und tauchte Monaco und seine über zwanzigtausend Einwohner in goldenen Glanz. Was für ein Omen für eine Ehe! Fortan nannten die Monegassen dieses schöne Wetter ihrer Fürstin zu Ehren »Grace-Kelly-Wetter«.

Schiffshörner und Schiffssirenen hießen Rainiers Braut lautstark willkommen. 21 Salutschüsse wurden abgefeuert, und ein rot-weißer Nelkenregen im Wert von 15 000 Dollar, gespendet von Ölmagnat Aristoteles Onassis, begleitete das Paar auf der prächtigen Yacht in den Hafen von Monte Carlo zurück. Niemand vermochte zu sagen, wer wohl mehr strahlte: das Brautpaar oder die glitzernde Sonne am stahlblauen Firmament.

Noch an Bord der *Deo Juvante II* begrüßte die Braut aus Amerika Monacos Persönlichkeiten von Rang und Namen.

Dann kam der historische Augenblick, als die künftige Fürstin zum ersten Mal seit ihrer entscheidenden Begegnung mit Rainier wieder den Boden ihrer neuen Heimat betrat. Inständig betete Grace in jenem Moment, dass sie diesen Schritt nie würde bereuen müssen. Sie wünschte sich nichts sehnlicher, als hier, in diesem kleinen Reich, glücklich zu werden.

Voller Begeisterung über die bevorstehende Hochzeit hatten die Monegassen ihr Land geschmückt und prächtig herausgeputzt – ihrer neuen Fürstin sollte es schließlich bei ihnen gefallen. Überall standen Menschen dicht gedrängt an den Straßenrändern und schwenkten jubilierend ihre rot-weißen Fähnchen, so dass sich die schwarze Fürstenlimousine mit Grace und Rainier nur sehr langsam ihren Weg zum Palast bahnen konnte. Jeder hoffte, die Braut wenigstens einmal ganz aus der Nähe zu sehen, um sich zu vergewissern, dass sie auch in Wirklichkeit so schön war wie in ihren Filmen.

Tapfer hielt Grace auch diesen Strapazen stand. Sie lächelte und winkte, zuerst noch etwas zaghaft, dann zunehmend selbstbewusster. Als sie eine Dreiviertelstunde später endlich mit Rainier auf den Palastbalkon hinaustrat, brandete frenetischer Beifall auf, und alle jubelten dem Paar von neuem begeistert zu.

In diesem Moment überschlug sich Rainiers Herz, denn er war sich nun ganz sicher, dass er die richtige Wahl getroffen hatte und seine Untertanen ihre Fürstin genauso lieben würden wie er. Und während er strahlend winkte, dankte er insgeheim Gott für diese wunderbare Fügung.

Grace war entzückt und zugleich überrumpelt von so viel Sympathie. Als sich der Jubel ein wenig gelegt hatte, fasste sie sich ein Herz und rief ihren zukünftigen Landsleuten fröhlich zu: »Ich werde von Augenblick zu Augenblick glücklicher!«

Das sollte der Beginn einer wunderbaren Beziehung zwischen der Amerikanerin und den Monegassen werden, die schon nach kurzer Zeit in uneingeschränkter Verehrung für die Fürstin gipfelte.

Die Woche bis zur Hochzeit verging wie im Flug, und Rainier und Grace hatten so gut wie keine Zeit mehr füreinander. Es gab noch so viel zu erledigen! Ständig musste etwas entschieden, veranlasst, korrigiert oder überprüft werden. Tag und Nacht war das Brautpaar damit beschäftigt, auf Bällen, Empfängen und privaten Diners die Hände von Hunderten von Leuten zu schütteln und deren Glückwünsche entgegenzunehmen. Draußen vor den Palasttoren hofften inzwischen über 1600 akkreditierte Journalisten, wenigstens ab und zu etwas von dem jungen Glück zu erhaschen. Doch Rainier enttäuschte sie. Alle Aktivitäten fanden strikt unter Ausschluss der Öffentlichkeit statt, und das machte die Reporter wütend. So sannen sie auf eine List ...

Eines Tages, Grace und Rainier waren auf dem Weg zu einem privaten Fest, warf sich unvermittelt ein Mann vor ihr Auto. Rainier, der an dem Abend selbst fuhr, erschrak zu Tode und brachte nur mit Mühe den Wagen noch rechtzeitig zum Stehen. Entsetzt sprang er aus dem Auto, um dem Verunglückten zu helfen. Doch das Drama entpuppte sich als Falle: Überall blitzten plötzlich die Kameras auf! Endlich hatte man erste Fotos erbeutet, die man der gespannt wartenden Öffentlichkeit zeigen konnte ...

Rainier hatte überhaupt kein Verständnis für derartige Eskapaden der Presse, und sie überraschten ihn auch, denn bisher war in seinem Land noch nie ein solches Aufsehen um irgendetwas gemacht worden. Doch nun wurde ihm klar, dass er für die Zukunft einen Pressesprecher brauchte, um weitere Vorfälle dieser Art zu verhindern. Die MGM-Filmstudios sprangen hilfreich ein und stellten dem Brautpaar den Presse-Profi

Morgan Hudgins zur Seite. Er überzeugte Rainier, dass ein paar eiligst einberufene Pressekonferenzen die Lage ganz schnell entspannen würden. Fast war es jedoch schon zu spät: Die enttäuschte Presse überschüttete Rainier zunächst einmal mit Hohn und Spott, weil es ein paar Kollegen geglückt war, ihm jene Falle zu stellen. Doch glücklicherweise dauerte dieser Zustand nicht lange an. Auch die Journalisten erlagen schon bald wieder dem Fieber und der Aufregung um die bevorstehende Hochzeit.

Am Mittwoch, dem 18. April 1956, war es dann so weit. Pünktlich um 11 Uhr öffneten sich die Türen des prachtvollen Thronsaals für das fürstliche Hochzeitspaar. Die Braut erschien in einem Kostüm aus zartem Pink und Silber, der Bräutigam in einem grau gestreiften Anzug zur Ziviltrauung. Die 100 geladenen Gäste aus 24 Nationen waren hingerissen von dem Paar. Und 30 Millionen Fernsehzuschauer in Europa und Amerika wurden Zeugen dieses ersten Auftakts zu einer unvergesslichen Jahrhundert-Hochzeit.

Doch wer genau hinsah, merkte, wie schwer den beiden das Lächeln fiel. Rainier wirkte nervös und unkonzentriert, Grace' schönes Gesicht zeigte tiefe Ringe unter den Augen. Verstohlen suchte sie immer wieder Rainiers Blick, als könne nur er allein ihr neue Kraft schenken. Doch das nützte wenig, die Prozedur der standesamtlichen Trauung war langwierig und durch die endlose Litanei von Paragrafen, die auf Französisch verlesen wurden, für die meisten Gäste aus Amerika schwer zu verstehen. Dann folgten die Aufzählung der Ehepflichten und die Nennung der Trauzeugen, darunter Rainiers Mutter, Prinzessin Charlotte, sowie Lieutnant-Colonel Jean-Marie Ardant. Von den vierzig Minuten, die Rainier und Grace wie eine Ewigkeit vorkamen, nahm allein die Aufzählung von Rainiers siebenunddreißig Titeln zwei ganze Minuten in Anspruch.

Endlich war der Schlussakt gekommen, und dem Paar wurden die standesamtlichen Bücher zur Unterschrift gereicht. Aus Miss Grace Kelly wurde Madame Gracia Patricia Grimaldi.

Endgültig zur Fürstin sollte der Hollywood-Star dann am nächsten Tag werden, doch bis sie den Segen der Kirche erhielten, wurden Gracias und Rainiers Nerven auf eine weitere harte Probe gestellt: Seufzend mussten sie den Wünschen der MGM-Studios nachgeben, die schließlich die Filmrechte an ihrer Märchenhochzeit besaßen, und die Szene ihrer standesamtlichen Trauung noch einmal nachspielen. Gracia gelang dies verständlicherweise perfekt, was in Rainier große Bewunderung für seine frisch angetraute Frau und ihre unglaubliche Disziplin auslöste. Er wusste schließlich, wie erschöpft sie sich von den Anstrengungen der vergangenen Tage fühlte. Gracia dagegen ahnte wohl, dass dies ein Vorgeschmack auf ihr künftiges Leben war.

Nachdem die nachgespielte Ziviltrauung auch überstanden war, durften die 3000 echten monegassischen Bürger dem Paar bei einem Empfang im Innenhof des Palastes persönlich gratulieren. »Jetzt bin ich halb verheiratet«, scherzte Gracia dabei fröhlich.

Die letzte Nacht vor der kirchlichen Trauung verbrachte das Paar getrennt, obwohl es rein juristisch gesehen schon miteinander verheiratet war: Gracia in ihren Räumen im Palast hoch oben auf dem Felsen und Rainier in seiner Villa in Monte Carlo.

Auch am 19. April herrschte wieder »Grace-Kelly-Wetter«, und die Braut wurde in ihren fürstlichen Gemächern von der Sonne wach geküsst. Genießen konnte sie die herrliche Aussicht auf das tiefblaue Meer allerdings nicht, dazu war Gracia viel zu aufgeregt, fast so sehr wie vor ihrer ersten privaten Begegnung mit Rainier. An ein Frühstück war deshalb gar nicht zu denken. Schon in den vergangenen Tagen waren ihr Nervosität und Anstrengungen derartig auf den Magen geschlagen, dass sie sechs Kilo ihres ohnehin geringen Gewichts verloren hatte. Dankbar nahm Gracia darum an diesem Morgen die Unterstützung der vielen fleißigen und beruhigenden Helferinnen an und dachte sich, dass dies zugleich eine gute Übung für ihren künftigen Umgang mit Personal sein würde. Schließlich musste sie erst noch lernen, wie man Anweisungen erteilte.

Zuerst legte ihr die Visagistin ein perfektes Make-up auf, das ihre müden Augen wieder strahlen ließ. Dann frisierte der Friseur ihr das goldblonde, seidig glänzende Haar streng nach hinten, was ihr makelloses Profil noch hervorhob, und befestigte das Brautdiadem mit dem Spitzenschleier sicher auf ihrem Kopf. Nun kam die Prozedur des Anziehens. Gracia schlüpfte in den Traum von einer Seidenrobe, die mit einem breiten Band ihre schmale Taille wirkungsvoll betonte. Dann wurden die unzähligen winzigen Knöpfchen vorn am Oberteil ihres Kleides geschlossen. Die kostbare handgeklöppelte Alençon-Spitze aus der Normandie betonte die zarte Figur der Braut und ließ sie noch schöner aussehen. Nach alter Tradition trug Gracia etwas Geliehenes (das waren die Perlenohrringe ihrer Mutter), etwas Blaues (unter dem bauschig fallenden Seidenrock verborgen ein Strumpfband) und etwas Geschenktes (ein goldener Glücksklee, den sie am Gürtelband ihres Kleides versteckte).

Keine Sekunde verlor die geduldige Gracia die Fassung, während man ein letztes Mal an ihr zupfte, zog und zurrte. Um zehn Uhr war die Braut dann endlich fertig angekleidet und geschmückt. Aus dem modernen Hollywood-Star war eine Märchenprinzessin geworden, deren Schönheit allen den Atem raubte. Doch der wunderbarste Augenblick des Tages stand Gracia natürlich erst noch bevor.

Atemberaubend – die zauberhafte Braut Grace Kelly in ihrer schönsten Rolle

Erleichtert, die erste Etappe des Morgens gut überstanden zu haben, trat sie auf die herrliche Schlosstreppe im Innenhof hinaus und genoss für einige Minuten die geradezu himmlische Stille. Sie war allein. Allein mit ihren Gedanken und der Stimme in ihrem Herzen, die sie ein letztes Mal befragte. Doch die

Antwort war klar: Sie liebte ihren Mann, würde lernen, ihn noch mehr zu lieben, und sie würde fortan ihre Tage und Nächte, Glücksmomente wie Schicksalsprüfungen, mit Rainier teilen. Gott würde ihr Zeuge sein, wenn sie ihm ewige Liebe schwor.

Viel zu schnell waren die kostbaren Minuten der Besinnung vorüber, als ihr Vater auf der Treppe erschien. Hinter ihm eilten die sechs Brautjungfern, alles Freundinnen Gracias aus Amerika, und Schwester Peggy als Ehrenbrautjungfer der Braut entgegen. Sie trugen Kleider, die genau wie das Hochzeitskleid von der Modeschöpferin Helen Rose entworfen worden waren. Wieder einmal war Gracias ganze Disziplin gefordert, als sie für den Hoffotografen die Marmorstufen hinauf- und wieder hinuntersteigen musste, und das so lange, bis er endlich mit seinem Werk zufrieden war.

Mit jeder Minute spürte die Braut, wie die Anspannung in ihr wuchs, besonders als sie schließlich in der Limousine saß und der Kathedrale von Monaco, Saint Nicolas, und damit der Hochzeitszeremonie mit ihrem Märchenprinzen entgegenfuhr. Über sechshundert Gäste, vier Blumenmädchen in weißen bestickten Organza-Kleidchen und mehrere kleine Pagen erwarteten die zukünftige Fürstin freudig und aufgeregt. Punkt 10.30 Uhr öffnete sich vor Gracias Augen das große Kirchenportal und gab den Blick frei auf ein weißes Blütenmeer, das den Hochaltar der gotischen Kathedrale schmückte. Die Orgel setzte ein, und Gracia trat am Arm ihres Vaters vor die wartende Gästeschar. Ein Raunen ging durch die Menge, als sie in ihrer traumhaften Hochzeitsrobe anmutig auf den Altar zuschritt – der Anblick dieser wunderschönen Braut machte viele Gäste vor Bewunderung sprachlos.

Sieben unendliche Minuten lang musste Gracia nun allein vor dem Altar auf ihren Bräutigam warten, so verlangte es das fürstliche Protokoll. Es dürften die qualvollsten und längsten

Die Krönung der Liebe –
mit dem Jawort wird aus Grace Kelly
Fürstin Gracia Patricia von Monaco

Minuten ihres Lebens gewesen sein. Sie spürte jeden einzelnen Blick, der auf sie gerichtet war, und versuchte, mit tiefen Atemzügen ihre Aufregung zu kontrollieren. Dann kündigten Trompetenfanfaren endlich die Ankunft des Fürsten an. Als seine Durchlaucht Fürst Rainier III. in seiner Parade-Uniform die Kathedrale betrat und gemessenen Schrittes auf Gracia zukam, durchflutete eine Welle unendlicher Liebe ihr Herz. Ihr Bräutigam sah so stattlich und schmuck aus, wie er da vor ihr stand und an seiner Brust die Orden für seine Verdienste glänzten. Aufmunternd lächelte der Fürst seiner Braut zu, bevor sich das Hochzeitspaar schließlich Hand in Hand vor Monsignore Barthe auf den goldenen Bänken niederkniete. Die Trauungszeremonie konnte beginnen, und das Paar schien der Welt völlig entrückt zu sein, als es schließlich für die Gäste kaum hörbar hauchte: »Ja.«

Dann sprach der Erzbischof von Monaco feierlich die Schlussworte: »Hiermit erkläre ich euch zu Mann und Frau, im Namen des Vaters, des Sohnes und des Heiligen Geistes.«

Brav überreichte der kleine Page Prinz Sebastian zu Fürstenberg die Trauringe auf einem silbernen Tablett, das ihm kurz vorher beinahe aus den Händen gefallen wäre. Nur Pater Tuckers blitzschneller Reaktion war es zu verdanken, dass es keinen laut scheppernden Zwischenfall gab.

Rainier war viel zu nervös, um seiner Braut den Ring anzustecken. Sanft half Grace ihm dabei, und dann durchdrang ein wundervoll gesungenes *Ave Maria* die prächtige Kirche. Kurz darauf begannen die Glocken der Kathedrale mit mächtigem Klang die frohe Botschaft zu verkünden, und alle Kirchen Monacos stimmten in das frohe Konzert ein: Monaco hatte ein neues Fürstenpaar.

Die Bewohner des kleinen Mittelmeerstaates atmeten freudig auf. Mit dieser Hochzeit, da waren sich alle einig, würde für ihr Land eine gute Zukunft beginnen. Auch das Fürstenpaar war erleichtert. Als der Rolls-Royce, übrigens ein Geschenk der Monegassen, begleitet von einer Motorradeskorte seine Rundfahrt durch Monte Carlo begann, gelang Fürstin Gracia Patricia zum ersten Mal wieder ihr hinreißendes Lächeln. Ja, sie brachte Rainier sogar zum Lachen. Auch der Bräutigam konnte endlich strahlen, als die Anspannung von ihm abfiel.

Erst später gab der frisch gebackene Ehemann zu, dass wegen der Fernsehkameras keine richtig feierliche Stimmung in ihm aufgekommen war. »Grace und ich waren uns einig, dass wir lieber in einer kleinen Bergkapelle geheiratet hätten«, vertraute er Freunden an.

Während sich im Schloss die Gäste versammelten, begleitete

Das frisch getraute Fürstenpaar während der Jubelfahrt durch Monte Carlo

Rainier seine junge Frau zu der kleinen, romantischen Kirche der Heiligen Devot. Eingebettet zwischen zwei Bergketten, war sie einst für die Schutzpatronin des Landes, eine Märtyrerin aus frühchristlicher Zeit, errichtet worden. Rainier hatte Gracia Patricia von dem Brauch erzählt, dem alle monegassischen Bräute folgten, und so betrat auch Gracia Patricia die kleine Kapelle und legte dort als neue Fürstin von Monaco ihren Brautstrauß nieder. Für einen kurzen Moment schloss sie die Augen und bedankte sich beim Schöpfer für dieses Glück. Auch ihre Töchter, die Prinzessinnen Caroline und Stephanie, haben sich später an diesen Brauch gehalten.

Der Aufenthalt in der Kapelle war nur eine kurze Verschnaufpause, denn in dem wunderschön geschmückten Palast warteten bereits die Gäste auf das Brautpaar, um ihm zur Heirat zu gratulieren. Champagnergläser klirrten, und immer wieder übertönte herzliches Lachen das Stimmengewirr. Für kurze Zeit wanderte das strahlende Paar Hand in Hand durch die Schar seiner Gäste, um hier und dort in ihr heiteres Geplauder einzustimmen. Während Familie und Freunde aber noch immer fröhlich auf das Glück des neuen Ehepaares anstießen, zogen sich Gracia und Rainier schon wieder in ihre Gemächer zurück, um sich für die letzte Etappe der Hochzeit umzuziehen: die Hochzeitsreise.

Pünktlich um Mitternacht beendete ein atemberaubendes Feuerwerk das schönste Fest, das Monte Carlo seit langem erlebt hatte. Aber da war das frisch gebackene Ehepaar längst an Bord der fürstlichen Yacht *Deo Juvante II*, um in die Flitterwochen zu segeln. Noch einmal hatten Fürst Rainier und Fürstin Gracia Patricia der jubelnden Menschenmenge im Hafen zugewunken, bis die Küste Monacos aus ihrem Blickfeld verschwand.

Zum Abschied wurden zwei Feuerwerksraketen gezündet, die in den Farben des Fürstentums Monaco und der Vereinigten Staaten von Amerika den Himmel in Blau, Weiß und Rot erstrahlen ließen.

Im glühenden Rot des Sonnenuntergangs sank das Paar erschöpft auf die Liegestühle an Deck. Dieses Licht am Horizont, so wurde ihr in diesem Moment bewusst, würde Gracia Patricia für immer lieben. Nach den vielen, vielen anstrengenden Stunden wurde ihr wieder klar, wie glücklich sie war. Zum ersten Mal waren die Verliebten nun wirklich ganz allein. Sieben herrliche Wochen lang sollte ihre Zweisamkeit dauern. Endlich konnten sie sich wirklich einander öffnen und gegenseitig über ihre Träume und Wünsche, Hoffnungen und Ängste sprechen.

Niemand störte diese Idylle, deren einzige Zeugen die Mitglieder der Schiffscrew waren. Doch diese hielten sich so diskret wie möglich im Hintergrund und lasen den Verliebten jeden Wunsch von den Augen ab. So schipperten die frisch Vermählten die Riviera entlang, machten auf den Balearen Halt und planten weitere Stopps an der spanischen und französischen Küste.

Leider gab es trotz der ersehnten Ruhe erst einmal neue Aufregung, als sich herausstellte, dass Gracia Patricia die sanfte Dünung der Wellen nicht vertrug und seekrank wurde. Kaum hatte sie sich davon erholt, plagte sie eine Erkältung – die zurückliegenden Wochen unglaublicher Anspannung forderten ihren Tribut. Rührend kümmerte sich Rainier um seine kranke Frau, der es daraufhin bald wieder besser ging. So konnte das Fürstenpaar ein wenig verspätet, aber unvermindert glücklich die Flitterwochen in vollen Zügen genießen. Wann immer ihnen der Sinn danach stand, ließen die beiden den Anker werfen und verschwanden bei ihren romantischen Ausflügen an Land in einsamen Buchten oder badeten ausgelassen im Meer.

Endlich konnten Rainier und Gracia Patricia all die Küsse und Zärtlichkeiten nachholen, nach denen sie sich schon während der Hektik ihrer Verlobungs- und Hochzeitsvorbereitungen so sehr gesehnt hatten. Es war die Zeit gekommen, ihren Gefühlen füreinander freien Lauf zu lassen, und nur die Möwen begleiteten mit leisem Flügelschlag den Takt ihrer Herzen.

6

Das Fürstentum Monaco

»Ein Paradies mit Schönheitsfehlern«

Monaco – ein unbeschreiblicher Zauber geht von diesem kleinen Land an der Mittelmeerküste aus. Es ist eine Oase des Friedens und einer der wenigen Orte auf dieser Welt, wo reiche und berühmte Menschen unbehelligt nach ihrer Fasson leben können. Hier mischt sich das Flair einer Weltstadt mit dem Charme eines verträumten Dorfes. Mitten im Zentrum von Monte Carlo kann es vorkommen, dass ein VW-Käfer neben einem erdbeerfarbenen Rolls-Royce parkt und im nächsten Straßencafé eine Touristin im T-Shirt sitzt, während am Nebentisch eine Dame im *Chanel*-Kostüm ihren *Cartier*-Schmuck in der Sonne funkeln lässt. Hier zählen Familienväter verstohlen ihre letzten Euros in der Geldbörse, dort vereinbaren Finanzmakler per Handschlag Geschäfte in Millionenhöhe, und immer wieder lockt das weltberühmte Spielcasino. Während die einen dort an den »Einarmigen Banditen« ihre Haushaltskasse aufbessern möchten, haben die anderen am Roulettetisch schon Grundstücke, Häuser und Yachten verloren.

Monaco, wegen seiner hohen Bankendichte und des chronischen Mangels an Bauplätzen auch das »Manhattan am Mittelmeer« genannt, ist nach dem Vatikan der kleinste unabhängige Staat der Welt – mit nur 195 Hektar Fläche nahe der italienischen Grenze. Es leben etwas über 32 000 Menschen im

Fürstentum, davon sind etwa 5 000 echte Monegassen, die eine für Fremde fast unverständliche Mischung aus Provenzalisch und Italienisch, das Monegascu, sprechen.

Als Hofberichterstatter bin ich sechs oder sieben Mal pro Jahr in Monaco. Zum Rosenball, zum Rotkreuzball, zum Nationalfeiertag oder zu aktuellen Anlässen. Ich kenne die fürstliche Familie seit über dreißig Jahren. Man grüßt sich bei offiziellen Veranstaltungen freundlich und tauscht kurz Höflichkeiten aus. Im Rahmen dieser Besuche nutze ich stets die Gelegenheit zu einem oder mehreren Interviews, die entweder im Palast oder in den Privatvillen der fürstlichen Familie stattfinden. Ich kenne Monaco praktisch wie meine Westentasche. Aber trotzdem, oder gerade deswegen, wird es mir in dem kleinen Operettenstaat nie langweilig.

Ich liebe es, hier und da einen kleinen Plausch mit den Einheimischen zu halten. Die Blumenfrau Madeleine zum Beispiel, bei der ich seit Jahren die Sträuße für die Fürstentöchter hole, ist eine Seele von Mensch. Sie weiß genau, dass ich ihr jedes Mal eine Schachtel Pralinen aus München mitbringe: süße Köstlichkeiten aus einem berühmten Feinkostgeschäft. Dafür bindet mir Madame Madeleine dic schönsten Blumensträuße.

Wenn es um ihr Land geht, sind die Grimaldis jederzeit äußerst zuvorkommend und mitteilsam. Dann beantworten selbst die als pressescheu bekannten Prinzessinnen Caroline und Stephanie freundlich jede Frage. Sie geraten geradezu ins Schwärmen, wenn es um die Oper oder Ballettaufführungen geht. Und der neue Fürst, Albert II., betont unentwegt, wie modern und aufgeschlossen sein Fürstentum ist.

Doch sobald man ihnen Fragen über ihr Privatleben stellt, sind die Grimaldis äußerst verschlossen und schirmen sich notfalls sogar mit Gewalt ab. Das mag aus Sicht der fürstlichen

Familie zwar verständlich sein, aber man kann es – mit Verlaub – auch übertreiben.

Hier ein kleines Beispiel: Im Sommer 2004 schlenderte ich bei einem meiner Monaco-Besuche durch Monte Carlo. Vom Palast aus ging ich in Richtung der Kathedrale Saint Nicolas und blieb nach fünfzig Metern für einen Moment vor Prinzessin Carolines Villa Clos St. Pierre stehen, einer alten Stadtresidenz aus dem 19. Jahrhundert, die einmal Fürst Rainiers Vater Pierre gehört hatte.

Plötzlich traten zwei Polizisten auf mich zu und verlangten nach meinen Papieren, die ich ihnen bereitwillig aushändigte; schließlich hatte ich nichts zu verbergen. Dann sah ich, wie die beiden Beamten meine Daten über Funk weitergaben.

Nach wenigen Sekunden fragte der ältere der beiden: »Sie sind Norbert Loh und wohnen hier im *Hôtel de Paris*?«

Ich bestätigte das. Die beiden Beamten kannten durch die Anmeldung im Hotel nun auch meine Adresse in München, meine Geburtsdaten und meine Geburtsstadt Flensburg. Doch dann wollten die uniformierten Herrschaften den vollständigen Namen meines Vaters und den Geburtsnamen meiner Mutter wissen! Höflich fragte ich: »Warum, um Himmels willen, ist das nötig?«

Der Polizist antwortete genauso höflich: »Bitte, Herr Loh, die Daten Ihrer Eltern.«

Ich gab bereitwillig, aber ziemlich erstaunt Auskunft. Nach knapp zehn Minuten erhielt ich meine Papiere zurück. »Sie können weitergehen«, sagte der jüngere und nickte.

Ich fragte abschließend: »Was hatte das gerade zu bedeuten? Ich bin Journalist und wollte mich nur etwas umsehen.«

Der ältere Polizist antwortete mir: »Eben. Sie standen länger als eine Minute vor dem Haus der Prinzessin. Das ist unerwünscht. Anordnung von ganz oben. Oder haben Sie eine Einladung?«

»Nein, heute nicht.«

»Eben, wir bitten um Verständnis.«

Ich nickte und dachte mir, die können nichts dafür, sie machen nur ihren Job. Vielleicht konnte ich den Zwischenfall ja später gegenüber Prinzessin Caroline erwähnen. Aber dann verwarf ich diesen Gedanken wieder, schließlich wollte ich niemanden in eine unangenehme Situation bringen, schon gar nicht die beiden Sicherheitsbeamten, die nur ihre Pflicht erfüllten.

Aber die Sache ließ mich trotzdem nicht los, und so sprach ich am Abend in der Bar des *Hôtel de Paris* mit Patrick darüber. Er ist ein Barkeeper dort, den ich schon seit Jahren kenne.

»Da haben Sie aber Glück gehabt, dass Sie nicht gleich verhaftet worden sind«, sagte er und zog die Augenbrauen hoch. »Sicher liegt es daran, dass Sie durch Ihre offiziellen Besuche bei den Bällen und Veranstaltungen hier längst registriert sind. Und die beiden Beamten haben dann gesehen, dass von Ihnen keine Gefahr ausgeht.«

Ich bestellte mir noch einen Gin Tonic und fragte den guten Patrick schließlich, warum man dann auf den Daten meiner Eltern bestanden hatte.

»Das geschah zu Ihrer eigenen Sicherheit«, sagte er mit einem wissenden Lächeln. Als ich verständnislos mit den Schultern zuckte, erklärte er: »Pässe kann man fälschen. Wenn Sie irgendwann ein zweites Mal verhört werden, wird man Sie wieder nach den Namen Ihrer Eltern fragen. Stimmen diese dann nicht mit Ihren ersten Angaben überein, haben Sie ein echtes Problem.«

Wie kompliziert, dachte ich mir, aber schließlich leuchtete mir diese Vorgehensweise doch ein. Sicherheit wird im Fürstentum nun einmal ganz groß geschrieben.

Nirgendwo leben die Menschen geschützter als in Monaco, das die geringste Kriminalitätsrate der Welt hat. Selbst in der Nacht können die Damen mit ihrem teuersten Schmuck durch Monte Carlo spazieren, ohne Angst haben zu müssen, überfallen zu werden, und weil es so sicher ist, schließen viele Reiche nachts nicht einmal ihre Luxusautos ab.

Aber dieser Schutz hat einen hohen Preis. Hinter der glitzernden Fassade des Banken- und Steuerparadieses gibt es auch Schatten, denn die Menschen im Fürstentum werden rund um die Uhr beobachtet. Über 650 Kameras, die an allen strategisch wichtigen Punkten installiert sind, folgen ihnen auf Schritt und Tritt, und es gibt keinen Winkel, der nicht systematisch überwacht wird. Im Hauptquartier der Polizei sitzen Tag und Nacht extra für die Überwachungsarbeit geschulte Beamte vor über 60 Monitoren und verfolgen jede Bewegung. Daher mag es kaum verwunderlich erscheinen, dass auf nur etwa 70 Einwohner im Zwergstaat ein Polizist kommt.

Man kann nicht einmal einen der vielen Aufzüge in den Gebäuden Monte Carlos benutzen, ohne dabei beobachtet zu werden. Zusätzlich sind darin überall Mikrofone installiert, die jedes Gespräch aufzeichnen. Auch Telefone dürfen unter bestimmten Bedingungen abgehört werden, und überall lauern diskrete Spitzel, Hunderte freier Mitarbeiter der Polizei, die so genannten Informanten. Sie sorgen dafür, dass die Überwachung lückenlos funktioniert.

Wer schon einmal durch Monaco spaziert ist, in einem Straßencafé oder beim Essen in einem der vielen teuren Restaurants saß, dem muss aufgefallen sein, dass die Menschen recht wenig miteinander reden. Und wenn, dann scheinen sie eher zu flüstern. Das liegt daran, dass überall jemand mithören könnte. Doch wer eine weiße Weste hat, dem kann das im Prinzip egal sein.

Natürlich sind auch Pornografie und Prostitution im katholischen Monaco strengstens verboten, außerdem dürfen weder Plakate aufgehängt noch Flugblätter verteilt werden. Und wer es wagt, vor dem Porträt des regierenden Fürsten zu fluchen, der muss sogar mit einem Bußgeld rechnen! Selbstverständlich steht auch hier auf Einbruch und Diebstahl die Gefängnisstrafe, doch diese und andere Delikte werden in dem Miniatur-Staat selten verübt, dessen Gefängnis übrigens einzigartig auf der Welt ist: Es gibt wohl kein anderes, das so traumhaft gelegen ist, an einem Felsen direkt über dem Meer. Dennoch sollte man es vielleicht nicht darauf anlegen, dort festgehalten zu werden, denn für tägliche Hofgänge, wie in anderen Gefängnissen, ist kein Platz vorhanden. Die Insassen dürfen nicht fernsehen, sogar Radios sind verboten. Überfüllt ist das Gefängnis aber nie, höchstens ein oder zwei Zellen pflegen gleichzeitig belegt zu sein. Und das wiederum liegt an den engmaschigen Überwachungsmethoden, die die Kriminalität fast gänzlich aus Monaco verbannt haben. Ausländische Gefangene werden zudem in der Regel nach dreißig Tagen abgeschoben, Einheimische dagegen müssen schon länger brummen. Aber keiner hat in den letzten zehn Jahren länger als sieben Monate gesessen.

Patrick, der Barkeeper aus dem *Hôtel de Paris,* ist ein Mann in den besten Jahren. Immer braun gebrannt, leicht ergraute Schläfen, sehr charmant und von italienischer Abstammung. Er kennt jeden, weiß alles und ist verschwiegen wie ein Grab. Bei ihm holten sich schon Multimillionäre Rat, und Weltstars schütteten ihm nach der zweiten Flasche Champagner ihr Herz aus. Allein vom Trinkgeld, so berichtet er, habe er sich im Laufe der Jahre ein kleines Vermögen zur Seite legen können.

Bei aller Diskretion kann er, wenn er will, die schönsten Geschichten von Prominenten und solchen, die es gern wären, erzählen. Die meisten Storys hat er selbst erlebt, manche kennt er wiederum nur vom Hörensagen. Mit Barkeepern im eleganten *Hôtel de Paris* verhält es sich etwa so wie mit alten Familien: Geheimnisse werden von Generation zu Generation an die Nachfolger weitergegeben und werden irgendwann zu Legenden.

Doch eine Legende, die im Übrigen sehr viel mehr Wahrheit als Erfundenes enthält, ist so gut wie allen Monegassen hinlänglich bekannt. Sie handelt von Intrigen und einer seltsamen Männerfreundschaft, und ihre Akteure sind Mitglieder der internationalen High Society. Schauplatz ist natürlich Monaco. Blättern wir doch einmal in der Geschichte zurück und begeben uns in das Jahr 1953 …

Es war ein heißer Tag im Juni, als die damals wohl größte und exklusivste Privatyacht der Welt auf den Hafen von Monte Carlo zusteuerte. In schwungvollen goldenen Buchstaben prangte ein Frauenname rechts und links am Bug: *Christina*. Kleinere Schiffe, die an der Yacht vorbeifuhren, hupten lang anhaltend, als wollten sie ihr damit ihre Reverenz erweisen. Flotte, schnittige Motorflitzer drosselten ihr Tempo, und die Menschen darauf winkten aufgeregt in der Hoffnung, der Besitzer der Yacht würde sich vielleicht für einen Augenblick an der Reling zeigen. Schon aus der Ferne konnte kaum ein Zweifel aufkommen, wem das stolze Schiff gehörte. Spätestens aber, wenn der Name auf dem Bug erschien, war jedem klar: Hier kreuzte der griechische Reeder Aristoteles Onassis in den Gewässern Monacos. Und *Christina* war der Name seiner einzigen Tochter.

Als das Schiff schließlich in den Hafen einfuhr, stand Multimillionär Onassis in einer weißen Hose und offenem Hemd an der Reling, eine dicke Havanna im Mundwinkel, neben sich seine junge Frau Tina, die einen roten Badeanzug mit Blumen trug. Die Abendsonne schien über Monaco und tauchte die prachtvollen Villen des kleinen Fürstentums in ein goldenes Licht.

Bei diesem Anblick sagte Tina fast sehnsüchtig zu ihrem Mann: »Ari, warum waren wir noch nie hier? Das ist das Paradies! So habe ich es mir als Kind immer vorgestellt.«

Onassis würdigte sie erst einmal keines Blickes, weil auch er, so glaubte zumindest Tina, wie gebannt schien von dem zauberhaften Anblick. Doch nach einer kurzen Weile nahm er die Zigarre aus dem Mund, drehte sich zu seiner Frau um und fragte: »Riechst du es?«

Sie schaute ihn mit großen Augen an. »Was soll ich denn riechen?«

»Atme tief ein«, forderte Onassis sie auf. »Und? Riechst du es jetzt?«

»O ja«, sagte sie dann mit geschlossenen Lidern. »Noch nie habe ich das Meer so intensiv gerochen.«

Daraufhin lächelte Onassis milde, legte väterlich den Arm um die Schultern seiner Frau und sagte: »Das ist der Duft des Geldes, meine Liebe, der hier in der Luft liegt.« Doch dann zog er sie näher an sich und meinte versöhnlich: »Du hast ja Recht, was vor uns liegt, ist ein Paradies.«

Es war noch nicht lange her, da hatte Onassis mit seinen Banken telefoniert, um alles über die Geschäfte von Fürst Rainier in Erfahrung zu bringen. Und schon recht bald war ihm ebendieser Duft des Geldes in die Nase gestiegen und hatte ihn dazu bewogen, Kurs auf Monaco zu nehmen. Onassis stieg bei den nun folgenden häufigen Besuchen im Fürstentum zwar nur selten im *Hôtel de Paris* in Monte Carlo ab, doch für große Feste pflegte er Säle und Suiten für seine Gäste zu mieten, und so war Patrick auf dem Laufenden. Onassis selbst blieb dabei meistens auf seiner Yacht, die ihm nicht nur als schwimmendes Zuhause, sondern auch als komplettes Büro diente.

Aus Paris hatte er erfahren, dass der Fürst, der seit vier Jahren über den Zwergstaat herrschte, für die Franzosen eine unbedeutende Figur sei und es den übermächtigen Nachbarstaat nicht wirklich interessierte, welche Flausen der junge Monarch im Kopf hatte. Rainiers einziges Bestreben schien darin zu liegen, Geldmittel für seine klamme Staatskasse zu bekommen, um seine ehrgeizigen Pläne zu finanzieren.

In den Augen des griechischen Reeders hielt also ein unerfahrener Monarch dieses Schmuckstück von einem Zwergstaat in Händen und hatte, wie es schien, keine Mittel, ihn zum Florieren zu bringen. Das war für Onassis Grund genug, sich bei seinem ersten Spaziergang durch Monaco etwas gründlicher umzusehen. Und dabei fiel ihm auf, dass das Gebäude des »Winter Sporting Clubs« nahe dem Casino leer stand. Onassis wollte sofort zuschlagen und es kaufen. Aber die Gesellschaft SBM (Société des Bains de Mer et Cercle des Étrangers), der das Grundstück gehörte, wies noch im Laufe der kommenden Tage zwei attraktive Kaufgebote des Tankermilliardärs zurück. Ein Mann wie Onassis jedoch, der die Millionen, die ihm zufließen würden, schon förmlich vor sich sah – sobald er aus der maroden Finanzsituation des Fürstentums seinen Vorteil geschlagen hatte –, ließ sich von niemandem die Stirn bieten. Im Gegenteil, jede Zurückweisung machte den einen Meter neunundfünfzig großen Mann aus Griechenland nur noch beharrlicher.

»Ich bin dazu geboren, reich zu sein«, so lautete sein Lebensmotto.

Der einflussreichen Bädergesellschaft SBM gehörte zu der Zeit ein riesiger Gebäudekomplex in Monte Carlo: die Luxusherberge *Hôtel de Paris*, der exklusive Yacht-Club und dazu rund ein Drittel des damals noch 152 Hektar großen Fürstentums. Rainier fehlte also wohl Liquidität zur Finanzierung seiner

Zukunftspläne, doch die Filetstücke an Gebäuden und Grundstücken im Fürstentum waren im Besitz der SBM, deren Hauptaktionär er damals noch war.

Dem gegenüber stand sein Konkurrent Onassis, der sich in den Kopf gesetzt hatte, nach und nach ganz Monaco zu kaufen, denn es lag nicht in seiner Natur, in kleinen Dimensionen zu denken. Über Mittelsmänner gelang es dem Tankermagnaten tatsächlich, 300 000 von einer Million Aktien der SBM zu erwerben. Fürst Rainier gehörten damals nur 200 000 Stück. Und bei der Jahreshauptversammlung im Sommer 1953 gelang Onassis ein weiterer genialer Coup. In genau 48 Minuten schaffte er es, einen seiner Vertrauensmänner, Charles Simon, an die Spitze der SBM zu hieven. Jetzt hatte er erreicht, was er wollte: Er kontrollierte die mächtige Gesellschaft.

Fürst Rainier war vor vollendete Tatsachen gestellt. Nach außen hin schien er die Übernahme zunächst sogar zu begrüßen, weil er sich durch Onassis' Millioneninvestitionen Wohlstand für sein Fürstentum versprach, doch er wusste zu jedem Zeitpunkt, dass Onassis auch ein gefährlicher Konkurrent war, der ihm das Zepter aus der Hand zu nehmen drohte.

Der schwerreiche Grieche, der zu Rainier im Laufe der Zeit ein fast freundschaftliches Verhältnis aufbaute, sollte erst später erkennen, dass er den Fürsten als Geschäftsmann gehörig unterschätzt hatte. Rainier gelang es später, etwa Mitte der sechziger Jahre, seinem Widersacher die wohl schwerste Demütigung seines Lebens zuzufügen. Onassis hatte sich von dem gewandten Auftreten des Fürsten zu der falschen Annahme verleiten lassen, Rainier sei ein verweichlichter Mann – dabei besaß das monegassische Staatsoberhaupt Biss, Stärke und eine Eigenschaft, die ihm in vielen kniffligen Situationen zu einer geradezu salomonischen Weisheit verhalf: Langmut.

Doch zunächst war Rainier für Onassis weder gewieft noch gerissen und schon gar nicht aus dem gleichen Holz geschnitzt wie er, der große Reeder höchstpersönlich. Die Stunde des Fürsten war noch nicht gekommen, stattdessen genoss der publicity-süchtige Onassis seit seiner Ankunft in Monaco die Schlagzeilen der internationalen Presse, durch die er sich wie der nächste Anwärter auf den Thron fühlte. Gegen Ende des Jahres 1953 begann er eine dunkle Brille zu tragen, die schon bald sein Markenzeichen wurde. Onassis stellte sogar einen PR-Manager ein und ließ alle Zeitungsartikel, die ihm gewidmet waren, sammeln und sich wöchentlich von seiner Sekretärin vorlegen.

Dem Reeder gelang es recht schnell, sich in Monaco so unentbehrlich zu machen, dass Stimmen aus seinem Umfeld laut wurden, die von Fürst Rainier forderten, ihn zu adeln. Viele der Onassis-Jünger sahen den Griechen schon als das ungekrönte Staatsoberhaupt Monacos und warteten auf den Tag, da Fürst Rainier zugunsten des schwerreichen Industriellen abdanken würde. Das ging dem Fürsten nun doch zu weit, er war *not amused*.

Noch weniger erfreute ihn die Tatsache, dass Onassis sich immer häufiger in der Öffentlichkeit wie der Landesvater benahm; folgende Worte des schwerreichen Reeders wurden ihm zugetragen: »Ich liebe dieses Land, aber es ist eine Legende im Niedergang. Den alten Glanz gibt es nicht mehr, er ist Vergangenheit. Aber ich bringe ihn wieder, versprochen!«

Sogar die stets monarchiefreundlichen Monegassen waren angesichts dieser dreisten Offenbarungen vor Verblüffung sprachlos.

Man muss sich an dieser Stelle die Situation Rainiers einmal vor Augen führen: Da kam jemand mit einer Luxusyacht aus dem fernen Griechenland und wollte von heute auf morgen und mit aller Macht sein Fürstentum in Besitz nehmen – jemand, der im Begriff war, seine fürstliche Autorität zu unterminieren, indem er mit Dollars förmlich um sich warf. Und er,

Rainier, konnte nichts dagegen tun, weil er auf diesen »griechischen Schafhirten, diesen neureichen Möchtegern«, angewiesen war, wie der Fürst im engsten Freundeskreis verlauten ließ. Rainier wusste, dass er über kurz oder lang etwas gegen den Widersacher unternehmen musste, doch noch konnte er Onassis' Hilfe nicht ausschlagen.

Man schrieb das Jahr 1954, und Fürst Rainier war fünf Jahre nach seiner Thronbesteigung immer noch ledig. Allmählich war die Zeit gekommen, auf Brautschau zu gehen, wie ihm nicht zuletzt sein Berater und Freund Pater Tucker wiederholt geraten hatte. Zu dieser Zeit stand wieder einmal ein Abendessen mit Aristoteles Onassis im *Hôtel de Paris* an, in dessen Verlauf gewissermaßen das Fundament des neuen glanzvollen, erfolgreichen Monaco skizziert wurde.

Onassis hatte an dem Abend wie immer eine Flasche Champagner der Marke *Dom Perignon* bestellt. Er trank nur diesen sündhaft teuren Jahrgangs-Champagner, denn für ihn, den Mann aus kleinen Verhältnissen, war er noch immer das Getränk der Menschen, die es ganz nach oben schaffen wollten.

»Trinken Sie, Rainier«, bellte Onassis, »das ist der beste Champagner, den es gibt!«

Wenn Onassis ein paar Gläser getrunken hatte, wurde er meistens sehr laut, und Fürst Rainier blieb dann oft nichts anderes übrig, als zu lächeln, obwohl ihn die Gewöhnlichkeit seines Gegenübers abschreckte. Zu allem Überfluss sprach Onassis Rainier so gut wie nie mit seinem Titel an, weil dies den Monarchen in seinen Augen zu etwas Besonderem gemacht hätte, und das war für den kleinen Mann aus Griechenland einfach unerträglich. Deswegen wählte er, wenn sie unter sich waren, das kumpelhafte »Rainier«. Fast noch schlimmer war es, wenn sich die beiden Herren in der Gesellschaft von Geschäftsleuten befanden, denn dann sagte Onassis auch gern

Gute Miene zum bösen Spiel – das Fürstenpaar mit Ari Onassis und Operndiva Maria Callas

einmal »Monsieur Grimaldi«, was den Fürsten maßlos geärgert haben soll. Aber er ließ ihn gewähren, weil er ihn brauchte. Seine Durchlaucht war seinem angeblichen Freund allein schon deswegen überlegen, weil er immer die Contenance wahrte.

Kurz nachdem die beiden Herren ihren Champagner getrunken hatten, erschien der Oberkellner am Tisch von Onassis, um ihm einen erlesenen *Château Petrus*, den er zum Filet bestellt hatte, zum Kosten zu geben. Rainiers Gegenüber wollte das Rotweinglas gerade zum Mund führen, als etwas Seltsames geschah. Der griechische Multimillionär hielt plötzlich inne und stieß dann unvermittelt einen Namen aus.

»Marilyn!«, schrie er quer durch den Raum. »Rainier, das ist die genialste Idee. Ein Jahrhundertwurf!«

Der Fürst verstand kein Wort.

»Marilyn, *sie* ist unser Sesam-öffne-dich. Das Zauberwort, das es Millionen Dollar regnen lässt.« Diesmal war Onassis sogar noch lauter geworden, so dass der Fürst mittlerweile mehr als peinlich berührt war.

»Ich weiß nicht, was Sie mir mitteilen wollen«, sagte er schließlich.

»Sie müssen Hollywood nach Monaco holen.«

»Hollywood?«, fragte der Fürst erstaunt.

»Rainier, Sie haben mich verstanden. Wenn Sie das schönste und glitzerndste Juwel Hollywoods nach Monaco holen, wird der Rest bald folgen. Die Superstars, die Reichen und Schönen dieser Welt. Genial! Sie müssen zugeben, dass ich heute in Hochform bin.« Onassis grinste breit und zündete sich eine dicke Havanna an, obwohl jeden Moment der Hauptgang serviert werden würde.

Der Fürst war zwar selbst ein starker Raucher, doch er fand das Verhalten seines Gastgebers schlichtweg stillos. Nichts hasste er mehr als Zigarrenrauch beim Essen, der den Geschmack jeder Speise zunichte machte. Und so saß der Fürst innerlich aufgewühlt am Tisch, aber er lächelte trotzdem, während ihn der Rauch aus Onassis' Zigarre umwaberte.

»Rainier, in meinem Plan sind Sie die Hauptfigur. Ich zweifle keinen Augenblick daran, dass Sie es mit Ihrem Aussehen, Ihrem Charme und vor allem mit dem, was Sie zu bieten haben, schaffen werden. Sie können der Monroe ein ganzes Reich zu Füßen legen, ein Paradies.«

Der Oberkellner brachte den Hauptgang, aber Onassis paffte munter weiter. Er schaute das Essen auf den silbernen Tabletts nicht einmal an.

Der Fürst, Messer und Gabel in der Hand, fragte verwundert: »Essen Sie nichts?«

»Rainier, wer denkt jetzt ans Essen. Ich habe beim Geldverdienen keinen Appetit. Aber essen Sie nur, lassen Sie sich von mir nicht stören.«

»Ich ziehe es vor, in Gesellschaft zu essen«, entgegnete der

Fürst, woraufhin Onassis den Oberkellner zu sich winkte und ihm befahl: »Räumen Sie das ab.«

»Ist etwas nicht in Ordnung, Monsieur Onassis?«, fragte der arme Mann hilflos.

Mit einem knappen Kopfnicken erklärte der Grieche: »Es ist alles in Ordnung. Wir essen später.« Dann meinte er an Rainier gewandt: »Stellen Sie sich das doch nur einmal vor: Marilyn Monroe, die neue Fürstin von Monaco! Ich sehe schon die Schlagzeilen der internationalen Presse vor mir.«

»Ich soll Marilyn Monroe heiraten? Habe ich Sie richtig verstanden?«, fragte der Fürst völlig verunsichert.

»Sie ist der große Star in Hollywood. Verstehen Sie doch, wenn sie die Fürstin von Monaco wird, kommt ganz Hollywood hierher. Und mit den Stars kommt der Glanz. Und der Glanz zieht die Millionen an. Denn Geld fühlt sich nur in der Gesellschaft des Glamours wohl.«

Fürst Rainier schien zu überlegen, denn er schwieg eine ganze Weile. Schließlich griff er zu seinem Rotweinglas und trank einen Schluck. Dann zündete er sich eine Zigarette an und nahm einen tiefen Zug. »Nicht schlecht«, sagte er ruhig. »Im Grunde ist die Idee genial. Aber nicht die Monroe. Auf gar keinen Fall.«

»Millionen Männer träumen von einer Nacht mit ihr. Sie, Rainier, könnten diese Frau für ein ganzes Leben haben.«

»Ich träume aber nicht von ihr.«

»Was, um Himmels willen, stört Sie an einer solchen Traumfrau?«, rief Onassis, nun deutlich ungehalten.

Wieder nahm der Fürst einen tiefen Zug von seiner Zigarette. »Was mich an ihr stört, wollen Sie wissen? Sie ist unbestritten eine schöne Frau.«

»Na, also«, fiel ihm Onassis ins Wort.

»Doch ihr fehlt das Feine«, fuhr Rainier unbeirrt fort. »Das Aristokratische, wenn Sie so wollen. Sie ist eine Frau, mit der diese Millionen Männer, die Sie eben erwähnten, nichts weiter wollen, als ihre niedersten Instinkte auszuleben. Ich will keine Frau an meiner Seite, die so gesehen wird.« Der Fürst hielt kurz inne. Dann fügte er noch hinzu: »Ich will eine Frau, mit der ich mein Leben teilen kann. Eine Frau, die ich liebe.«

»Sie enttäuschen mich, Rainier«, brachte Onassis empört hervor. »Gefühle sind doch nur etwas für das Fußvolk, überlassen Sie ihm das Opium des Schicksals. Wir dagegen sind Geschäftsmänner, die etwas erreichen wollen, ohne sich an romantischen Gefühlsduseleien zu stören. Ich sage immer, für Machtmenschen sind Gefühle wie das Weihwasser für den Teufel.« Onassis lachte prustend über seinen eigenen Witz, bevor er mit einem selbstgefälligen Grinsen fortfuhr: »Hört sich gar nicht schlecht an, was mir so einfällt. Vielleicht sollte ich einen Schreiber einstellen, der alles für die Nachwelt notiert.« Wieder lachte er schallend, während er seine dunkle Brille, die er mittlerweile abgenommen hatte, an einem Finger umherwirbeln ließ.

Fürst Rainier schaute Onassis fast mitleidig an, während Gedanken in ihm aufstiegen, die ihm schon oft beim bloßen Anblick des Reeders gekommen waren: ›Wie scheußlich seine Brille ist. Er sieht damit aus wie ein Frosch, nein, wie eine hässliche kleine Kröte.‹

Der Fürst behielt diese Gedanken natürlich für sich. Stattdessen sagte er nachdenklich: »Wer nicht liebt und nicht geliebt wird, der kann noch so vermögend sein, aber das wahre Glück wird er nie kennen lernen. Es lässt sich auch mit noch so vielen Millionen nicht kaufen.«

»So kenne ich Sie gar nicht. Wären Sie nicht Regent eines Staates, hätten Sie auch Karriere in der Kirche machen können.« Wieder lachte Onassis schallend.

»Es liegt mir fern, mit Ihnen an diesem Abend über die Liebe zu philosophieren«, entgegnete der Fürst Rainier bestimmt.

»Schon gar nicht über die Liebe zu predigen, wie Sie mir charmant zu verstehen gegeben haben. Doch als ich noch ein sehr junger Mann war, hat mir meine Mutter das erste und einzige Mal eine Wahrheit offenbart, die ich bis dahin nie von ihr gehört hatte. Sie gestand mir, dass sie ein Leben lang einsam und unglücklich gewesen sei, weil sie sich nicht geliebt fühlte. Darüber war sie im Laufe der Jahre verbittert und hart geworden.«

Kaum waren diese Worte ausgesprochen, hielt der Fürst erschrocken inne, als ihm bewusst wurde, dass er für einen Moment seine beherrschte Haltung aufgegeben hatte. Die Vorschläge des Reeders hatten ungewollt sein Herz zum Sprechen gebracht, ein Herz, das sich schon lange nach Erfüllung und Liebe sehnte. Rasch sagte er: »Entschuldigung, ich wollte Sie nicht langweilen.«

»Nein, nein, das tun Sie nicht«, beeilte sich Onassis zu sagen.

»Dann gestatten Sie mir noch zwei Sätze, die mir meine Mutter auf den Lebensweg mitgegeben hat: Der Mensch ist ohne die Liebe nur eine Hülle, denn alles Geld der Welt kann das Herz und die Seele nicht wärmen. Ohne die Liebe vereist der Mensch innerlich und erfriert.«

Fast schien es Rainier, als hätten die Worte seiner Mutter Onassis irgendwie berührt, denn der Reeder schwieg nachdenklich. Doch dann blickte er mit einem unbekümmerten Lächeln wieder auf und sagte: »Jetzt habe ich Hunger. Essen wir etwas?«

»Gerne, wenn Sie mir versprechen, vorher keine Zigarre zu rauchen.«

»Lieber Rainier, warum sagen Sie nicht, dass Sie mein Qualmen stört?«

»Nur beim Essen, sonst liebe ich Zigarrenrauch.«

»Rainier, ich mag Sie«, sagte Onassis, während er dem Oberkellner winkte.

Fürst Rainier lächelte sein Gegenüber an. In seltenen Momenten wie diesem gefiel auch ihm der polternde, ungehobelte Klotz auf der anderen Seite des Tisches.

Während des Essens kam Onassis wieder auf Marilyn Monroe zu sprechen, doch Rainier hörte ihm nur mit halbem Ohr zu. In Gedanken war er bei einer Frau, die ihn fasziniert hatte, seit er sie zum ersten Mal auf der Leinwand gesehen hatte. Sie war ebenfalls eine Hollywood-Berühmtheit, wie die Monroe, von der Onassis gerade schwärmte, doch ihre Erscheinung und ihr Auftreten glichen denen einer Königin. Sie hatte eine Aura von Würde und Stolz und eine Ausstrahlung, die nicht vom Kopf gesteuert wurde, sondern die direkt aus ihrem Inneren zu kommen schien.

Die Frau, die Rainier in Gedanken anbetete, war natürlich niemand anderes als Grace Kelly. Er hatte sie in »Zwölf Uhr mittags« gesehen und sich danach sogar eine Kopie des Films besorgt, um sich den Western in seinem privaten Palastkino immer wieder anschauen zu können.

Auch wenn der gerissene, bauernschlaue Onassis mit der Nase für das ganz große Geschäft nicht ahnen konnte, dass sich der Fürst tatsächlich eines Tages Hals über Kopf in seine Filmgöttin verlieben würde, so hatte doch sein ursprünglicher Plan schon einiges auf geniale Weise vorausgesehen: Grace Kelly sollte ein Besucherstrom vieler Hollywood-Stars nach Monaco folgen, genau so, wie Onassis es sich ausgedacht hatte.

Doch für Fürst Rainier blieb der schwerreiche Reeder trotz seiner millionenschweren Investitionen – oder gerade ihretwegen – über Jahre hinweg ein echtes Problem, dessen er sich irgendwann entledigen musste. Daran konnte auch seine Frau Grace Kelly nichts ändern, die stets sehr geschickt darin war, zwischen ihrem Mann und Onassis zu vermitteln. Noch immer gab es diesen Reederkönig, diesen ungehobelten griechischen

Bauern Onassis, der die mächtige »Société des Bains de Mer« mit zweiundfünfzig Prozent aller Anteile beherrschte. Und was den Fürsten am meisten störte, war die Tatsache, dass Onassis komplett andere Vorstellungen über die Zukunft Monacos hatte als er. Denn sein Widersacher träumte davon, aus Monaco ein europäisches Las Vegas zu machen. Ein Las Vegas de Luxe.

Dem Fürsten war bewusst, was er Onassis zu verdanken hatte, aber schließlich war immer noch er der Regent und damit derjenige, der das Sagen hatte in Monaco. Und von einem Mann wie Onassis wollte er sich das Ruder auf keinen Fall aus der Hand nehmen lassen. Mitte der sechziger Jahre hatte sich die wirtschaftliche Situation Monacos enorm verbessert, und damit war es höchste Zeit, etwas zu unternehmen. Dazu hatte Rainier auch schon einen Plan ausgetüftelt, der den Kurs ändern sollte. Als »Ari« Onassis aber weiter stur blieb und an seinen Zukunftsplänen festhalten wollte, kam es zur großen Abrechnung, zu seiner größten Demütigung und seiner bittersten Niederlage.

Darauf hatte der Fürst schon seit dem denkwürdigen Abendessen im *Hôtel de Paris* gewartet, denn er hatte nie vergessen, wie sehr Onassis ihn in der Vergangenheit öffentlich bloßgestellt hatte. Und mittlerweile war Rainier längst zu einem Geschäftsmann gereift, der sich auf Augenhöhe mit dem Tankerkönig befand. Wäre Onassis nicht so selbstgefällig von sich und der Allmacht seines Geldes überzeugt gewesen, hätte er sehen müssen, was der Fürst allmählich in Monaco bewegt hatte. Das Fürstentum war bereits ein begehrtes Steuerparadies. Die Baubranche boomte, und die Nachfrage ausländischer Firmen, in Monaco Dependancen zu eröffnen, wuchs von Monat zu Monat.

Zusammen mit seinen Schweizer Rechtsexperten plante Rainier nun in aller Heimlichkeit die Entmachtung von Onassis, die ihn in die Knie zwingen sollte. Onassis war zunächst empört. Dann lachte er schallend, als er von den Schweizer Anwälten hörte, was Rainier von ihm forderte. Er sollte alle seine SBM-Aktien zurückgeben? Einfach so? Niemals!

Aber das Lachen sollte dem Tankergiganten schnell vergehen. Wenn er sich stur stelle, nicht auf die Forderung eingehe, so die Anwälte, dann sei der Fürst gezwungen, zu einem Mittel zu greifen, bei dem Onassis alles verlieren würde.

Die Antwort des Griechen war eindeutig: Er, Onassis, lasse sich von keinem Menschen drohen, und wer es doch wage, den werde er ruinieren. »Ich bin Onassis«, rief er und wies den Anwälten die Tür.

Doch einer der Anwälte drehte sich kurz vor dem Verlassen des Raumes noch einmal um und sagte: »Verstehen Sie den Vorschlag des Fürsten bitte nicht als Drohung.«

»Wie soll ich ihn denn sonst verstehen?«

»Als Angebot vielleicht.«

»Dann würde mich aber eines brennend interessieren«, entgegnete Onassis grinsend, obwohl seine Stimme eisig war, »was haben Sie vor, wenn ich meine Aktien behalten werde? Sie haben vergessen, mir das zu sagen. Ich bin sehr gespannt.«

»Der Fürst erwägt in diesem Fall die Verstaatlichung der SBM«, lautete die knappe Antwort.

Daraufhin zog Onassis seine eigenen Anwälte hinzu. Nun sah er sich an der Reihe, den Fürsten in die Knie zu zwingen, und der Fall landete vor Gericht. Doch Onassis verlor den Prozess. Er ging in Berufung – und verlor erneut. Danach hatte der schwer gedemütigte Onassis keine andere Wahl mehr, als seine Anteile zu verkaufen. Geschlagen verließ er im Jahre 1966 das Fürstentum, und Rainier hatte gewonnen.

Was blieb, war der Glamour Hollywoods, der mit Grace Kelly nach Monaco gekommen war – wie Onassis es vorausgesagt

Hollywood zu Besuch in Monaco: Gracia Patricia mit Elizabeth Taylor und Richard Burton

hatte. Besonders in den sechziger und siebziger Jahren wurden dort Bälle gefeiert, wie es sie seit den Zeiten des Sonnenkönigs Ludwig XIV. in Europa nicht mehr gegeben hatte. Die Liste der Stars und der Superreichen, die mit Monacos strahlender Fürstin Gracia Patricia die rauschenden Ballnächte durchtanzten, ist so lang, dass man die klangvollen Namen gar nicht alle aufzählen kann. Schon ein kleiner Ausschnitt der Gästeliste liest sich wie das »Who's who« des internationalen Jetsets:

Elizabeth Taylor erschien auf einem der Feste mit einem fast zwei Millionen Dollar teuren Brillanten am Dekolleté, den ihr Richard Burton geschenkt hatte. Frank Sinatra erschien mit seiner großen Liebe Ava Gardner, David Niven kam, ebenso Gregory Peck und James Stewart. Selbst Cary Grant zog es wieder in die Nähe der Märchenfürstin. Der Superstar Hollywoods hatte sich, wie bereits erwähnt, bei den Dreharbeiten des Hitchcock-Films »Über den Dächern von Nizza« (1955) unsterblich in Grace Kelly verliebt. Obwohl es für ihn zu den bittersten Momenten seines Lebens gehörte, als Grace dem Fürsten von Monaco das Jawort gab, blieb er Monacos Märchenkönigin zeit seines Lebens in inniger Freundschaft verbunden.

Im Glanz von Fürstin Gracia Patricia sonnten sich die reichsten Männer der Welt: Stavros Niarchos, dann natürlich Aristoteles Onassis höchstpersönlich mit der Jahrhundert-Sängerin Maria Callas, bevor er durch den Bruch mit Rainier das Fürstentum deutlich seltener besuchte. Der Aga Khan war ein gern gesehener Gast, ebenso deutsche Industrielle wie Konrad Henkel und Karl-Friedrich Flick. Selbst der Ehemann der Queen, Prinz Philip, war von Monacos Märchenwelt und vor allem von den schönen Damen der Gesellschaft fasziniert.

Die Urgroßmutter seiner Frau, die legendäre Queen Victoria, hätte sich bei dieser Vorstellung im Grabe umgedreht. Sie hatte sich häufig zur Luftkur in Südfrankreich aufgehalten, und jedes Mal, wenn der Zug in die Nähe von Monte Carlo kam, ließ Queen Victoria die Gardinen ihres Salonwagens zuziehen. Sie wollte »diese Lasterhöhle« um keinen Preis sehen.

Zu den ganz treuen Monaco-Fans zählte auch Prinzessin Soraya, die verstoßene Gemahlin des Schahs von Persien. Sie hatte im *Hôtel de Paris* jahrelang eine Dauersuite gemietet und hielt dort regelrecht Hof. Als einer ihrer Kavaliere sie einmal nicht zu einem Ball begleiten konnte, war sie ganz verzweifelt. Völlig aufgelöst rief sie ihre Mutter, die Fürstin Eva Esfandiary, in München an und klagte ihr Leid. Zufällig war ich damals bei der Fürstin zum Tee eingeladen. Nach knapp zehn

Minuten war das Telefonat beendet, und Fürstin Esfandiary musterte mich von oben bis unten.

Dann fragte sie mich: »Herr Loh, haben Sie vielleicht zufällig morgen und übermorgen Zeit?«

Ich brauchte nicht lange zu überlegen, weil es sich um ein Wochenende handelte: »Ja, warum fragen Sie?«

»Meine Tochter sucht jemanden, der sie zu einem Ball begleitet.«

»Und da denken Sie an mich?«

»Ja, warum nicht? Sie kennen sie doch schon einige Jahre, und ich weiß, dass sie Sie sympathisch findet.«

»Aber ich kann doch nicht so einfach ...«

»Natürlich können Sie. Wir rufen Soraya jetzt sofort an. Ich bin sicher, dass sie sich freuen wird.«

Resolut griff die Fürstin zum Telefonhörer und sagte kurz darauf ihrer Tochter, dass ich mich freuen würde, sie zu diesem Ball zu begleiten. Das hatte ich zwar so nicht formuliert, aber es schien Soraya zu gefallen, und natürlich entsprach dies auch der Wahrheit. Die Fürstin drückte mir den Hörer in die Hand, und Soraya und ich verabredeten uns für den nächsten Tag in Monaco zum Lunch. Auf diese Weise kam ich 1978 zum ersten Mal zum Rosenball.

Soraya und ich haben uns in den kommenden Jahren häufiger gesehen, und eines Tages erlaubte sie mir, statt der förmlichen Anrede »Kaiserliche Hoheit« einfach nur »Madame« zu ihr zu sagen. Ich freute mich und fand das ein schönes Kompliment.

Fürst Rainiers ausgezeichneter Ruf als großes Public-Relations-Genie war also spätestens ab Ende der sechziger Jahre gefestigt.

Ein Schweizer Bankier, der sehr gut mit dem Fürsten befreundet war, sagte vor fast zwei Jahrzehnten einmal über

Rainier: »Die Jahre mit Onassis, so bitter, hart, verletzend und manchmal auch demütigend sie auch immer gewesen sein mögen, waren wahrscheinlich seine allerbeste Schule. In dieser Zeit ist er zu dem anerkannten und viel gerühmten Geschäftsmann gereift, der Monaco erst zu dem gemacht hat, was es heute ist: Ein Juwel für die High Society, ein Dorado für Geschäftsleute, eine Steueroase für Millionäre, ein Paradies für Touristen aus aller Welt.«

Für »die Firma Monaco« spannte der Fürst zu Beginn des Aufschwungs seine gesamte Familie ein. Sie sollte auf dem internationalen Parkett der High Society den Zwergstaat mit viel Charme repräsentieren. Besonders seine beiden süßen Töchter, Prinzessin Caroline und Prinzessin Stephanie, spielten ihre Rolle mit so viel Grandezza, dass alle Illustrierten der Welt Woche für Woche voll waren mit Fotos zum Schwärmen. Obwohl dem Fürsten im Laufe der Jahre, als seine Töchter zu attraktiven jungen Damen heranwuchsen, die ständigen Verfolgungsjagden der Paparazzi oft gegen den Strich gingen, so wusste er doch, dass eine ausführliche Berichterstattung in der Regenbogenpresse von unschätzbarem Wert für das Fürstentum war, dessen Kassen er noch weiter zum Klingeln bringen wollte. So sorgte er dafür, dass seine Familie bei allen offiziellen Anlässen fotografiert wurde, und gestattete damals auch noch den einen oder anderen Einblick in die Privatsphäre des Hofes. Noch war es ihm recht, wenn seine Familie im Mittelpunkt des Interesses stand. Doch das änderte sich schlagartig nach dem Tod Gracias, als die Presse den trauernden Fürsten und seine Kinder gnadenlos zu verfolgen begann. Und heute wird Zeitschriften und Fernsehsendern gleich mit Prozessen und hohen Schadenersatzforderungen gedroht, wenn private Bilder von Caroline und Stephanie und deren Familien veröffentlicht werden.

Über Jahrzehnte hinweg hatte es eine unausgesprochene

Übereinkunft gegeben: Die Presse lebte von der Märchenwelt der Grimaldis, und die Grimaldis lebten von der Presse. Vor allem die schöne Prinzessin Caroline war zum Liebling der Medien avanciert. Irgendwann schien sie wie eine Tochter zu den Familien der Millionen von Lesern zu gehören, die Woche für Woche in die Märchenwelt der Grimaldis geführt wurden. Man durfte teilhaben am fürstlichen Leben, das wie ein Traum war, man gehörte ein wenig dazu. Und wie in einer wirklichen Familie freute man sich, wenn die schöne Tochter mit einem Prinzen tanzte. Viele begeisterte Monaco-Fans sorgten sich, wenn sie mit einem Mann flirtete, der so gar nicht zu ihr passen wollte. Man lachte mit ihr, wenn sie glücklich war. Und man weinte mit ihr, wenn sie Sorgen hatte. Je mehr berichtet wurde, desto mehr Menschen reisten natürlich in den kleinen Operettenstaat an der Côte d'Azur, und desto reichlicher flossen die Millionen ins Fürstentum. Wobei viele Touristen in Monaco sofort von heimatlichen Gefühlen ergriffen wurden – schließlich hatte man so viel miteinander geliebt und gelitten …

An dieser Anziehungskraft hat sich bis heute nicht viel geändert. Monaco ist noch immer das schönste und exklusivste Steuerparadies der Welt. Es gibt keine Einkommensteuer, auch keine Erbschaftssteuer. Die Millionäre, die ihr Geld vor dem Fiskus ihres Landes retten wollen, sind im Reich des Fürsten willkommen. Allerdings nur, wenn sie ihr Vermögen auch mitbringen. Die Haupteinnahmequellen Monacos sind die Steuern auf wirtschaftliche Transaktionen sowie die Mehrwertsteuer und die Einnahmen aus dem Fremdenverkehr.

Monaco, das heißt auch Formel 1, wie sie nirgendwo auf der Welt mehr Prestige hat. Das Autorennen durch die Straßenschluchten von Monte Carlo ist das teuerste, exklusivste und spektakulärste Event des Rennsports. In den Tagen während des Wettkampfs steigen die Preise im Fürstentum in astronomische Höhen. Jeder Geschäftstüchtige möchte sich sein Stück des Kuchens abschneiden, und dem Publikum wird schließlich auch Nervenkitzel vom Feinsten geboten.

Der jährlich stattfindende Rosenball und der Rotkreuzball sind Gelegenheiten für die Schönsten der Schönen und die Reichsten der Reichen, zu sehen und gesehen zu werden. Ein Platz am Ehrentisch der fürstlichen Familie ist für manche so viel wert wie der Nobelpreis. Eine Eintrittskarte kostet etwa 950 Euro, Getränke natürlich nicht inklusive. Der Erlös eines solchen Abends kommt wohltätigen Zwecken zugute. Die fürstliche Familie legt großen Wert darauf, sich an solchen Anlässen mit keinem Cent zu bereichern. Das ist auch gar nicht nötig: Die Gäste bringen allein durch ihre Aufenthalte in Monaco genügend Geld ins Land, sei es durch Hotelrechnungen oder Liegegebühren für ihre Yachten im Hafen von Monte Carlo. Zudem lassen sich zahlungskräftige Damen der Gesellschaft gern von den Auslagen der exklusiven Juweliergeschäfte verführen. Schönheit hat eben manchmal ihren Preis, und hier ganz besonders …

Außerdem hat Monaco das schönste Spielcasino der Welt. Allerdings dürfen die Monegassen das Casino nicht betreten, das hat Fürst Rainier höchstpersönlich so angeordnet. Sollen doch die ausländischen Gäste ihr Geld verspielen, seine Untertanen haben dies »Privileg« nicht. Das Spielcasinoverbot gilt auch für Mitglieder der fürstlichen Familie: Seit über einhundert Jahren hat kein Grimaldi mehr am Roulettetisch von Monte Carlo gesessen. Übrigens bringt das Glücksspiel, wie immer wieder fälschlich behauptet wird, schon lange nicht mehr das große Geld in die Staatskasse. Die Einnahmen des Casinos machen heutzutage nur fünf Prozent des Haushalts aus; kurz nach dem Zweiten Weltkrieg und in den fünfziger Jahren waren es noch siebzig Prozent.

Aus den goldenen Zeiten des Spielcasinos wird in Monaco

heute noch die Geschichte des ägyptischen Königs Faruk erzählt. Dieser liebte das Spiel, und er liebte es noch mehr, dabei zu betrügen. Alle wussten darüber Bescheid, vom kleinsten Angestellten bis zum Direktor. Selbst der Fürst war gut informiert, doch Rainier gab Anweisung, nichts gegen den königlichen Falschspieler zu unternehmen. Im Gegenteil, König Faruk durfte ungehindert weitermachen, denn er war als Aushängeschild, als Werbeträger für Monaco, viel zu wichtig, als dass man ihn hätte zur Rede stellen können.

König Faruk bildete sich also tatsächlich ein, er sei so geschickt und gerissen und so intelligent, dass keiner seiner kleinen Falschspielertricks bemerkt würde. Diejenigen hingegen, die er ausgenommen hatte, wurden vor dem Verlassen des Casinos diskret in einen Nebenraum gebeten, wo ihnen der Direktor den Verlust erstattete …

Natürlich gibt es in Monaco auch die prachtvollsten und luxuriösesten Hotels, die man sich denken kann. Das *Hôtel de Paris* zum Beispiel rühmt sich des exklusivsten Weinkellers der Welt – mit über 500 000 Flaschen. Die älteste ist ein Margaux von 1824. Viele wirklich gute Tropfen stehen nicht auf der normalen Weinkarte. Gäste, die sich so eine Rarität leisen können, fragen selbstverständlich auch nicht nach dem Preis – wie etwa Reederkönig Ari Onassis, der gern dort speiste, bevor er sich auf seine Yacht *Christina* zurückzog. Auch Fürst Bijan Esfandiary, der Bruder von Prinzessin Soraya, war dort oft mit großem Gefolge zugegen und trank mit Freunden Champagner und französischen Rotwein. Eines Abends, als Fürst Esfandiary einmal von der Toilette kam und auf dem Weg zurück zu seiner Gesellschaft war, sprach ihn ein älterer Amerikaner an, der zufällig auch der Besitzer einer großen Kaufhauskette war.

»Halten Sie mich bitte nicht für unhöflich, weil ich Sie einfach so überfalle«, sagte er. »Es ist mir eher peinlich, aber Sie sind meine letzte Hoffnung.«

»Was ist denn passiert?«, fragte Bijan Esfandiary.

»Ich habe gesehen, dass Aristoteles Onassis an Ihrem Tisch sitzt. Mein Problem ist, dass ich seine Hilfe in einer sehr delikaten Angelegenheit bräuchte.«

Der Fürst schaute ihn verwundert an.

Dann sagte der Kaufhausmillionär: »Es geht um zwei wunderschöne junge Frauen, die ich kennen gelernt habe und die ich mit Onassis beeindrucken möchte. Ich habe die Ladys zum Essen eingeladen. Ich wäre sehr glücklich, wenn Sie mir helfen würden.«

»Und was könnte ich Ihrer Meinung nach diesbezüglich tun?«, fragte Fürst Esfandiary.

»Wenn ich mit den Frauen erscheine, müsste Onassis nichts weiter tun, als ›John‹ zu rufen, meinen Namen. Und vielleicht noch: ›John, alter Junge, wie geht's?‹«

Der Fürst lachte. »Das macht er schon. Ich werde gleich mit ihm reden.«

Zurück am Tisch, lehnte er sich zu Onassis hinüber und flüsterte ihm etwas ins Ohr. Der Grieche fing schallend an zu lachen, drehte sich zu dem Amerikaner um und hob ihm seinen Daumen als Zustimmung entgegen.

Kurz darauf erschien der Amerikaner mit zwei schönen Frauen rechts und links im Arm. Onassis winkte ihm zu. Als der Mann näher kam, sagte Onassis: »Hallo, John, schön, Sie zu sehen!«

Der Amerikaner schaute Onassis an, als sei dieser ein alter Freund und rief begeistert: »Hallo, Ari, dass wir uns hier treffen! Ich freue mich schon auf unser Meeting in New York.«

Seine jungen Begleiterinnen waren tief beeindruckt und schmiegten sich sogleich noch enger an ihn, während sich Onassis und Prinzessin Sorayas Bruder vor Vergnügen auf die Schenkel schlugen.

»Wenn ich wollte«, amüsierte sich Onassis, »könnte ich

Geschickter Stratege und PR-Genie – Fürst Rainier blickt auf sein Manhattan des Mittelmeeres

diesem John die Frauen ausspannen. Aber ich will mir keinen Ärger mit Maria Callas einhandeln …«

Hätte er da schon von dem Ärger gewusst, der noch auf ihn zukommen sollte, als es um den Verlust seiner Aktienmehrheit ging, wäre ihm das Lachen sicherlich rasch vergangen.

Kein Wunder, dass Monaco, aus all den genannten Gründen, gern als das Reich des Geldes bezeichnet wird, als das Manhattan am Mittelmeer. Es gibt weit über 40 Banken, auf denen geschätzte 20 Milliarden Euro deponiert sind. Auf jeden Einwohner Monacos kommen damit zirka 12 Konten, eine stolze Anzahl!

Und weil Fürst Rainier, der in den letzten Jahren seines Lebens nur noch »Le Patron« genannt wurde, natürlich auch um den chronischen Platzmangel wusste, vergrößerte er Monaco mit modernsten Mitteln. So ließ er im Jahre 1971 zum Beispiel eine künstliche Insel bauen, indem er einfach an der Küste Sand aufschüttete und dem Meer den Platz abtrotzte. Dort, im jüngsten Stadtteil Fontvieille, sehen die Wohnhäuser aus, als gehörten sie zu einer mediterranen Feriensiedlung. Hier wohnen fast ausschließlich Einheimische.

Und für diese hatte Fürst Rainier ein großes Herz. Auch der neue Fürst Albert versprach in seiner ersten Fernsehansprache an seine kleine Nation, dass er seine Landsleute lieben, ehren und achten werde. Sie müssen keine Steuern bezahlen, und sämtliche Renten- und Krankenkassenbeiträge werden von den Arbeitgebern übernommen. Die meisten Monegassen leben in sehr komfortablen Wohnungen, die vom Staat subventioniert werden. Dadurch sind die Mieten sehr gering, dafür aber alle Sozialleistungen überdurchschnittlich hoch.

Wer als Einheimischer eine Wohnung kaufen will, bekommt großzügige Finanzierungsvorteile, während Ausländer gigantische Summen für Immobilien hinblättern müssen. Eine einzige Bedingung gilt für Monegassen: Die Wohnungen dürfen nicht an Fremde, sondern ausschließlich wieder an den Staat zurückverkauft werden.

Das Paradies mit der sanften Diktatur – so wird Monaco manchmal auch genannt, denn wer sich dem Fürsten nicht unterordnet, bekommt seine ganze Strenge zu spüren. Der Regent regelt alles in seinem kleinen Staat, ohne ihn geht gar nichts. Nicht einmal heiraten können die Monegassen ohne seine Einwilligung. Der Fürst behandelt seine Untertanen streng genommen nicht anders als die Fürsten Jahrhunderte vor ihm. Doch die Monegassen fügen sich bereitwillig und ordnen sich ihm unter, weil sie nirgendwo sonst auf der Welt so viele Vergünstigungen hätten, die ihr Leben angenehm machen. Keiner will seine Privilegien verlieren und auf die hohe Lebensqualität verzichten.

Unbestritten ist es das große Verdienst von Fürst Rainier, dass Monaco, das Juwel am Mittelmeer, floriert wie nie zuvor. Er hat das Paradies über die Jahrzehnte seiner Regentschaft noch schöner, größer und traumhafter gemacht. Dem genialen Geschäftsmann und überaus gewieften PR-Strategen verdankt Monaco auch den neuen Ansturm von Touristen aus aller Welt. Jährlich gehen im Hafen von Monte Carlo mehr als dreihundert Kreuzfahrtschiffe mit einer Viertelmillion Passagieren vor Anker.

Der Fürst ist der größte Unternehmer seines Landes, und das Privatvermögen der Grimaldis wird auf 1,3 Milliarden Euro geschätzt. Damit ist das monegassische Staatsoberhaupt sogar reicher als die Königin von England!

Seit März diesen Jahres gehört das Vermögen fast ausschließlich dem neuen jungen Fürsten Albert. Er sagte vor kurzem fast liebevoll über sein Fürstentum: »Nicht was die Menschen in Monaco erleben, sondern was sie dabei empfinden, sollen sie mit in ihre Träume nehmen …«

7
Der Autounfall

»Geliebte Gracia Patricia,
mögen Engel dich in den
Himmel geleiten …«

Am Morgen des 13. September 1982 war der Himmel über Monaco strahlend blau, und die Sonne schien so kräftig, dass man von bestem Grace-Kelly-Wetter sprechen konnte, wie die Monegassen liebevoll solche Tage ihrer Fürstin zu Ehren nannten. Kaum etwas an diesem Montag deutete darauf hin, dass sich nur wenige Stunden später ein tragisches Unglück ereignen würde.

Fürstin Gracia Patricia hatte sich an jenem verhängnisvollen Tag früh wecken lassen, da sie gegen zehn Uhr zurück nach Monte Carlo fahren wollte. Sie war, wie wir wissen, an dem Wochenende mit ihrem Sorgenkind Prinzessin Stephanie auf den Landsitz der Grimaldis, nach Roc Agel, gefahren, um mit ihr über die Zukunft zu sprechen, eine Zukunft, die der Tochter eines regierenden Fürsten angemessen sein sollte.

Mit Einfühlsamkeit und doch mit Strenge wollte sie ihrer aufbegehrenden Tochter die Flausen austreiben, die ihr und dem Fürsten schon manch schlaflose Nacht bereitet hatten. Seit kurzem hatte sich die Prinzessin nämlich in den Kopf gesetzt, Autorennfahrerin werden zu wollen, und war fest entschlossen, sich mit ihrem Freund Paul, dem Sohn des Leinwandhelden Jean-Paul Belmondo, zu einem Fahrerkurs anzumelden.

Wie das Gespräch mit ihrer Mutter verlief, ist nicht bekannt, denn darüber hat Stephanie bis heute geschwiegen. Man weiß nur so viel: Gracia Patricia hatte in ihrer letzten Nacht sehr unruhig geschlafen, weil sie wieder einmal von heftigen Kopfschmerzen geplagt worden war.

Gracias Chauffeur Thomas Domingo verstaute gerade die Koffer in dem zehn Jahre alten Rover 3500 der Fürstin, als diese in der Haustür erschien. Über ihrem ausgestreckten Arm lag ein Ballkleid, eine weiße, zart in sich gestreifte knöchellange Seidenrobe – ihr Anblick hatte etwas seltsam Anrührendes. Das Kleid, das von ihrem Lieblings-Couturier *Dior* stammte, hatte die Fürstin am 31. Juli beim Rotkreuzball getragen. Warum sie ausgerechnet diese Robe nach Roc Agel mitgenommen hatte, kann sich niemand erklären, ebenso wenig die Tatsache, weshalb sie es ausgerechnet an diesem Tag wieder mit nach Hause nehmen wollte. Schließlich war allgemein bekannt, dass Gracia Patricia all ihre Ballkleider nur ein einziges Mal trug. Nur in diesem Kleid sollte man sie fatalerweise noch ein zweites Mal zu sehen bekommen ... es wurde ihr Totenkleid.

Gracia Patricia trat langsam auf den Rover zu und beugte sich dann über den Rücksitz, der extra zur Ladefläche umgebaut worden war, damit man eine Abendrobe transportieren konnte, ohne sie zu zerknittern. Fast zärtlich fuhr Gracia mit der Hand über den seidigen Stoff, während sich ihr Chauffeur bereithielt und auf ein Zeichen zum Aufbruch wartete. Zu seiner großen Verblüffung hatte die Fürstin jedoch beschlossen, selbst zu fahren, und wegen des Kleides auf dem Rücksitz gäbe es angeblich in dem Auto nur noch Platz für zwei Personen, für sie und Stephanie.

Der Chauffeur versuchte mit Engelszungen, sie dazu zu überreden, ihn ans Steuer zu lassen. Das Kleid könne er doch später abholen, am Nachmittag oder am Abend. Doch die

Fürstin beharrte mit einer Entschiedenheit auf ihrem Vorhaben, die den armen Chauffeur regelrecht erschreckte.

Thomas Domingo wusste, dass der Fürst es nicht gerne sah, wenn seine Frau sich ans Steuer setzte, denn sie fuhr meistens viel zu schnell. Deshalb hatte Rainier seiner Frau mittlerweile sogar ausdrücklich verboten, die gefährlichen, heimtückischen und manchmal Furcht erregenden Serpentinen von Roc Agel nach Monaco selbst zu fahren. Warum setzte sich Gracia Patricia ausgerechnet an diesem Tag über die Anweisung ihres besorgten Ehemannes hinweg? Wir werden es nie erfahren …

Ein letztes Mal nahm Thomas Domingo all seinen Mut zusammen und bat seine Fürstin, ihn das Kleid nachliefern zu lassen – doch Gracia entgegnete nur, dass sie es bräuchte, bat Stephanie, die mittlerweile hinzugekommen war, einzusteigen, und fuhr los.

Stephanie hat später einmal gesagt, dass auch sie sich außerstande gefühlt hatte, ihre Mutter von diesem Vorhaben abzubringen; schließlich sei sie nicht die Einzige in der Familie, die es schaffte, ihren Willen durchzusetzen.

Mittlerweile war es 9.50 Uhr. Mutter und Tochter saßen schweigend nebeneinander, während Gracia Patricia in flottem Tempo die kurvenreiche Straße den Berg hinunterfuhr, den Blick dabei starr geradeaus gerichtet. Es war wenig los an diesem Montagmorgen – das dachte sich auch der LKW-Fahrer Yves Phily, als er den Rover vor sich auf der Straße entdeckte. Plötzlich wunderte er sich, weil das Auto vor ihm viel zu weit auf die Gegenfahrbahn geriet, und für einen Moment drohte sein Herz auszusetzen. Dann kam der Rover ins Schlingern, und Yves Phily drückte wie wild auf die Hupe. Für einen kurzen Moment sah es so aus, als könne er aufatmen, als der Rover wieder auf die Spur zurückfand. Doch dann nahm das verhängnisvolle Unglück urplötzlich seinen Lauf, der Rover

Es geschah bei La Turbie – diese gefährliche Haarnadelkurve wurde Gracia zum Verhängnis

beschleunigte und bewegte sich in rasantem Tempo auf eine äußerst enge Haarnadelkurve zu.

Mein Gott, das ist ja der reine Irrsinn, dachte sich Phily und musste hilflos mit ansehen, wie der Wagen vor ihm ohne zu bremsen seine halsbrecherische Fahrt fortsetzte. Philys Faust ließ die Hupe nun keine Sekunde lang mehr los, er sah die Katastrophe auf den Wagen vor ihm zukommen, doch es gab nichts, was er hätte tun können, um ihn aufzuhalten. Der Rover wurde aus der Kurve getragen und überschlug sich mehrere Male, bevor er einen Abhang hinabstürzte und nach vierzig Metern in der Tiefe aufschlug.

Der Bauer Sestio Lequio glaubte im ersten Augenblick, ein Flugzeug sei in seinen Garten gestürzt, doch dann entdeckte er das Auto, das auf der Seite lag. Als er die Flammen sah, holte er in Windeseile einen Feuerlöscher und schaffte es in kurzer Zeit, das Feuer zu ersticken. Danach riss Sestio Lequio die Wagentür auf und zog ein junges Mädchen, das aus etlichen Schürfwunden blutete, aus dem Auto.

Jetzt war auch Yves Phily, der Lastwagenfahrer, beim Wrack angekommen, und die beiden Männer erkannten in dem völlig aufgelösten Mädchen ihre Prinzessin Stephanie wieder. Sie weinte und rief immer und immer wieder nach der Mutter: »Was ist ihr passiert?«

Da schauten sich die Männer nach der Fürstin um, die immer noch in ihrem Wagen eingeklemmt war, das Gesicht von Haar bedeckt. Sie bewegte sich nicht.

»Können Sie mich hören?«, schrie Yves Phily wiederholt. »Hören Sie mich?« Aber sie antwortete nicht.

Kurz darauf trafen mehrere Rettungsmannschaften am Unfallort ein, dazu Polizei, Feuerwehr, Ärzte und Sanitäter. Die Männer mussten das Autowrack aufschneiden, um die bewusstlose, schwer verletzte Fürstin zu bergen. Sie wurde sofort nach Monaco gebracht, in das Krankenhaus, das ihren Namen trägt. Auch die verletzte Prinzessin Stephanie wurde ins Princess-Grace-Hospital eingeliefert.

Von nun an wurde das Schreckliche, das schier Unfassbare dieses Tages zum Selbstläufer – zum fruchtbaren Nährboden für Fantastereien, Spekulationen, Vermutungen, Halbwahrheiten und Eitelkeiten. Der einzige Mensch, der das alles hätte unterbinden können, war Prinzessin Stephanie, denn nur sie wusste, was wirklich geschehen war. Doch sie schwieg und äußerte sich auch nicht, nachdem sie aus dem Krankenhaus entlassen worden war. Und genau deshalb schien sich Stephanie verdächtig zu machen, fanden damals die Journalisten, denn das Schweigen der Prinzessin war wie Öl auf das Feuer der immer wilder kursierenden Gerüchte.

Stephanie war nie von der französischen Polizei verhört worden, die für die Aufklärung des Unfalls zuständig war, da sich dieser jenseits der Grenzen von Monaco ereignet hatte. Doch da es zwischen Monaco und Frankreich eine vertragliche Regelung gab, die besagte, dass die französische Polizei gegen Mitglieder des Fürstenhauses nicht ermitteln durfte, blieb die Untersuchung aus. Auch das war natürlich Wasser auf die Mühlen der Zeitungen, und schon bald hieß es, dass nicht die Fürstin am Steuer des Unfallwagens gesessen habe, sondern die minderjährige Stephanie. Man berief sich unter anderem auf Sestio Lequio, der Stephanie aus dem Wrack gezogen hatte und der gegenüber Reportern seine Meinung immer wieder änderte. Auch der Lastwagenfahrer Yves Phily und die Männer des Rettungsteams standen plötzlich im Mittelpunkt des Interesses.

Noch am Tag des Unfalls waren Legionen von Reportern aus der ganzen Welt in Monaco eingefallen, jeder von ihnen auf der Suche nach der absoluten Exklusivstory. Und angesichts der Geldbündel, mit denen einige lockten, war manch ein angeblicher »Informant« schnell bereit, die Wahrheit für sich zu beanspruchen.

Prinzessin Stephanie hat sich zwar stets gegen die bösen Behauptungen gewehrt, trotzdem hält sich bis heute hartnäckig das Gerücht, die Prinzessin selbst habe am Steuer des Todeswagens gesessen. Vielleicht ist dieses Buch eine gute Gelegenheit, damit ein für alle Mal aufzuräumen.

Als Hofberichterstatter habe ich im Laufe der Jahre den Umgang mit Spekulationen und Halbwahrheiten gelernt, und natürlich war ich damals auch unsicher, wo hinter dem Schleier der Gerüchte sich die Wahrheit verbarg. Allerdings habe ich schon lange nicht mehr den geringsten Zweifel daran, dass die Fürstin den Rover gefahren hat, denn ich bin im Besitz von zwei offiziellen Briefen aus dem Grimaldi-Palast. Einen davon hat Prinzessin Stephanie selbst verfasst, und darin heißt es: »Ich möchte hiermit offiziell bestätigen, dass ich während des Unfalls vom 13. September 1982 auf keinen Fall selbst gefahren bin.«

Der Brief trägt die Unterschrift *Stephanie de Monaco.*

Der andere Brief stammt von ihrem Vater, und darin bekräftigt Fürst Rainier III. von Monaco mit seiner Unterschrift, dass das Schreiben seiner Tochter Stephanie eine beglaubigte Erklärung ist.

Kurz nach der Einlieferung von Fürstin Gracia Patricia und Prinzessin Stephanie im Krankenhaus erschien Fürst Rainier, dem man sofort ansah, wie betroffen er war. Nervös und verzweifelt verlangte er unverzüglich den behandelnden Arzt zu sprechen, der aber erst nach einer quälend langen Zeit zu ihm stieß.

Was nach dem Gespräch der beiden bekannt wurde, ließ die Menschen in Monaco aufatmen, weil die Nachricht mehr als nur Hoffnung bedeutete: Mutter und Tochter seien nicht lebensgefährlich verletzt. Prinzessin Stephanie habe eine Gehirnerschütterung und einen gebrochenen Wirbel. Die Fürstin habe zwei Frakturen am Bein und am Schlüsselbein, darüber hinaus Schnittwunden.

Bis heute gibt es keine schlüssige Erklärung dafür, wie der Arzt angesichts der lebensgefährlichen Verletzungen der Fürstin eine so schlichte Diagnose nach außen geben konnte. Zumal später, nach dem Tod der Fürstin, Dr. Jean Chatelain, der Chefarzt der chirurgischen Abteilung des Krankenhauses, in einem Interview mit der »New York Times« erklärte, die Fürstin sei bewusstlos gewesen. Er habe, als er mit der Untersuchung an der Reihe war, sofort einen Test veranlasst, der den Schluss zuließ, dass Hirnverletzungen vorlägen, aber der Hirntod noch nicht eingetreten sei. Seine Kollegen hätten unmöglich auf eine andere Diagnose kommen können, doch man muss die Tatsache berücksichtigen, dass hier das Schicksal eine weitere Hürde aufgestellt hatte:

Normalerweise werden Patienten, die nach einem Unfall bewusstlos ins Krankenhaus kommen, sofort mit einem Computer-Tomografen, dem CAT-Scanner, untersucht. Das Princess-Grace-Krankenhaus befand sich allerdings zum Zeitpunkt der Einlieferung der Fürstin in einer Umbauphase und hatte den CAT-Scanner ausgelagert. Erst acht bis zwölf Stunden nach ihrem Eintreffen – hier differieren die Zeitangaben – wurde die bewusstlose Fürstin in die Privatklinik von Dr. Mourous gebracht, die sich nur wenige Häuserblocks vom Krankenhaus entfernt befand. Die Untersuchung am dortigen CAT-Scanner ergab, dass die Fürstin durch den Unfall eine massive Gehirnblutung erlitten hatte. Außerdem wurde eine zweite, davon unabhängige Blutung an einer Arterie im Inneren des Gehirns festgestellt, und damit war den Ärzten bald klar, dass die Fürstin kurz vor ihrem Unfall einen leichten Gehirnschlag erlitten haben musste. Dies war der Auslöser dafür gewesen, dass sie die Kontrolle über ihr Auto verlor und der Wagen ungebremst über die Böschung raste.

Nach dem Scan wurde Gracia Patricia wieder ins Hospital zurücktransportiert, wo inzwischen Dr. Jean Duplay eingetroffen war, ein international renommierter Hirnchirurg aus Nizza, den man telefonisch zu Hilfe gerufen hatte. Er bestätigte den Gehirnschlag und stellte betrübt fest, dass dieser nicht notwendigerweise verhängnisvoll hätte enden müssen, wenn es nicht den schrecklichen Unfall gegeben hätte. Bei dem Unfall habe sich Gracia Patricia jedoch eine zweite, deutlich schwerwiegendere Hirnverletzung zugezogen, die inoperabel sei. Allen war in diesem Augenblick klar, dass es für Gracia Patricia kaum mehr Rettung gab, doch niemand traute sich, die grausame Wahrheit in Worte zu fassen.

In der Nacht verschlechterte sich der Zustand der Fürstin so dramatisch, dass die Ärzte lebenserhaltende Maßnahmen einleiten mussten, und Gracia Patricia wurde an eine Herz-Lungen-Maschine angeschlossen. Rund um die Uhr wachten Fürst Rainier und seine Kinder Caroline und Albert an Gracia Patricias Bett – und hofften alle auf ein Wunder. Sie bangten, beteten und hielten sich an den Händen.

Am Abend des 14. September stürzte für Fürst Rainier und seine Kinder die Welt ein, als Dr. Chatelain erschien und sie bereits an seinem Gesicht ablesen konnten, dass sie sich auf das Schlimmste gefasst machen mussten. Und als er dann das Unfassbare aussprach, erschien ihnen die Wirklichkeit so unendlich grausam, dass sie in eine Art benommenen Trancezustand verfielen, aus dem kein Hoffnungsstrahl sie mehr erlösen konnte.

Fürst Rainier riss sich schließlich mit der letzten ihm verbliebenen Kraft zusammen und traf eine Entscheidung, die unmenschlich anmutete, aber deren Motiv die reine Liebe war: »Geben Sie meiner Frau den Frieden«, wies der Fürst mit fester Stimme den Arzt an, und damit war beschlossen worden, die lebenserhaltenden Maßnahmen zu beenden.

Gramgebeugt begab sich Rainier ins Krankenzimmer von Stephanie. Rainier strich ihr sanft über das Haar, und seine Augen waren voller Tränen, als er sich zu seiner Tochter hinunterbeugte, um ihr einen Kuss auf die Wange zu geben. Stephanie hatte geschlafen, doch als sie die Tränen auf ihrem Gesicht spürte, schlug sie die Augen auf und blickte ihren Vater fragend an.

»Kleines, wir müssen jetzt ganz stark sein. Mami ist tot!« Dann versagte dem Fürsten die Stimme, und er konnte nicht mehr weitersprechen, weil ein Schluchzen seinen ganzen Körper erzittern ließ und der Schmerz seine Worte erstickte.

Der verzweifelte Schrei Stephanies, der auf den Flur hinausdrang, ließ zwei Krankenschwestern vor Entsetzen aufspringen, und sofort schauten sie in das Zimmer ihrer Patientin, wo sich Vater und Tochter in den Armen lagen.

Als der Fürst mit geröteten Augen aus dem Zimmer seiner Tochter kam, traf er Caroline und Albert, die im Flur schon auf ihn gewartet hatten. Weinend nahmen sie einander bei den Händen und gingen in das Zimmer von Gracia Patricia, um für immer von ihr Abschied zu nehmen. Am Schluss blieb Fürst Rainier noch eine Weile allein bei seiner Frau und hielt verzweifelt ihre Hand.

Als er schließlich aus dem Krankenzimmer trat, war er ein völlig gebrochener Mann, dessen Körper alle Kraft verloren hatte.

Caroline und Albert stützten ihren gepeinigten Vater, und so gingen die drei Grimaldis langsam den Krankenhausflur entlang in Richtung Ausgang. Es war ein Bild des Erbarmens, das sich allen Ärzten und Schwestern, die sich im Flur versammelt hatten, unauslöschlich einprägte.

Monaco war von Schock und Trauer wie gelähmt. Der Tod der geliebten Landesmutter Gracia Patricia schien allen Glanz aus dem kleinen Fürstentum vertrieben zu haben; selbst die strahlende Mittelmeersonne vermochte es nicht, die Düsternis zu vertreiben. Zwei Tage lang pilgerte ein unaufhörlicher Strom von trauernden Monegassen durch die Sträßchen von Monte Carlo zur Schlosskapelle, wo die tote Fürstin aufgebahrt lag. Manche waren stumm vor Trauer, andere schluchzten laut, als sie in einer Prozession an Gracias Sarg vorbeizogen, der in einem Meer von weißen Blumen stand. Sie trug das weiße Ballkleid, das sie von Roc Agel im Auto mitgenommen hatte, als habe sie es tatsächlich in einer dunklen Vorahnung für ihre letzte Reise ausgesucht …

Mit einem Rosenkranz zwischen den gefalteten Fingern war

Abschied von Gracia – der Tod konnte ihr die Schönheit und Würde nicht nehmen

die Fürstin in den Sarg gebettet worden, und selbst dem Tod war es nicht gelungen, ihrem Gesicht die engelhafte Schönheit zu nehmen. Sie sah so friedlich aus, als würde sie schlafen.

Am 18. September 1982 um Punkt 10.30 Uhr kündigten die Glocken der Kathedrale den Monegassen den schwersten Gang ihres Fürsten an. Und 100 Millionen Menschen in aller Welt verfolgten ihn gebannt und betroffen vor den Fernsehschirmen. Zwanzig Sargträger in weißen Gewändern mit schwarzen Umhängen waren dazu ausersehen worden, den Sarg mit der toten Fürstin vom Westflügel des Palastes zur Kathedrale Saint Nicolas zu bringen. Hinter dem Sarg schritt ein von unerträglichem Abschiedsschmerz gebrochener Fürst

Rainier einher, den Kopf kraftlos gesenkt. Das Haar des Fürsten, bis dato in allen Ehren ergraut, war über Nacht schlohweiß geworden. Rechts neben ihm ging Prinzessin Caroline, die einen schwarzen Spitzenschleier trug, auf der anderen Seite wurde der Fürst von seinem Sohn, Erbprinz Albert, begleitet.

Über achthundert Trauergäste aus aller Welt waren zu den Begräbnisfeierlichkeiten gekommen, darunter Staatspräsidenten, Minister und Hollywood-Stars, die nun dem Sarg in würdevollem Abstand folgten.

Auch Prinzessin Diana war unter den Ehrengästen, obwohl es der europäische Hochadel vorgezogen hatte, dem Fürsten in Privataudienzen zu kondolieren. Niemand konnte damals ahnen, welch eine unheimliche Verbindung zwischen der toten Fürstin und der jungen Prinzessin aus England vom Schicksal einmal geknüpft werden würde – doch fünfzehn Jahre später sollte Prinzessin Diana genauso sterben wie Fürstin Gracia Patricia: bei einem schrecklichen Autounfall, der die ganze Welt in fassungsloses Entsetzen stürzte.

Prinzessin Stephanie durfte ihre geliebte Mutter auf ihrem letzten Weg nicht begleiten, weil die Ärzte ihr aufgrund der Verletzungen verboten hatten aufzustehen.

So lag sie an diesem 18. September um 10.30 Uhr auf dem Bett in ihrem Krankenhauszimmer und zitterte am ganzen Körper, als vor ihr auf dem Fernsehbildschirm die eigene Mutter zu Grabe getragen wurde. Ihr Freund Paul Belmondo war an ihrer Seite und hielt ihr die Hand, während der Fürstentochter die Tränen wie Sturzbäche über die Wangen liefen. Stephanie erlebte, wie die Trauerprozession in die Kathedrale einzog, sie sah ihren geliebten, schmerzgebeugten Vater und ihre beiden Geschwister in der Kirche neben dem Sarg stehen, sie sah ihre Tränen. Der Anblick zerriss fast ihr Herz. Das Nesthäkchen hat sich nie von seiner Mutter verabschieden können, und die Vermutung, dass ihre rastlose Suche nach

Fürstin Gracia und Prinzessin Diana bei Wimbledon 1981 – niemand konnte damals ahnen, dass beide Opfer tragischer Unfälle werden würden

etwas Lebensglück daher rührt, hat viele Menschen in aller Welt seit dem tragischen Unfall Gracias beschäftigt.

Als die Trauergäste die Kirche verlassen hatten, wurden die Türen wieder geschlossen, und Fürst Rainier und seine Kinder waren mit Gracia Patricia allein. Dann wurde der Sarg in der fürstlichen Gruft der Grimaldis neben dem Altar beigesetzt.

Fürstin Gracia Patricia war eine besondere Frau und für viele Menschen ein großes Vorbild. Das Leben, das sie gelebt hat, schien so mühelos und schön zu sein wie ein märchenhafter Hollywoodfilm; doch mit ihrem Tod war der Film gerissen, und den Zuschauern starrte nur noch die unbarmherzige Wirklichkeit entgegen. Aber wenn wir jetzt die Augen schließen, läuft dieser Film vor unseren geschlossenen Lidern weiter – und ihr Gesicht taucht unvergesslich aus den grauen Nebeln der Vergangenheit auf. Mythos Gracia Patricia.

Unvergessene Grace und geliebte Gracia – mögen Engel dich in den Himmel geleiten ...

Drei Wochen vor ihrem Tod hatte die Fürstin in einem Interview mit Pierre Salinger, dem ehemaligen Pressesprecher des ermordeten Präsidenten John F. Kennedy, gesagt: »Ich möchte als verständnisvoll und gütig in Erinnerung bleiben.«

Wie viel hatte Gracia damit über sich verraten! Sie, die immer eine starke Frau gewesen war, die jede Anstrengung mit einem Lächeln niederstrahlte, die so makellos, über alle Schwächen erhaben zu sein schien – sie hatte tatsächlich immer Angst gehabt, missverstanden zu werden. Wer konnte schon ahnen, wie viel Energie es sie gekostet hatte, in ihre Rolle als Landesmutter hineinzuwachsen.

Gracia sagte einmal: »Ich versuchte den Menschen in Monaco zu helfen, die nicht so tüchtig, so erfolgreich oder geschickt waren wie die anderen.« Sie war immer bescheiden geblieben und sprach kaum über ihre Hilfsbereitschaft, über die Sozialwohnungen zum Beispiel, die sie in Monaco bauen

Trauerfeier für Gracia Patricia – der gebrochene Fürst wird tapfer gestützt von Caroline und Albert

ließ. Über ihr Heim für Geschwister, damit Kinder, die ihre Eltern verloren hatten, zusammenbleiben konnten.

Alle Menschen, die sie näher gekannt hatten, waren tief bewegt von den letzten Worten des Erzbischofs von Monaco bei der Trauerfeier. Und sie wünschten sich, dass diese Worte in Erfüllung gehen würden: »Gracia Patricia, mögen Engel dich in den Himmel geleiten …«

8

Prinzessin Caroline

»Natürlich heirate ich Philippe Junot.
Er liebt mich!«

Am Morgen des 23. Januar 1957 war es um kurz vor halb zehn mit der beschaulichen Ruhe im kleinen Fürstentum Monaco vorbei. Glockengeläut, heulende Schiffssirenen und donnernde Salutschüsse zerrissen die Stille. Erwartungsvoll zählten die Monegassen jeden Böllerschuss mit, und nachdem der 21. verhallt war, wusste jeder im ganzen Land, dass die Fürstin eine kleine Prinzessin zur Welt gebracht hatte. Ganz Monaco jubelte, während die junge Gracia Patricia wie betäubt auf das winzige Bündel in ihrem Arm hinabblickte und ihr vor Glück noch die Worte fehlten. Zärtlich beugte sich Rainier über seine junge Frau, der die Anstrengung noch im Gesicht geschrieben stand, und küsste sie zärtlich.

»Ist sie nicht wunderbar?«, fragte er. »Ist sie nicht wirklich wunderschön?«, wollte er immer wieder von Gracia bestätigt haben.

»Ich bin so froh, dass es ein Mädchen ist«, gestand sie ihm endlich und freute sich, als sie merkte, dass Rainier darüber genauso glücklich war wie sie. Einen Thronfolger würden sie sicherlich auch noch bekommen, das wusste er ganz intuitiv. Jetzt jedenfalls wollten die frisch gebackenen Eltern ihrem süßen Töchterchen ihre ganze Liebe und Aufmerksamkeit schenken.

Der stolze Vater Rainier konnte nicht mehr länger am Bett

der Fürstin verweilen, denn nun sollte das ganze Land von der großartigen, wichtigen Neuigkeit erfahren. Gerührt und mit etwas zitternder Stimme gab Fürst Rainier III. über den Rundfunk bekannt: »Die Fürstin und ich sind hocherfreut, Ihnen mitteilen zu können, dass soeben unser erstes Kind geboren wurde. Es ist ein Mädchen. Mutter und Kind geht es sehr gut.«

Dann erklärte Rainier den Tag zum Feiertag, ließ überall in Monaco die rot-weißen Landesfahnen hissen – und für alle Monegassen floss der Champagner schon bald in Strömen. Rainier war auch nach seiner Ansprache noch völlig überwältigt von der Tatsache, dass er zum ersten Mal Vater geworden war. Überglücklich beschloss er, das Ereignis seiner kleinen Prinzessin zu Ehren auch musikalisch festhalten zu lassen, und gab bei einem Komponisten eine Sinfonie in Auftrag, die den Titel *Caroline* trug. Bei der feierlichen Taufe der kleinen Prinzessin am 3. März ertönte sie zum ersten Mal in der Kathedrale Saint Nicolas.

Die kleine Caroline Louise Marguerite Grimaldi stand von nun an im Mittelpunkt des Lebens ihrer jungen Eltern. Das Fürstenpaar konnte es kaum fassen, dass dieses süße Mädchen ihre Tochter war, und überhäufte sie in den ersten Tagen ihres Erdendaseins mit Küssen und Liebkosungen. Doch wie in allen Familien kehrte auch bei den Grimaldis irgendwann wieder der Alltag ein, und die vielen Verpflichtungen, die der Regent zu erfüllen hatte, forderten ihren Tribut.

Gracia Patricia und Rainier waren sich darin einig, dass ihr kleiner Schatz Caroline so normal wie möglich aufwachsen und weder verhätschelt noch zu nachsichtig behandelt werden sollte. Als hätte sie ihr Leben lang nichts anderes getan, wuchs Gracia rasch in ihre neue Rolle hinein und war eine liebvolle, aber auch strenge Mutter, die ihrer Tochter wenig durchgehen ließ. Dafür schmolz Rainiers Herz umso schneller, wenn ihn Caroline mit ihren großen blaugrünen Augen anhimmelte.

Unbeschwertes Familienglück auf Roc Agel –
Pudel Olive (auf Carolines Arm) darf natürlich nicht fehlen

Auch er konnte streng sein – wenn es nötig war –, aber da ihn die Regierungsgeschäfte und nicht zuletzt die Geschäftspolitik des Reeders Onassis zu dieser Zeit über alle Maßen beanspruchten, war es vor allem Gracia überlassen, sich um das Wohl des Babys zu kümmern. Wie alle jungen Mütter erzählte sie ihrer Familie und ihren Freunden voller Überschwang jedes Detail über die Entwicklung ihres Babys. Zwischen Monte Carlo und Philadelphia glühten die Telefondrähte heiß, weil die Großeltern Kelly mindestens so begeistert das Aufwachsen ihres Enkelkindes verfolgten wie die stolzen Eltern selbst.

Für die kleine Caroline wurde das schöne Fürstentum am Mittelmeer zum Paradies ihrer Jugend. Hier wagte sie erste zaghafte Schritte an den Händen von Mutter und Kindermädchen, hier lernte sie den Schmerz aufgeschlagener Knie kennen und was es bedeutete, auf dem Fahrrad Schlosshof und Garten zu erobern. Doch fast noch schöner war es, wenn sich die

Familie auf den Landsitz Roc Agel zurückzog und dort ganz unter sich war. Denn zeitweilig entpuppte sich der prunkvolle Palast als goldener Käfig, wenn Fürst Rainier wieder einmal aus Repräsentationsgründen die internationale Presse eingeladen hatte. Zwar spielte die kleine Prinzessin ihre Rolle ganz unbewusst mit viel Grandezza, doch ihr Vater Fürst Rainier verfolgte mit gemischten Gefühlen das stetig wachsende Interesse der Öffentlichkeit an seinem Töchterchen, ganz nach dem Motto: Wehe den Geistern, die ich rief …

Das ganze Land, ja die ganze Welt verfolgte die Entwicklung Carolines, jeder Zentimeter, den sie wuchs, wurde diskutiert. Ständig wurde sie fotografiert, mal auf dem Arm eines Kindermädchens, spielend im Park oder an der Hand der Eltern. Gracia verstand es, ihre süße Kleine hübsch anzuziehen, und so erntete Caroline schon als Kleinkind viel Lob für ihr Aussehen. Doch bei all dem Rummel um sie kamen Zärtlichkeit und Fürsorge manchmal zu kurz, denn sosehr sich Gracia und Rainier auch bemühten, viel Zeit blieb dem Fürstenpaar nicht, sich um den Nachwuchs zu kümmern. Außerdem machte Caroline bald der kleine Bruder und Thronerbe Albert die ungeteilte Aufmerksamkeit streitig – schließlich trennten die beiden gerade einmal dreizehn Monate.

Als junge Frau gestand Caroline dann auch in einem Interview: »Ich wuchs unter ganz besonderen Bedingungen auf, und das heißt, dass ich als Kind sehr viel allein war.«

Wie sehr sie darunter zu leiden hatte, macht auch die folgende Schilderung deutlich: »Ich war ein ganz schreckliches Kind. Wenn mich jemand auf den Schoß nehmen wollte, wehrte ich mich dagegen. Nicht einmal auf den Schoß meiner Mutter wollte ich mich setzen. Es muss damals sehr enttäuschend für sie gewesen sein.«

Kein Wunder, dass die kleine einsame Prinzessin den Sommer herbeisehnte, wenn es hieß, die Koffer zu packen und zur amerikanischen Verwandtschaft, den Kellys, nach Philadelphia zu fahren. Caroline hatte sehr schnell begriffen, dass Mama und Papa dann endlich richtig Zeit für sie hatten und ihr kleines Herz Fröhlichkeit und Liebe auftanken konnte. Auch später, als sie die Ferien in einem Sommerlager in den Pocono-Bergen von Pennsylvania verbrachte, fühlte sie sich für viele Wochen nicht mehr allein.

Mit acht Jahren kam Caroline in das katholische Klosterinternat *Les Dames du St. Maur*; vorher war sie von Privatlehrern im Palast unterrichtet worden. Caroline genoss es offensichtlich, endlich unter Gleichaltrigen zu sein und mit ihnen lachen und lernen zu können. Sie ging gern zur Schule und lernte eifrig, denn alles Neue interessierte die aufgeweckte Prinzessin brennend. Sie liebte Sprachen, war sie doch zu Hause mit Französisch und Englisch aufgewachsen, und lernte zusätzlich Deutsch und Spanisch. »Schwierig war nur die Auswahl, ich hätte am liebsten alles gemacht«, erzählte sie später einmal in einem Interview mit einer französischen Illustrierten.

Gracia förderte, ganz im Sinne des Kelly-Clans, Carolines Begeisterung für die unterschiedlichsten Sportarten. Am liebsten mochte die Fürstentochter Schwimmen und Skifahren, das sie als kleines Mädchen von ihrer Mutter lernte. Noch heute liebt sie es, durch glitzernden Pulverschnee steile Hänge hinabzusausen.

Mit vierzehn Jahren musste Caroline Monaco verlassen, weil ihre Eltern beschlossen hatten, sie nach England auf das St. Mary's Internat in Ascot zu schicken. Gracia war stolz darauf, dass ihre Tochter auf dem besten Wege war, eine perfekte Fürstentochter zu werden.

Als Caroline im Sommer 1973 mit sechzehn Jahren die Schule in England verließ, war aus dem Kind eine wunderschöne junge Frau geworden, die sich bestens zu benehmen wusste und einwandfrei zu repräsentieren verstand. Gracia

Die bezaubernde Caroline mit ihrer Familie am Nationalfeiertag 1974 auf dem Balkon des fürstlichen Palastes

und Rainier waren zufrieden mit dem Ergebnis ihrer Erziehung und davon überzeugt, dass Caroline weiterhin die an sie gestellten Erwartungen perfekt erfüllen würde.

Im Geiste suchte Gracia in Adelskreisen schon nach einem passenden Mann für Caroline. Der junge Prinz Ernst August von Hannover gefiel ihr, würde ihre Tochter doch durch ihn in eine alte Adelsfamilie einheiraten. Leider durfte Gracia nicht mehr miterleben, wie sich ihr Wunsch nach vielen Irrwegen des Schicksals tatsächlich erfüllen sollte. Doch bis es so weit war, lag noch ein weiter Weg voller Glücks- und Trauermomente vor Prinzessin Caroline.

Die kleinen grauen Wolken des Zweifels, die immer dann auftauchten, wenn Caroline ihren Drang nach Unabhängigkeit zeigte, verscheuchte Gracia einfach aus ihren Gedanken, indem sie sich sagte, dass ihre hübsche Tochter diesen Charakterzug schon noch zügeln würde, wenn sie erst einmal wirklich erwachsen war. Doch bald musste Gracia erkennen, dass sie sich gewaltig getäuscht hatte. Nach Carolines Rückkehr aus England explodierten ihr Freiheitsdrang und ihre Rastlosigkeit regelrecht. Für Gracia und Rainier begann eine schwierige Zeit, die ihre bedingungslose Liebe immer wieder auf eine harte Zerreißprobe stellte. Während manch einer Stunde der Zweisamkeit fragten sich die ratlosen Eltern, was wohl aus ihrer Ältesten werden würde. Sie verstanden ihr Kind einfach nicht mehr. Hilflos musste Gracia mit ansehen, wie Caroline Hals über Kopf in ihr Unglück rannte.

Nach dem gelungenen Schulabschluss in England schien noch alles in bester Ordnung zu sein. Doch dann zog es Caroline nach Paris. Hier wollte sie politische Wissenschaften studieren und davor das französische Abitur nachholen, nachdem sie das englische bereits mit Bravour gemeistert hatte. Natürlich bestand die Prinzessin auch diese Prüfung mit Auszeichnung und nahm kurz darauf das Studium am Institut d'Etudes Politiques auf, wo auch schon ihr Vater studiert hatte. Weitere anspruchsvolle Fächer waren Verfassungsrecht und internationales Recht. Kurz nach ihrem 18. Geburtstag, im Februar 1975, verkündete das junge Mädchen noch voller Überzeugung, dass es nach dem Studium als Dolmetscherin bei internationalen Konferenzen arbeiten wolle.

Doch dazu sollte es nie kommen, denn kaum war Caroline in Paris, da entdeckte sie auch schon das glamouröse Leben der High Society und sorgte recht bald mit Flirts und heißen Disco-Auftritten für Schlagzeilen.

Der besorgten Mama Gracia ließ die Tatsache keine Ruhe, dass ihre schöne Tochter allein in der Stadt der Liebe lebte und dies auch noch nach Strich und Faden auszukosten schien. Und so packte sie die Koffer und zog mit Stephanie nach Paris in die fürstliche Wohnung in der Avenue Foch. Trotz großer Strenge und Wachsamkeit konnte Gracia aber nichts dagegen tun, dass sich die brave Klosterschülerin Caroline in ein wildes Partygirl verwandelte. »Eine Tochter im Teenageralter zu erziehen ist so, als würde man mit einem jungen Pferd durch unwegsames Gelände reiten«, stöhnte die Fürstin. »Man weiß nie, wann man die Zügel loslassen darf und wann nicht.«

Viele Nächte war sie aufgeblieben, um auf die Rückkehr ihrer Tochter zu warten, während Stephanie schon längst schlief. Und es kam nicht selten vor, dass Fürstin Gracia die Tageszeitung mit den aktuellen Schlagzeilen noch in der Hand hielt, als ihre Tochter Caroline schon von einer weiteren Eskapade in der Nacht zurückkehrte. Aber Gracias Vorhaltungen perlten an der jungen Frau ab wie Regentropfen an einer Fensterscheibe. In der Tat schienen Caroline die Sorgen der Mutter wenig zu interessieren – sie war vollauf damit beschäftigt, bei jeder sich bietenden Gelegenheit gegen die Fesseln des Daseins als Fürstentochter zu rebellieren. Ihr Image des gut erzogenen Mädchens aus adeligem Hause, so hatte sie beschlossen, galt es dringend loszuwerden, denn sie wollte endlich erleben, was alle jungen Leute ihres Alters erlebten. Zum Entsetzen ihrer Eltern ließ Caroline auch noch in aller Öffentlichkeit verkünden, dass sie es mitunter bedauere, eine fürstliche Prinzessin zu sein.

Oft tanzte Caroline bis zum frühen Morgen in Nobeldiscos, Kellerlokalen oder Nachtclubs – immer umringt von einer Clique junger Leute. Sie rauchte wie ein Schlot, schminkte sich auffällig und fiel durch gewagte Kleider auf. Mit ihren 173 Zentimetern, dem kastanienbraunen Haar, den ebenmäßigen Gesichtszügen und der Traumfigur lagen ihr Frankreichs Modeschöpfer und auch sonst alle Männer zu Füßen.

Doch der lockere Lebenswandel hinterließ bald seine deutlichen Spuren. Die sonst so fleißige Prinzessin fand kaum noch Zeit fürs Lernen und brach nach nur einem Jahr ihr Studium der politischen Wissenschaften kommentarlos ab. Natürlich hatte sie den Gedanken an ein Studium nicht generell aufgegeben und schrieb sich kurz darauf an der berühmten Pariser Sorbonne für das Fach Psychologie ein. Gracia hätte es zwar lieber gesehen, wenn ihre Tochter an der Ivy-League-Universität von Princeton studiert hätte, aber Caroline wollte wegen ihrer Freunde und des amüsanten Nachtlebens viel lieber in Paris bleiben – wo das Schicksal sie kurz darauf dem Lebemann Philippe Junot in die Arme schubste. Junot war der Sohn des ehemaligen stellvertretenden Bürgermeisters von Paris.

Caroline war zuerst zutiefst beeindruckt von dem siebzehn Jahre älteren Mann, der sie lehrte, das Leben zu genießen. Er zeigte ihr die Welt, er lebte ihr vor, was ihr so lange verboten gewesen war.

»Durch Philippe erfahre ich zum ersten Mal in meinem Leben, was Freiheit bedeutet«, schwärmte die Neunzehnjährige damals selig. Sie hatte sich Hals über Kopf in ihn verliebt und verbrachte fast jeden Abend mit ihm. Nicht nur in Paris, nein, auch in ganz Monaco wurde über die unstandesgemäße Liaison getuschelt. Denn obwohl er aus einer angesehenen großbürgerlichen Familie kam, galt Junot als etwas unseriös. Sein Lebensmotto, das er ungeniert in die Öffentlichkeit hinausposaunte, lautete: »Ich kam auf die Welt, um mich zu amüsieren. Die Leute nehmen das Leben viel zu ernst.«

Allein bei solchen Worten zuckte das Fürstenpaar schaudernd zusammen. Philippe Junot war ganz bestimmt kein Mann für ihre Tochter, von seinem Ruf als internationaler Playboy ganz zu schweigen. Doch wie sollten sie Caroline dies nur deutlich machen? Mit Besorgnis verfolgten Gracia und Rainier das Treiben ihres Kindes. Auch wenn sich Caroline mit anderen Männern wie dem damaligen Tennis-Star Björn Borg zeigte, so traf sie sich doch regelmäßig mit Junot. Von anderen auf seine Verbindung zur Prinzessin angesprochen, verneinte der Playboy jedoch lange sein intimes Verhältnis zu ihr. »Sie ist eine der nettesten und intelligentesten Frauen, die ich jemals getroffen habe«, gab er jovial bei Interviews zum Besten. Doch heiraten werde er sie nicht, versicherte er noch wenige Wochen, bevor er ihr einen Heiratsantrag machte.

Caroline war selig. Sie fühlte sich wie im siebten Himmel, auch als Junot zunächst – statt mit ihr gemeinsam Silvester zu feiern – auf Geschäftsreise in die USA flog und beschloss, im Anschluss noch einen Skiurlaub in Kanada zu machen.

Carolines Eltern spürten in der Zeit um Weihnachten zwar, dass ihre Tochter etwas bedrückte, doch nachgehakt hatten sie nicht. Als Junot dann doch unverhofft früher von seiner Reise zurückkehrte, ahnten sie, dass er es tatsächlich auf ihre Tochter abgesehen hatte. Unbeeindruckt von den Warnungen ihrer Eltern, traf sich Caroline mit ihrem Geliebten in Paris und begann bald, gegen den Widerstand ihrer Eltern über Einzelheiten für die Verlobung zu sprechen. Erst danach stellte sie Rainier und Gracia vor die vollendete Tatsache, dass sie wild entschlossen war, diesen Playboy zu heiraten.

Fortan gab es keinen Abend mehr ohne heftige Auseinandersetzungen zwischen dem Fürstenpaar und seiner ältesten Tochter. Immer wieder beteuerten Gracia und Rainier, dass Caroline noch viel zu jung für die Ehe sei. Für die strengen Katholiken war der Ruf Junots als Frauenheld geradezu schockierend. Sie vermissten an ihm jede Ernsthaftigkeit, die ein Mann seines Alters in der Regel aufweist. Bei dem Gedanken, ihr Kind an ihn zu verlieren, klopfte Gracias Herz vor Angst. Doch Caroline gab nicht nach und blieb stur, gerade weil die Eltern ihr diesen Mann verbieten wollten. Am Ende setzte sie ihren Dickkopf durch und erzwang sich das Einverständnis der Eltern, weil sie trotzig drohte, auf jeden Fall mit Junot zusammenzuleben – ob verheiratet oder nicht. Ein Leben ohne Trauschein aber wäre für das Fürstenpaar der Gipfel der Schamlosigkeit gewesen, ganz abgesehen von dem gesellschaftlichen Skandal, den Caroline und ihr zweifelhafter Verlobter damit verursacht hätten. Also gaben sie unter der Bedingung nach, dass Caroline ihr Studium an der Sorbonne vor der Hochzeit beenden müsse. Als sie und Junot gemeinsam mit Rainier von einer Reise auf die Galapagos-Inseln zurückkehrten, wurde die Verlobung offiziell bekannt gegeben – und ganz Monaco war schockiert.

In einem entsetzlich braven, rot-weiß geblümten Kleid lächelte Caroline, umringt von Junot, dessen Eltern und dem Fürstenpaar, am Tag der Verlobung für die Fotografen. Ihr Versprechen an die Eltern nahm sie nicht mehr sonderlich ernst, sondern schloss mit Mühe und Not ihr Studium im Juni 1978 ab, um sich dann fieberhaft in die Vorbereitungen für ihre Hochzeit zu stürzen. Eines stand dabei von vornherein fest: Es würde keine Märchenhochzeit werden, wie damals bei Fürst Rainier und seiner Göttin.

Nein, von der Trauung war die Öffentlichkeit gänzlich ausgeschlossen, was die Monegassen ganz besonders verärgerte, schließlich heiratete die älteste Fürstentochter. Um den Unmut im Kleinstaat zu besänftigen, wurden nach dem Standesamt kurzfristig alle Monegassen zu einem Empfang in den Palast geladen. Das war's. Alle Untertanen von Rainier werteten dies als untrügliches Zeichen für die Geringschätzung des Bräutigams und lagen damit gar nicht falsch.

Schließlich hatte Gracia sogar noch zwei Tage vor der Hochzeit in einem Interview gesagt: »Ich bin immer noch der Meinung, dass Caroline zu jung ist, um eine so weit reichende Entscheidung für ihr Leben zu treffen. Als Katholiken sehen wir in der Ehe eine sehr große Verantwortung und denken, dass ein solcher Schritt wohl bedacht sein sollte. Was für uns zählt, ist, dass sie einen Mann mit Charakter, Anstand und Herz heiratet.« Jeder verstand, dass diese Spitze gegen den künftigen Schwiegersohn gerichtet war.

Als der Polterabend gefeiert wurde und die Gäste in ihren Nobelkarossen vor dem Palast vorfuhren, strahlte die Fürstin jeden Einzelnen von ihnen an. Sie lebte vor, was sie ihren Kindern immer schon geraten hatte: »Wenn du Kummer hast, strahle die Welt an.«

Mindestens 800 Hände wurden der Fürstin zur Begrüßung entgegengestreckt, bis endlich Carolines Lieblingslied *Sweet Caroline* durch den Thronsaal wehte und das Fest damit eröffnet war. Rainier tanzte mit seiner Tochter und drückte ihr beruhigend einen Kuss ins Haar. Natürlich gefiel ihm Carolines Entscheidung überhaupt nicht, aber auch er hielt zu ihr, denn er war nach wie vor vernarrt in seine schöne Tochter. So antwortete er auf die Reporterfrage, warum er einer Heirat mit Junot zugestimmt habe, wo Caroline doch unter allen ledigen Prinzen hätte wählen können: »Aber doch nicht, wenn sie dabei nicht glücklich geworden wäre …«

Marc Bohan aus dem Hause *Dior* wurde auserwählt, für die junge Braut die Hochzeitsgarderobe zu entwerfen. Für die standesamtliche Trauung wählte Caroline ein blaues Kleid, für die kirchliche Trauung eine bodenlange weiße Robe mit einem üppig bestickten Oberteil. Dazu trug sie als einzigen Schmuck ein zartes Kreuz aus Silber, während der Schleier seitlich über den Ohren mit schmalen Stoffblütenkränzen gehalten wurde. Natürlich sah Prinzessin Caroline einfach hinreißend aus, mädchenhaft zart. Doch der Rahmen, in dem die ganze Hochzeit stattfand, war für monegassische Verhältnisse eher bescheiden zu nennen.

Zunächst wurde der in Monaco übliche Ehevertrag unterzeichnet. Einen Tag später gaben sich Caroline und Junot vor

Zweifelnde Eltern bei der Hochzeit ihrer ältesten Tochter – Caroline mit Finanzmakler Philippe Junot

dem Standesbeamten das Jawort. Das geschah in jenem Thronsaal, in dem auch Rainier einst Gracia die Ehe versprach, allerdings mit dem Unterschied, dass Caroline darauf bestanden hatte, die Passage über den Gehorsam gegenüber ihrem Mann wegzulassen.

Zu Ehren des Paares hatte im Anschluss an den Empfang im Palast Filmstar David Niven, ein alter Freund Gracias, die Fürstenfamilie in seine Villa nach Cap Ferrat eingeladen. Unter den Gästen befanden sich berühmte Persönlichkeiten wie Frank Sinatra, Cary Grant und Gregory Peck. Am Abend folgte im *Hôtel de Paris* in Monte Carlo ein Cocktail-Empfang für die Freunde des Paares. Danach lud das Fürstenpaar 600 Gäste zum Ball, eine übersichtliche Zahl von Gästen, wenn man bedenkt, dass zur Hochzeit von Fürst Rainier und Gracia

Patricia weit über tausend Gäste eingeladen worden waren. Caroline trug an diesem Abend ein mit Diamanten übersätes Ballkleid und eines der schönsten Diademe ihrer Mutter. Sie sah so wunderschön aus, dass sich Gracia verstohlen ein paar Tränen aus dem Augenwinkel wischte, als sie daran dachte, welche Chancen sich ihre Tochter an jenem Tag für immer verbaut hatte.

Zur kirchlichen Trauung von Caroline mit Philippe Junot am 29. Juni 1978 war die Crème de la Crème des Adels nicht erschienen, vielmehr kamen Vertreter von Königsfamilien aus nicht regierenden Häusern, wie der Ex-Kronprinz von Italien und vier Erzherzöge von Österreich. Auch Kronprinz Charles von England hatte auf der Gästeliste gestanden, doch unter fadenscheinigen Gründen abgesagt.

Nach der Trauung zeigte sich das Brautpaar bei einem kurzen Spaziergang durch die Stadt, lächelte und freute sich über den, wenn auch verhaltenen, Jubel der Menschen, die den beiden Frischvermählten »Viel Glück« zuriefen.

Die gut gemeinten Glückwünsche haben nichts genützt. Zwei Jahre später gab Caroline ihre Trennung von Philippe Junot bekannt. Die Bekenntnisse, die sie später über ihre erste Ehe machte, sind auch heute noch erschütternd. »Ich glaube, es war noch auf unserer Hochzeitsreise, als ich plötzlich begann, wach zu werden, und mich fragte, was ich eigentlich getan hatte«, beichtete Caroline. »Das Ende unserer Ehe begann bereits damals. Aber ich brauchte anderthalb Jahre, um diese Verbindung aufzulösen.«

Viele Jahre später kam die Prinzessin noch einmal in einem Interview auf ihre unglückselige Entscheidung zu sprechen: »Ich heiratete ihn, weil ich naiv war und vielleicht auch, um mich meiner Mutter zu widersetzen.« Über die Gründe führte sie aus: »Als ich noch klein war, blätterte meine Mutter mit mir in einem Adelskalender, in dem alle europäischen Adelsfamilien verzeichnet waren, um mich zu veranlassen, mir den Ehemann meiner Träume auszusuchen. Aber ich fühlte mich dadurch unter Druck gesetzt. Schließlich hatte mein Vater ja auch keine Adelige geheiratet.«

Wieder einmal bewies sich, welch ein starker Wille den Grimaldi-Töchtern in die Wiege gelegt wurde. Über ihren Ex-Mann sagte Prinzessin Caroline in jenem Interview: »Er war ein Verführer. Wenn ich die Chance gehabt hätte, mit ihm sechs oder auch nur drei Monate zusammenzuleben, hätte ich schnell selbst herausgefunden, was für ein Mensch er war.«

Aber dazu hatte sie keine Gelegenheit bekommen, denn Gracia hatte ihre Tochter aus pragmatischen Gründen gedrängt: »Du bist schon viel zu lange mit ihm befreundet, so dass dir nur noch übrig bleibt, dich schnell mit ihm zu verloben oder ihn nicht mehr zu sehen.«

Was hätte die Fürstin auch tun sollen? Obwohl sie strikt gegen die Verbindung mit Junot war, hatte sich das Interesse der Öffentlichkeit zugespitzt, ihr Kind war entehrt worden, die ganze Welt berichtete über den unstandesgemäßen Liebhaber. Dabei hatte Caroline damals als Zwanzigjährige eigentlich noch gar kein Interesse an einer Heirat gehabt, sie hatte sich nur aus Trotz darauf kapriziert. Erst viel später konnte sie offen darüber reden: »Ich wollte überhaupt nicht heiraten. Aber es schien in dieser Situation der einzig richtige Weg zu sein.«

Auf der Yacht, die das Fürstenpaar den beiden zur Hochzeit schenkte, brachen Caroline und Philippe in die Flitterwochen auf, doch statt trauter Zweisamkeit auf hoher See erwartete Caroline ein Fotograf, der jede Zärtlichkeit festhielt und später in alle Welt verkaufte. Das Vertrauen in ihren Ehemann begann zu bröckeln, doch noch war Caroline viel zu eingenommen von den jüngsten Feierlichkeiten, als dass sie sich lange mit Grübeleien aufgehalten hätte.

Zurück aus den Flitterwochen, bezog das Paar ein Appartement in der Avenue de Breteuil im 7. Arrondissement von Paris. Von diesem Zeitpunkt an, wo doch ihr Glück erst erblühen sollte, begannen sich ihre Wege zu trennen. Während Caroline von einer Familie mit Kindern träumte, wollte Junot sein Leben wie bisher weiterführen. Er war ständig auf Reisen, wurde – besonders in Amerika – mit anderen Frauen gesehen und genoss das Nachtleben, als habe sich für ihn durch die Hochzeit mit einer Fürstentochter nicht das Geringste verändert. Carolines Vorstellungen von einem gemeinsamen Leben kamen ihm bieder vor – eine abschreckende Idee, vor der er flüchtete.

Doch zunächst wahrte das Ehepaar Junot nach außen hin den Schein und ließ Urlaubsfotos veröffentlichen, auf denen man sie zusammen lächeln sah; auch folgten gemeinsame Auftritte bei großen öffentlichen Anlässen. Innerlich hatte sich Caroline jedoch schon ein Stück weit von Junot abgewandt, sie war bitter enttäuscht von ihrem Ehemann, den sie noch vor kurzem so glühend verehrt hatte.

Als sie sich am 9. August 1980 endlich von ihm trennte, hatte der Alptraum Junot für Gracia, Rainier und auch für Caroline ein Ende. Nur zwei Monate später, am 6. Oktober, war die gerichtliche Scheidung perfekt, doch die katholische Kirche weigerte sich, die Ehe zu annullieren. Auch die Tatsache, dass nach der Scheidung herauskam, Junot habe Caroline nur aufgrund einer feuchtfröhlichen Herrenwette den Hof gemacht, um mit der Heirat diese Wette zu gewinnen, beeindruckte die Kurie keineswegs. Alle Anträge auf Annullierung wurden zurückgewiesen, und es folgte ein zähes, jahrelanges Ringen mit dem Heiligen Vater und dem Kirchengericht Sacra Rota, bis Caroline auch in den Augen der Kirche wieder frei war.

Gracia Patricia und Rainier 1973
im Garten des fürstlichen Palastes

Caroline von Monaco – so würdevoll und elegant wie ihre Mutter Fürstin Gracia Patricia

Fürst Albert II. – Visionär und zukunftsweisender Herrscher für ein neues Monaco

Stephanie von Monaco – ein Herz voller Unruhe auf der Suche nach Liebe und Geborgenheit

Prinzessin Caroline – nach Gracias Tod wurde sie an der Seite ihres Vaters Rainier zur First Lady von Monaco

Ein starkes Band der Zuneigung bestand zwischen Fürst Rainier III. und seinem Sohn Albert

Trotz schwerer Schicksalsschläge hielten Fürst Rainier und seine Kinder immer zusammen

Fürst Rainier von Monaco –
ein gütiger Landesvater, wie ihn die Monegassen
stets in Erinnerung behalten werden

Für Caroline war die Zeit gekommen, sich ein neues Leben in Monaco aufzubauen, und ironischerweise war ihr seelisches Tief der Grund dafür, dass sich die störrische Tochter und ihre besorgten Eltern wieder näher kamen. Die Erfahrung mit Junot war sicher sehr bitter für Caroline gewesen, doch als sich Enttäuschung, Wut und Schmerz gelegt hatten, war Caroline endgültig erwachsen geworden und zu einer eleganten jungen Frau voller Energie und Charakterstärke erblüht.

Wie sehr sie das Kapitel Junot hat reifen lassen, wurde in einem Gespräch deutlich, das Caroline von Monaco einmal mit ihrer Bekannten Ira zu Fürstenberg führte: »Ich weiß nur zu gut, dass ich noch eine Menge zu lernen habe. Es wäre wunderbar, inneren Frieden zu finden, auf die innere Stimme zu horchen, ohne Einflüsse der Außenwelt. Ich hoffe sehr, in einer neuen Verbindung mein Glück als Ehefrau und Mutter zu finden.«

Caroline widmete sich nach ihrer Scheidung verstärkt offiziellen Aufgaben und half ihrer Mutter bei der Arbeit für wohltätige Zwecke. Sie übernahm die Schirmherrschaft des monegassischen Nationalkomitees für das internationale Jahr des Kindes, gründete zwei Jahre später eine Anlaufstelle für junge Menschen mit Drogen-, Alkohol- oder seelischen Problemen und begann die alten Freundschaften wieder aufleben zu lassen, die sie in der Zeit ihrer Ehe vernachlässigt oder sogar abgebrochen hatte. Zu einem ihrer besten Freunde wurde Robertino Rossellini, der Sohn der Schauspielerin Ingrid Bergman und des Regisseurs Roberto Rossellini.

Gerade hatte sich die fürstliche Familie von den Turbulenzen um Caroline erholt, so dass sich Gracia und Rainier verstärkt um das rebellierende Nesthäkchen Stephanie kümmern konnten – da schlug das Schicksal wieder erbarmungslos zu und riss die Familie und das ganze Land aus seinen friedlichen

Träumen: Fürstin Gracia Patricia verunglückte tödlich, und das Leben übertrug der 25-jährigen Caroline eine neue, schwere Aufgabe, als sie an der Seite ihres schmerzgebeugten Vaters die Rolle der First Lady von Monaco übernahm. Täglich verbrachte sie mehr als sieben Stunden damit, allen Terminen und Verpflichtungen gerecht zu werden, und war dabei so fürsorglich, aufmerksam und hingebungsvoll wie ihre Mutter. Das hatte bald zur Folge, dass die Menschen in Monaco immer mehr Vertrauen in Caroline setzten und man ihr unzählige Präsidentschaften der verschiedensten Vereine antrug, darunter die des Gartenclubs von Monaco, des Internationalen Kunstfestivals und der Fürstin-Gracia-Stiftung für junge künstlerische Talente.

Drei Jahre später gründete Caroline selbst *La Compagnie des Ballets de Monte Carlo* – und erfüllte damit einen lang gehegten Wunsch ihrer verstorbenen Mutter. Caroline meisterte ihre Rolle als First Lady perfekt.

So perfekt, dass sich Frankreichs Superstar Alain Delon dazu hinreißen ließ, in der Zeitschrift Paris Match eine Lobeshymne auf sie zu schreiben: »Die Aufgaben einer Königin zu erfüllen ist genauso schwierig, wie ein Star zu sein. Und Sie, Madame, sind beides in einer Person. Madame, das Fürstentum kann sich sehr glücklich schätzen, wieder eine große First Lady zu besitzen.« Und nur wenige Jahre später schwärmte sein Sohn für Carolines jüngere Schwester Stephanie.

Bei so viel Schönheit, Eleganz und Charme blieb es nicht aus, dass alle Welt sich fragte, wann Caroline endlich wieder einen Partner finden würde, und jeden ihrer Begleiter vorschnell als neuen Ehekandidaten handelte – darunter Filmstar Jean-Pierre Cassel oder den argentinischen Tennis-Star Guillermo Vilas und natürlich Robertino Rossellini, der die Prinzessin oft auf öffentlichen Terminen begleitete. Doch alle lagen letztendlich falsch, denn in aller Heimlichkeit hatte Caroline ihr Herz längst an einen jungen, völlig unbekannten Mann verloren, nämlich an den Italiener Stefano Casiraghi, den sie in einem Nachtclub von Monte Carlo kennen gelernt hatte. Damals waren Caroline 26 und Stefano 23 Jahre alt gewesen.

Auf den ersten Blick mochte Rainier einen Schreck bekommen haben, denn Stefano schien genau derselbe Typ wie Junot zu sein: smart, selbstbewusst, ein junger Mann aus dem Jetset. Wie für Junot war es für den Kosmopoliten Casiraghi selbstverständlich, mal eben von Mailand nach Paris zu jetten, um mit einer Angebeteten essen zu gehen. Doch der Schein trog, denn kaum hatte Stefano Caroline kennen gelernt, trennte er sich von seiner langjährigen italienischen Freundin Piniccia Macheda, mit der er fünf Jahre zusammen gewesen war. Außerdem war Casiraghi, im Gegensatz zu Junot, in seinen Geschäften sehr erfolgreich, hatte in Mailand ein Immobilien-Unternehmen aufgebaut, das sehr schnell großen Profit abwarf, und eine umsatzstarke Exportfirma gegründet. Dazu besaß er Boutiquen und Souvenir-Shops, verwaltete und vergrößerte die Firmenbeteiligungen seines Vaters in Amerika. Obwohl er noch so jung war, arbeitete er hart, war absolut zuverlässig und ungewöhnlich reif für sein Alter. Mit anderen Worten: Er besaß alle Eigenschaften, die für Prinzessin Caroline nach den bitteren Erfahrungen ihrer ersten Ehe eine unabdingbare Voraussetzung für ein glückliches Familienleben waren.

Bereits sechs Monate nach ihrem Kennenlernen entschieden sich Caroline und Stefano für ein gemeinsames Leben und beschlossen, zur großen Überraschung ihrer Familien und Freunde, recht bald zu heiraten. Die beiden waren sicher, dass das Schicksal sie füreinander bestimmt hatte, und dann gab es noch ein süßes Geheimnis, das ihren Entschluss beflügelte: Caroline erwartete ein Baby.

Am 29. Dezember 1983 versammelten sich die Familien und wenige enge Freunde des Paares zu einer kleinen, schlichten Trauungszeremonie im Thronsaal des Palastes auf dem berühmten Felsen. Eine große kirchliche Hochzeit war für die geschiedene Caroline noch immer nicht möglich, da sich die katholische Kirche trotz Rainiers persönlicher Fürsprache und Bitte weigerte, die erste Ehe der Fürstentochter zu annullieren. In den Augen der drei von Papst Johannes Paul II. zur Prüfung bestellten Richter war und blieb Junot ein bewundernswerter Mann, und keineswegs ein Schürzenjäger, der es auf möglichst viele Frauen abgesehen hatte. Die ganze Welt wunderte sich über eine solche Aussage, doch es gab nichts daran zu rütteln.

Immer wieder betonte die gläubige Katholikin Caroline, wie sehr es sie traf, sich diesmal ohne den Segen der Kirche binden zu müssen. Später sagte sie dazu: »Ich kannte Stefano, und ich liebte ihn. Ich wollte eine richtige Familie gründen. Ich wollte Kinder, und ich wollte, dass sie eine junge Mutter hatten. Für mein Gewissen bedeutete das eine schwere Entscheidung. Wenn ich heute meine Kinder betrachte, bereue ich nichts von dem, was ich getan habe.«

Caroline und Stefano ließen es sich jedoch nicht nehmen, ihr neues Glück auch »rein zivil« gebührend zu feiern. Sie liebten sich, und das konnte jeder sehen, der die Hochzeitsfotos betrachtete, die im Thronsaal bei der Trauungszeremonie und später auf dem Balkon des Palastes aufgenommen worden waren. Hier hatten sich zwei Menschen gefunden, die gleiche Ziele und Vorstellungen vom Leben hatten. Rainier war erleichtert, dass seine Älteste endlich die richtige Wahl getroffen hatte.

Sechs Monate nach der stillen standesamtlichen Hochzeit wurde Prinzessin Caroline zum ersten Mal Mutter. Am 8. Juni 1984 kam Andrea Albert Pierre in Monte Carlo zur Welt und machte Rainier zum ersten Mal zum Großvater. Am 3. August

Große Liebe, kurzes Glück:
Caroline mit ihrem zweiten Ehemann Stefano Casiraghi,
der 1990 tragisch bei einem Bootsunglück verstarb

1986 sollte Tochter Charlotte Marie Pomeline folgen. Ein Jahr später, am 5. September 1987, wurde Caroline von ihrem zweiten Sohn, Pierre Rainier Stefano, entbunden. Die Familienplanung war komplett, und die jungen Eltern genossen ihr Glück.

Caroline hatte eindeutig über ihre Rolle als Mutter und ihre Pflichten als First Lady zu sich selbst gefunden. Aus der rebellischen Studentin war eine in sich ruhende Frau geworden, die ihre Doppelbelastung zur Begeisterung aller wunderbar meisterte. Jeden Morgen um kurz vor halb elf verließ Caroline ihre weiß-rosa gestrichene Villa St. Clos mit den grünen Fensterläden und ging die kurze Strecke zu ihrem Büro im Palast zu Fuß. Wenn sie gegen halb sechs Uhr abends in ihr Haus zurückkehrte, begann für sie und Ehemann Stefano das ganz normale Familienleben wie in allen anderen Familien Monacos auch. Die Kinder wurden von beiden Eltern gebadet, gefüttert und zu Bett gebracht – vorausgesetzt natürlich, dass Stefano auch zu Hause war. Selbstverständlich hatte die Familie ein Kindermädchen, das die Kleinen tagsüber versorgte, doch anders als ihre Mutter kümmerte sich Caroline sehr viel mehr selbst um die Kinder. Man sah sie sogar einen Kinderwagen durch Monte Carlo schieben! Die Leute gewöhnten sich schnell daran und bewunderten ihre Prinzessin umso mehr. Meist ging Caroline schon abends um zehn Uhr schlafen, denn ihre Pflichterfüllung erforderte viel Kraft, doch sie war selig. Endlich lebte sie so, wie sie es sich immer erträumt hatte. »Stefano und ich führen ein ganz normales Familienleben und wohnen in einem Haus, das auch nicht größer ist als andere«, sagte sie noch im Mai 1990 in einem Interview.

Natürlich wollten viele Neider und Gerüchtespekulanten nicht glauben, dass diese kleine Familie tatsächlich glücklich war. Und so tauchten immer wieder Gerüchte darüber auf, dass auch die zweite Ehe zu scheitern drohte – besonders als bekannt wurde, dass Caroline bei einem gemeinsamen Besuch in einem Nachtclub einen regelrechten Wutanfall bekommen hatte, als sie fand, dass Stefano mit einer schönen jungen Frau zu lange flirtete. Kurzerhand hatte die ungestüme Fürstentochter ihre Schuhe ausgezogen, war auf einen der Tische gesprungen und begann, höchst aufreizend zu tanzen. Als Stefano das mitbekam, eilte er zu der improvisierten Bühne, ergriff seine Frau, warf sie sich über die Schulter und verließ eilig das Lokal. Doch da hatte es schon zu viele Zeugen des Zwischenfalls gegeben, und die Geschichte landete in der Presse, die aus einem Eifersuchtsgeplänkel unter Liebenden gleich ein Scheidungsdrama machen wollte. Dabei ergänzten sich die beiden wirklich gut und liebten es, mit ihren Kindern zu verreisen, mal in das Landhaus nahe Paris, mal in die Villa der Casiraghis am

Comer See, in die USA oder auf eine einsame Insel. Auch in den Skiurlaub wurden die Kinder immer mitgenommen, und das Interesse am Segeln und an schnellen Motorrädern verband die sportliche Caroline zusätzlich mit Stefano. Leider war es ausgerechnet diese Liebe zur Geschwindigkeit, die die nächste Katastrophe über das Haus Grimaldi bringen sollte.

Prinzessin Caroline hasste jene Tage, an denen sich Stefano verabschiedete, um mit seinem Motorboot für Rennen zu trainieren. Und bei den Wettkämpfen litt sie so lange Höllenqualen, bis er endlich wieder festen Boden unter den Füßen hatte. Doch Stefano hatte schon als kleiner Junge den Traum gehegt, selbst einmal mit 130 Sachen über den Comer See zu sausen. Er war talentiert und schaffte es tatsächlich, in seiner Bootsklasse den Weltrekord von 172 Stundenkilometern zu erreichen. Doch mit den Jahren war aus der Leidenschaft leider Besessenheit geworden, und so blieb es nicht aus, dass der geschwindigkeitssüchtige Stefano vom normalen Motorboot auf den Powerboot-Sport umstieg, der noch mehr Geschick und Können verlangte. Für die stolze Summe von damals ungefähr einer Million Mark kaufte er das Boot *Pinot di Pinot*, das den Namen seines Sponsors trug, und gewann damit im Jahre 1989 die World-Offshore-Meisterschaft vor Atlantic City in New Jersey.

Stefano war sich über die Gefahren seines Sports sehr wohl bewusst, hatte er doch miterleben müssen, wie sein Freund Didier Pironi bei einem Rennwettbewerb getötet wurde. »Früher hatte ich immer Angst«, erklärte er vor dem Rennen um den Weltmeistertitel 1989, »aber jetzt nicht mehr. Was zählt, ist das Vertrauen in das Boot.« Doch ebendieses Vertrauen erwies sich als verhängnisvoll.

Nach insgesamt achtzig Rennen, von denen er zwölf gewonnen hatte, versprach Stefano seiner Frau Caroline, mit dem

Rennsport aufzuhören, wenn er dafür noch einmal an der Weltmeisterschaft, die im Oktober 1990 in Monaco stattfinden sollte, mitmachen dürfe. Nur noch dieses eine Mal wollte er sich mit der Konkurrenz messen und konnte nicht ahnen, dass er damit sein eigenes Todesurteil sprach.

Am Morgen des 3. Oktober 1990 starteten die Teilnehmer der Weltmeisterschaft zu einem ersten Probelauf, unter ihnen selbstverständlich auch Stefano Casiraghi. Sein Start hatte sich verzögert, weil er zuvor noch einem Freund bei einem Problem an dessen Boot geholfen hatte. Nun wollte Stefano rasch die verlorene Zeit aufholen und peitschte den hochkarätigen Bootsmotor auf rasante 145 km pro Stunde hoch. Nach wenigen Sekunden traf die 13 Meter lange Powerrakete auf eine Welle, überschlug sich und flog in einer fast senkrechten Kurve durch die Luft. Bei dem Aufprall wurde Casiraghis Copilot durch den Druck ins Meer geschleudert – und überlebte wie durch ein Wunder. Stefano selbst hingegen blieb im Cockpit eingeklemmt und versank mit dem fünf Tonnen schweren Off-Shore-Boot vor den entsetzten Augen seines Teams.

Dann ging alles sehr schnell. Unglaubliche Hektik brach aus, als Sanitäter und Taucher zur Unglücksstelle vordrangen, um Stefano aus seinem Boot zu befreien. Doch es war zu spät. Zwar gelang es den Helfern, Stefano Casiraghi aus dem Wasser zu bergen, doch Carolines Ehemann starb noch an der Unglücksstelle.

Caroline war gerade in Paris, als sie vom tragischen Tod ihres Mannes erfuhr, und flog sofort mit dem Hubschauer nach Hause. An ihrer Seite war ihre damals beste Freundin, das Fotomodell Inès de la Fressange. Doch niemand konnte den Schmerz um den geliebten Mann, den Vater ihrer drei Kinder, lindern, von dem Caroline schier überwältigt wurde. Fassungslos und von Weinkrämpfen geschüttelt, versuchte sie zu begreifen, was geschehen war, aber das Verhängnis, das wiederum über die junge Mutter und Ehefrau hereingebrochen war, nahm seinen Lauf.

Am 6. Oktober 1990 trug Prinzessin Caroline in der Kathedrale von Monaco ihre große Liebe zu Grabe. Ganz Monaco hatte vorher schon Abschied von Stefano Casiraghi genommen und ihm die letzte Ehre erwiesen, doch die eigentliche Totenmesse war den engsten Familienangehörigen vorbehalten. Verzweifelt klammerte sich Caroline auf der Treppe der Kathedrale an ihren Vater Rainier, als der Sarg ihres verunglückten Ehemanns in die Kirche getragen wurde. Nur mit Mühe gelang es Caroline, die Totenfeier zu überstehen. Stefano Casiraghi wurde in der Krypta der Chapelle de Paix, der Grabstätte der Grimaldis, beigesetzt. Während die Familie Abschied nahm, versammelten sich Stefanos Sportskameraden mit ihren Booten an der Unglücksstelle und warfen als Zeichen ihrer Trauer einen Kranz ins Wasser. Caroline hatte die Rennleitung zwar gebeten, den Wettkampf fortzusetzen, doch man entschied sich anders, und das Rennen um die Weltmeisterschaft 1990 wurde abgesagt.

Für den Grimaldi-Clan begann wieder einmal eine schwere Zeit. Immer wieder mussten die Monegassen an den Fluch denken, der die Dynastie ihres Regenten schon seit Jahrhunderten belastete.

Rainier zerriss es förmlich das Herz, als er hilflos mit ansehen musste, wie seine geliebte Tochter litt. Ausgerechnet sie, die ihn bei Gracias Tod so tapfer getröstet und unterstützt hatte, war nun von Leid und Trauer so völlig überwältigt, dass er Angst um sie hatte. Wie sollte sie ihr Leben ohne Stefano meistern? Wie in ihrer Trauer die Verantwortung für ihre drei kleinen Kinder tragen? Carolines Herz schien wie versteinert zu sein, sie wurde immer schmaler, und ihr Gesicht, das kein Lächeln mehr erhellte, war von Kummer gezeichnet. Die Prinzessin zog sich vollkommen zurück und vergrub sich vor den Blicken der Öffentlichkeit in ihrem Landhaus bei Paris. Sie musste erst wieder zu sich selbst finden und den Schock verarbeiten, denn das Leben hatte sie mit einem Herzen voller Schmerz zurückgelassen.

Während ihrer Trauerzeit verwandelte sich die einst so glückliche und elegante Fürstentochter in ein Aschenputtel. Statt figurbetonter Kostüme trug Caroline nur noch weite Flatterkleider, eine praktische Kurzhaarfrisur und kein Make-up mehr. Nur widerwillig ließ sie sich gelegentlich zu einem Besuch in Monaco oder gar einem offiziellen Auftritt überreden.

Welch eine Ironie des Schicksals, dass ausgerechnet jetzt, nach Stefanos Tod, die Kirche erstmals ihre Bereitschaft erkennen ließ, die Auflösung von Carolines erster Ehe zu gestatten! Doch Caroline konnte nur wenig Interesse für diese Nachricht aufbringen. Ihr Herz war gebrochen, die Trauer zu ihrer ständigen Begleiterin geworden. Lediglich ihre Kinder waren ihr ein Trost, und mit ihrer Hilfe schaffte es die Prinzessin ganz langsam, wieder ins Leben zurückzufinden. Als sie nach monatelanger Trauer zum ersten Mal wieder mit ihrem Vater, Bruder Albert und Schwester Stephanie zu einem Familienurlaub in die Karibik aufbrach, schöpften alle Hoffnung, dass nun für Caroline die Zeit des schlimmsten Kummers überwunden war. Und so war es auch. Caroline fand zu ihrem fröhlichen Naturell zurück und konnte zur großen Freude ihrer Familie allmählich wieder lächeln und sogar lachen.

In den folgenden Jahren kümmerte sich Prinzessin Caroline nicht nur intensiv um die Erziehung ihrer heranwachsenden Kinder, sondern repräsentierte wieder mit vollem Einsatz als First Lady von Monaco. Als Präsidentin des Monegassischen Roten Kreuzes reiste sie durch halb Europa und vertrat das kleine Fürstentum wie eine wahre Königin.

Die zauberhafte Prinzessin Ira zu Fürstenberg, mit der ich als Hofberichterstatter gemeinsam die siebenteilige Fernsehreihe *Palastgeflüster* für den deutschen Sender SAT.1 drehte, sagte mir: »Wissen Sie, Herr Loh, ich bin in meinem Leben vielen gekrönten Häuptern und Prinzessinnen begegnet. Aber kaum jemand hat so viel Charme und Charisma wie Caroline von Monaco. Innerhalb von Sekunden steht sie im Mittelpunkt jeder Gesellschaft. Für ihren Vater und sein Fürstentum ist sie ein Juwel von unschätzbarem Wert.«

Auf einer ihrer Auslandsreisen, es war in London, traf Caroline auf einem Fest den deutschen Prinzen Ernst August von Hannover und seine aus der Schweiz stammende Ehefrau, Prinzessin Chantal. Der Prinz und seine Gemahlin lebten zu diesem Zeitpunkt mit ihren Söhnen Prinz Ernst August junior und Prinz Christian in der britischen Hauptstadt. Caroline und Ernst August kannten sich schon seit ihrer Jugend und waren sich im Laufe der Jahre immer wieder auf dem einen oder anderen Fest begegnet. Aber bei diesem Wiedersehen in London hat es wahrscheinlich gefunkt …

Die Ehe von Prinz Ernst August und Prinzessin Chantal soll zu diesem Zeitpunkt bereits in einer tiefen Krise gesteckt haben. Nur ihren beiden Söhnen zuliebe, Ernst August junior, geboren am 19. Juli 1983, und Prinz Christian, geboren am 1. Juni 1985, sollen sie den Schein gewahrt haben. Aber in einen Krug, der einen Sprung hat, kann man kein Wasser mehr füllen, und die Ehe wurde 1997 geschieden. Die internationalen Medien nahmen von der Scheidung kaum Notiz, nicht einmal für die Boulevardpresse war das Scheitern dieser Ehe ein großes Thema. Ernst August war schließlich »nur« einer von vielen deutschen Prinzen, ein Mitglied des Hauses Hannover, auch Welfen genannt, das nie groß von sich reden macht. Nur einmal in der jüngeren Vergangenheit waren die Welfen in die

Schlagzeilen geraten, als im November 1988 Prinz Ludwig Rudolph, ein jüngerer Bruder von Ernst August, und seine Frau Prinzessin Isabella im österreichischen Gmunden am Traunsee Selbstmord begingen. Die Ursache dafür ist nie endgültig geklärt worden, doch Tatsache ist, dass sie damals ihren erst neun Monate alten Sohn Prinz Otto hinterließen, der von seinen Großeltern mütterlicherseits aufgenommen wurde.

Ernst August, nun der wichtigste Mann im Leben Prinzessin Carolines, wurde am 26. Februar 1954 in Hannover geboren. Sein vollständiger Name lautet Ernst August Albert Otto Rupprecht Oskar Berthold Friedrich-Ferdinand Christian-Ludwig, Prinz von Hannover, Königlicher Prinz von Großbritannien und Irland, Herzog zu Braunschweig und Hannover. Ihm steht die Anrede Königliche Hoheit zu. Seit dem Tod seines Vaters Prinz Ernst August (1914-1987) ist er Chef des Hauses Hannover.

Die Großmutter von Ernst August war Prinzessin Viktoria Luise von Preußen (1892-1980), einzige Tochter des letzten deutschen Kaisers Wilhelm II. Diese heiratete im Jahre 1913 den Großvater des heutigen Prinzen Ernst August, der ebenfalls Ernst August (1887-1953) hieß. Neben dem Vater des heutigen Prinzen hatte das Paar auch eine Tochter: Prinzessin Friederike von Hannover (1917-1981). Diese heiratete König Paul von Griechenland und wurde damit zur Königin. Die Kinder aus dieser Ehe sind Konstantin von Griechenland, der heutige Ex-König, und Sofia, heutige Königin von Spanien. Diese beiden sind also Cousin und Cousine ersten Grades von Prinz Ernst August von Hannover.

Wann die Beziehung von Prinzessin Caroline von Monaco und Prinz Ernst August von Hannover begann, ist nicht bekannt, denn das Paar bezeichnet dies als seine höchst persönliche Angelegenheit und hat öffentlich nie darüber gesprochen.

Caroline mit ihrem dritten Ehemann Prinz Ernst August von Hannover beim Rot-Kreuz-Ball in Monaco im Jahr 2000

Man geht jedoch davon aus, dass es irgendwann im Laufe des Jahres 1998 passierte, als in französischen Zeitschriften Fotos von Caroline und Ernst August erschienen, auf denen sie gemeinsam ein Hotel in Thailand verlassen. Tausende von Fragen wurden in der internationalen Presse diskutiert, doch eine Stellungnahme aus dem Grimaldi-Palast gab es nicht, auch das Büro des Prinzen von Hannover in London hüllte sich in eisernes Schweigen.

Bevor die weltweiten Spekulationen ins Uferlose gingen, machte sich das Paar jedoch selbst zum Mittelpunkt eines Happy Ends. Caroline und Ernst August heirateten am Vormittag des 23. Januar 1999, dem 42. Geburtstag der Prinzessin, im Spiegelsaal des Grimaldi-Palastes. Der Segen von Fürst Rainier kam aus vollem Herzen. Auf dem offiziellen Hochzeitsfoto trägt Caroline ein hellblaues Kostüm von Chanel, das ihr Bäuchlein diskret versteckt – sie war damals nämlich schon im dritten Monat schwanger.

Die Hochzeit wurde in Carolines Villa Clos St. Pierre mit 60 Gästen gefeiert, darunter auch Professor Dr. Matthias Prinz, der deutsche Anwalt des Paares. Ein Pianist spielte französische und deutsche Lieder, und die Kinder des Brautpaares aus beiden früheren Ehen tanzten fröhlich bis kurz nach Mitternacht.

Am Tag ihrer Eheschließung mit Prinz Ernst August wurde aus Prinzessin Caroline von Monaco Prinzessin Caroline von Hannover mit dem Titel Königliche Hoheit. Theoretisch könnte Prinzessin Caroline sogar Königin von England werden, aber das ist wohl eher unwahrscheinlich; ihr Mann Prinz Ernst August von Hannover steht an 451. Stelle in der britischen Thronfolge ...

Am 20. Juli 1999 brachte Prinzessin Caroline in der kleinen österreichischen Stadt Vöcklabruck eine Tochter zur Welt: Prinzessin Alexandra. Papa Ernst August, der in der Nähe von Vöcklabruck ein Anwesen besitzt, war überglücklich: Nach zwei Söhnen war er nun Vater einer Tochter geworden. Und zu Prinzessin Caroline, die sich immer eine Großfamilie gewünscht hatte, war ebenfalls das Glück zurückgekehrt. Ihre älteren Kinder und die beiden Söhne von Ernst August verstehen sich prächtig, und alle verwöhnen gemeinsam ihr kleines Schwesterchen Alexandra, das der Mittelpunkt der Familie ist.

Einer Familie, die Prinz Ernst August wie ein Löwe beschützt und verteidigt. Wenn heimlich fotografierte Bilder von ihm und seiner Frau oder gar von seiner kleinen Tochter veröffentlicht werden, rastet er aus, und es gab in der Vergangenheit sogar Momente, da tobte der Prinz vor Wut, wenn er nur eine Kamera sah. Das führte zu hässlichen Auseinandersetzungen und nicht enden wollenden Gerichtsprozessen. Inzwischen aber haben sich die Gemüter beruhigt, und beide Seiten, die Presse und Prinz Ernst August, unterscheiden zwischen privaten und öffentlichen Auftritten.

Im Gegensatz zu Prinzessin Stephanie hatte sich Prinzessin Caroline am monegassischen Nationalfeiertag immer mit ihren

Kindern auf dem Balkon des Grimaldi-Palastes gezeigt, um ihre Landsleute an ihrem Glück teilhaben zu lassen. Sogar Prinz Ernst August von Hannover freut sich jedes Jahr auf diesen Tag und zeigt voller Vaterstolz sein Töchterchen Prinzessin Alexandra.

Und mit der fürstlichen Familie wartet mittlerweile die ganze Welt mit gespannter Aufmerksamkeit auf den Augenblick, an dem der neue Fürst Albert II. seine Auserwählte auf dem Balkon den jubelnden Monegassen präsentieren wird.

9

Prinzessin Stephanie

»Das Nesthäkchen wird flügge –
und zur Sünderin ohne Schuld …«

Als Stephanie Marie Elisabeth Grimaldi am 1. Februar 1965 um 17.24 Uhr das Licht der Welt erblickte, atmete Fürst Rainier vor Erleichterung tief auf, denn es war eine anstrengende Geburt für Gracia Patricia gewesen. Glücklich lehnte die frisch gebackene Mama in den blütenweißen Kissen, die die Hebamme gerade für sie aufgeschüttelt hatte. Als Gracia auf das winzige Baby in ihren Armen hinabsah, das von den Strapazen der Geburt noch völlig erschöpft war, erfüllte große Liebe und Dankbarkeit ihr Herz. Dankbarkeit empfand die Fürstin vor allem dafür, dass sie nach zwei Fehlgeburten doch noch einem dritten Kind das Leben hatte schenken dürfen. Sie war sich im Klaren darüber, dass dies ihre letzte Schwangerschaft gewesen war. Vielleicht war dies der Grund dafür, dass die kleine Prinzessin Stephanie für sie und ihren Mann Rainier etwas ganz Besonderes darstellte.

Während Gracia zärtlich über den feinen Flaum auf dem Köpfchen ihrer neugeborenen Tochter strich, wanderten ihre Gedanken in die Zukunft.

Was würde aus diesem winzigen Bündel Mensch wohl einmal werden? Welches Schicksal erwartete die kleine Prinzessin auf dieser Welt? Niemand vermochte das zu sagen, doch Mutter und Vater wussten in diesem Moment, dass ihre süße Kleine alles bekommen würde, was sie sich wünschte, auch auf die

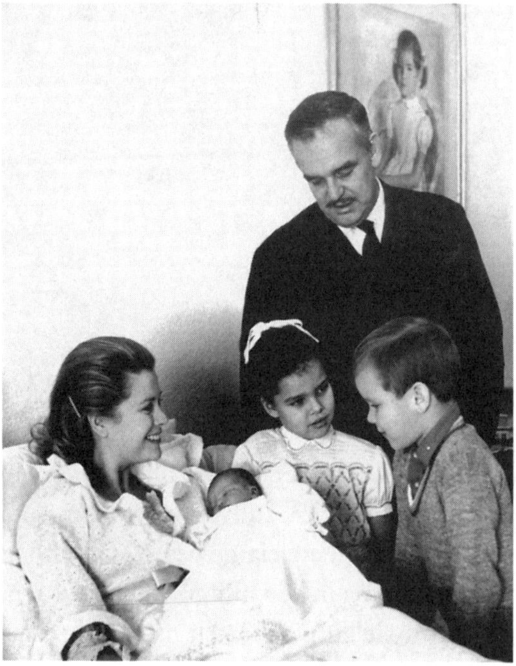

Nach der Geburt von Nesthäkchen Stephanie – Fürst Rainier und Gattin Gracia zeigen Caroline und Albert ihr Schwesterchen

Gefahr hin, dass aus ihr das verzogenste Geschöpf der Welt werden würde.

Dann wurde Gracia aus ihren Gedanken gerissen, als die Tür der weiträumigen Bibliothek, die man zu einem Kreißsaal umfunktioniert hatte, aufflog und der kleine Prinz Albert hereinrannte, dicht gefolgt von Prinzessin Caroline. Endlich war sie da, die kleine Schwester, die sich besonders Albert sehr gewünscht hatte, und jetzt wollte er sie natürlich im Palast begrüßen. Doch bevor es dazu kam, blieb der kleine Thronfolger andächtig vor dem Bett seiner Mutter stehen und zählte an seinen Fingern ab, was nur gedämpft durch die dicken Palastmauern von draußen zu hören war: nämlich insgesamt einundzwanzig Böllerschüsse, die die Geburt der Fürstentochter verkündeten.

»Bei mir sind es einhunderteins Schüsse gewesen«, krähte er

voller Stolz – ganz der große Bruder. Doch eifersüchtig war Prinz Albert nicht, dafür hatte er viel zu lange auf das heiß ersehnte Schwesterchen gewartet. Jeden Morgen hatte er geduldig Zuckerstücke auf seine Fensterbank gelegt, weil er hoffte, dass der Klapperstorch dadurch ein Mädchen bringen würde, ganz so, wie es der alte Brauch vorschreibt. Und siehe da, die Taktik des kleinen Prinzen war von Erfolg gekrönt!

Vorsichtig wagte er sich an das Bett seiner Mutter, um das Baby zu bestaunen, das da so winzig in ihren Armen lag. Von diesem ersten Moment an waren Albert und Stephanie unzertrennlich und immer für einander da. Und wie häufig sollte Stephanie die Liebe ihres großen Bruders auf eine harte Probe stellen!

Doch nun war das Nesthäkchen gerade erst auf die Welt gekommen und zur Freude der Eltern ein gesundes und munteres Baby von heiterem Gemüt. Das kleine Prinzesschen wog etwas über acht Pfund, und Vater Rainier staunte später im Kreise der Verwandtschaft: »Sie war überhaupt nicht schrumpelig.«

Im März 1965 wurde Stephanie in der Kathedrale Saint Nicolas getauft und anschließend den begeisterten Monegassen unter großem Jubel auf dem Palastbalkon vorgestellt. Das helle Kinderlachen der kleinen Prinzessin erfüllte bald darauf die prunkvoll ausgestatteten Säle des Palastes, was nicht zuletzt an Bruder Albert lag, der alles tat, um seine kleine Stephanie zu erfreuen – wofür sie ihn grenzenlos anhimmelte. Schon bald wusste Stephanie ihren unwiderstehlichen kindlichen Charme geschickt auszuspielen, um bei allen ihren Dickkopf durchzusetzen. Auch Papa Rainier erlag immer wieder ihrem schalkhaften Wesen, wenn sie versuchte, ihm ihren Willen schmackhaft zu machen.

»Sie wird von *allen* verwöhnt, von ihren Eltern, ihrer Schwester und ihrem Bruder«, stöhnte er gern mit gespieltem Entsetzen, dabei machte es ihm Spaß, sich an diese Szenen der väterlichen Niederlage zu erinnern. Wie oft hatte er seinem kleinen Trotzköpfchen den Rücken zudrehen müssen, damit es nicht sah, wie ihn ein Lachen überfiel, weil er angesichts des bitterbösen Kinderblickes einfach nicht mehr länger Haltung bewahren konnte.

Ihre Kindheit verbrachte auch die kleine Stephanie im Palast auf dem Felsen Monacos und auf dem Landsitz Roc Agel. Im Laufe der Jahre wurde ihr ausgeprägter Wille gewiss nicht schwächer, doch weil sie nun einmal die Jüngste war, schauten Mama Gracia und Papa Rainier immer großzügig darüber hinweg, auch wenn ihr Prinzesschen wieder einmal das Protokoll ignorierte und mit ihren Spielkameradinnen durch den Palast und den angrenzenden Park tobte. Wo Stephanie auftauchte, war immer etwas los. Selbst in Gracias Familie war man ziemlich erstaunt darüber, wie viele Freiheiten die kleine Prinzessin genoss. Das ging so weit, dass Großmutter Margaret Kelly einmal ihre Tochter beiseite nahm und sie warnte: »Stephanie wird ein wahnsinnig verzogenes Mädchen werden, wenn ihr so weitermacht.«

Doch Gracia schlug die Mahnung ihrer Mutter lachend in den Wind, Stephanie war nun mal ein Wildfang. Bereits mit zwei Jahren lernte die jüngste Fürstentochter schwimmen und bekam daraufhin prompt von ihrem Vater den Kosenamen »kleiner Frosch«, *petite grenouille,* zugedacht, während sie ihren geliebten Papa zärtlich »Papouret« nannte.

Die Freiheiten, die sich Stephanie ganz selbstverständlich nahm, wie es ihr beliebte, versetzten sogar ihre ältere Schwester Caroline in Erstaunen. Zwar hatte Caroline in ihrer Kindheit und Jugend ebenfalls viel Temperament und Eigenwillen entwickelt, jedoch wurde sie in dieser Hinsicht von ihrer jüngeren Schwester in den Schatten gestellt und gab dies einmal in einem Interview unumwunden zu: »Stephanie durfte schon

Die süße Stephanie geborgen in den Armen von Papa Fürst Rainier

als kleines Mädchen Dinge tun, die Albert und mir verboten waren.« Eine Erfahrung, die viele Erstgeborene in ihrer Familie machen müssen.

Auch Mutter Gracia wurde von der süßen Stephanie spielend um den Finger gewickelt. Zwar hatte sie durch Caroline schon etwas Übung im Umgang mit kapriziösen kleinen Mädchen, doch immer wieder verstand es ihre Jüngste, sie an die Grenzen ihrer Geduld zu treiben. Ihren engsten Freundinnen gegenüber sagte Gracia Patricia einmal über Stephanie: »Ich könnte sie windelweich hauen, ohne dass es etwas nützen würde.«

Mit vier Jahren war Stephanie reif für die Vorschule, doch unterrichtet wurde sie zunächst von Privatlehrern im Palast, was ihr sehr gefiel. Bereits im Alter von sechs Jahren, also zwei Jahre früher als ihre Schwester Caroline, wechselte sie in das von Nonnen geführte katholische Klosterinternat *Les Dames du St. Maur*. In dieser Schule, die sich im Nachbarland Frankreich befand, war eine einheitliche Kleidung für alle Mädchen Pflicht, eine Regel, die die kleine Rebellin Stephanie über alle Maßen empörte. Und so blieb ihr aus dieser Zeit vor allem eines in Erinnerung: »Ich musste eine blaue Uniform tragen, die ich schlichtweg hasste.«

Als Schülerin zeigte sie ein ausgesprochenes Talent im Sportunterricht, war von rascher Auffassungsgabe und bei allen Klassenkameradinnen sehr beliebt. Überhaupt schien Bewegung dem jungen Mädchen sehr zu liegen, denn Stephanie nahm neben der Schule noch begeistert Ballettunterricht bei der ehemaligen Primaballerina Marika in Monaco.

Im Herbst 1975 wurde die zehnjährige Prinzessin aus ihrer vertrauten Umgebung gerissen, als sich Mutter Gracia nach Paris begab, wo ihre ältere Tochter Caroline nicht länger allein leben und sich ungehindert den Ausschweifungen des Nachtlebens hingeben sollte. Also bezog Gracia mit ihren beiden Töchtern die Suiten des *Hôtel Particulier* in der Avenue Foch, ganz in der Nähe des Triumphbogens.

Stephanie kam auf die katholische Schule *Institut St. Dominique*, wo sie sich zunächst neuen Zwängen ausgesetzt glaubte – doch schon nach einigen Wochen war sie angenehm überrascht von ihrem neuen Leben. Hier in Paris konnte sie wie ihre Klassenkameradinnen sein und sich in Jeans und Turnschuhe kleiden, und statt großer, steifer Galadiners gab es gemütliche Essen im Freundeskreis, der rasch wuchs. Das Einzige, was Stephanie zu ihrem Glück noch fehlte, war ihr Bruder Albert, doch dieser war in Monaco unter der Obhut seines Vaters Fürst Rainier geblieben.

Stephanie genoss die Zeit in Paris, doch als Gracia einsehen musste, dass es ihr nicht gelingen würde, ihre ältere Tochter Caroline vor den Verlockungen des süßen Lebens zu schützen, brach sie ihre Zelte in der französischen Hauptstadt ab und kehrte nach Monaco zu ihrem Mann zurück, der sie schon sehnsüchtig erwartete.

Stephanie war fast zwölf Jahre alt, als sie wieder nach Monte Carlo kam, und Fotos aus diesen Tagen belegen, dass ihr das neue alte Leben in der Heimat zutiefst zuwider war. Die Prinzessin machte überhaupt keinen Hehl daraus, dass die steifen Traditionen des Fürstenhofes sie tödlich langweilten.
Doch hinter der gelangweilten Pose Stephanies steckte mehr als das typische Aufbegehren eines jungen Mädchens in der beginnenden Pubertät. In Wahrheit kam sich Nesthäkchen Stephanie hinter den Mauern des Palastes ziemlich verloren vor. Zu viel trennte sie von der acht Jahre älteren Caroline, die in Paris geblieben war. Zwar hielten die beiden Schwestern bei Carolines seltenen Monacoaufenthalten zusammen, wenn es darum ging, gegen die Eltern aufzubegehren, doch Carolines Welt war einfach nicht Stephanies Welt. Der Altersunterschied und die räumliche Distanz zwischen den beiden Prinzessinnen machten Gemeinsamkeiten fast unmöglich. Sosehr sie sich auch bemühte, Stephanie schaffte es nie, wie Caroline zu sein – nicht in der Schule, nicht im Aussehen, und schon gar nicht in ihrem Benehmen.

Charmant umschrieb Fürstin Gracia den Unterschied zwischen ihren beiden Töchtern einmal wie folgt: »Caroline besitzt viel diplomatisches Geschick, gerade wenn es darum geht, ihren Willen durchzusetzen. Stephanie hat die direkte Art ihres Vaters.«

Doch Gracias Jüngste war schlau, und ihr eigenwilliger, ausgeprägter Charakter half ihr, gegen das Verlorensein anzukämpfen.

So sah sie ihre einzige Chance für etwas Bestätigung und Beachtung darin, Trotz und Rebellion zu kultivieren. Wenigstens in dieser Hinsicht gab es einiges, das sie sich von ihrer großen Schwester abgucken konnte. Wo immer sich die Gelegenheit bot, tanzte das junge Mädchen nun aus der Reihe. Dabei ging es dem heranwachsenden Teenager überhaupt nicht darum, ihre Freunde, die Geschwister oder gar die Eltern zu verletzen, sondern vielmehr darum, sich selbst zu schützen. Denn was nach außen hin wie Aufsässigkeit aussah, war in Wirklichkeit der verzweifelte Versuch, sich einen Platz in der Familie und Anerkennung in der Gesellschaft zu erobern. Stephanie wollte nicht als Prinzessin oder Tochter des Fürsten geliebt und geachtet werden, sondern als eigenständige Persönlichkeit mit vielen Talenten und einer großen Sehnsucht nach Harmonie und Freundschaft.

In der Erinnerung ihres Vaters blieb der Teenager ein »wahrer Plagegeist«. Richtig wütend konnte Rainier dennoch nie werden, denn sobald er in Stephanies Gesicht blickte, erkannte er in ihren entschlossenen Zügen immer wieder sich selbst. Ihr enormer Durchsetzungswille und ihr ausgeprägter Sinn für Gerechtigkeit waren für ihn alte Bekannte aus seiner eigenen Sturm- und Drangzeit. Und tief in seinem Herzen musste er zugeben, dass er sehr stolz auf seine unbeugsame Tochter war.

Mit heimlicher Besorgnis bemerkte Gracia Patricia zu Beginn der achtziger Jahre, dass ihr Nesthäkchen Stephanie, genau wie ihre Schwester, zu einer wunderschönen Rose erblühte. Die Männer drehten sich nach ihr um, als sie noch keine siebzehn Jahre alt war. Und immer häufiger tauchten in den Zeitungen neben den Artikeln über Caroline auch Berichte über die neuesten Eskapaden ihrer jüngsten Tochter auf.

Es dauerte nicht lange, und dann passierte natürlich das,

wovor sich Mama Gracia insgeheim schon lange gefürchtet hatte: Ihr süßer Teenager wurde fortgeschwemmt von den wilden Wogen der ersten Liebe, und in ihrem Kopf wirbelten die verrücktesten Vorstellungen von Glück und Leidenschaft durcheinander.

Stephanie hatte so viele Schmetterlinge im Bauch, dass sie sich unmöglich noch länger auf die Schule oder andere Pflichten konzentrieren konnte. Am liebsten hätte die verliebte Prinzessin vor Glück die ganze Welt umarmt! Der junge Mann, der ihr Herz erobert hatte, hieß Paul Belmondo und war der Sohn des französischen Weltstars Jean-Paul Belmondo, der mit der fürstlichen Familie befreundet war. Paul sollte, wie sich im Laufe der Jahre zeigte, der erste einer ganzen Galerie von Männern sein, die Stephanie phasenweise auf ihrem Lebensweg begleiten durften.

Für die Fürstin war diese Zeit als Mutter sehr schwer. Zwei Töchter voller Liebesflausen im Kopf zu bändigen kam einem Dompteurskunststück gleich. Und so beschloss Gracia Patricia nach Absprache mit ihrem Mann im September des Jahres 1982, mit ihrer jüngsten Tochter auf den Landsitz Roc Agel zu fahren.

Mutter und Tochter, so stellte sich Gracia vor, sollten in der herrlichen Landschaft der Berge, an diesem Ort, der mit so vielen wundervollen Erinnerungen für sie beide verknüpft war, ganz allein sein. Und die Fürstin hoffte sehr, dass es ihr gelingen würde, mit ihrer Tochter Stephanie in aller Ruhe und mit viel Zartgefühl über die Zukunft zu sprechen, über die Liebe und das Leben.

Was Mutter und Tochter damals miteinander besprachen, wird die Nachwelt nie erfahren, denn Stephanie weigert sich bis heute, darüber auch nur ein einziges Wort zu verlieren. Sie äußerte sich nur indirekt: »Meine Mutter hatte unendlich viel

Lebenserfahrung. Für mich war diese Unterredung sehr wertvoll, denn es war das letzte Gespräch mit Mama.«

Auf dem Weg zurück von Roc Agel nach Monte Carlo verunglückten Mutter und Tochter am 13. September 1982 auf der Bergstraße zwischen La Turbie und Monaco, als Gracia die Kontrolle über den Landrover verlor und eine vierzig Meter tiefe Böschung hinabstürzte. Stephanie erlitt schwere Verletzungen an der Halswirbelsäule und wurde zusammen mit Fürstin Gracia in die Klinik von Monte Carlo eingeliefert. So konnte sie nicht an der Seite ihrer Mutter sein, als diese einen Tag nach dem Unfall starb. Weinend fragte Stephanie in der Nacht vom 13. auf den 14. September immer wieder nach ihr, doch keiner wagte ihr zu sagen, was vorgefallen war.

Erst am frühen Morgen nach Gracias Tod brachte es Rainier über sich, der immer noch im Krankenhaus liegenden Stephanie ganz behutsam die grausame Wahrheit beizubringen. Es brach dem gramgebeugten Monarchen fast das Herz, seiner Kleinen das antun zu müssen. Für Vater und Tochter waren diese Gespräche im tiefen Schock schicksalhafte Momente, die sie noch inniger miteinander verbanden.

Ab jenem verhängnisvollen Tag verwandelte sich das fröhliche Monegassenkind in Prinzessin Kummer. Die Bilder ihrer leblosen, verletzten Mutter hatten sich unauslöschlich in Stephanies Herz gebrannt, und sosehr sie sich auch dagegen wehrte, es tauchten immer wieder die geisterhaften Szenen vor ihrem inneren Auge auf. Alle in ihrem familiären Umfeld bemühten sich, dem Teenager bei der Bewältigung des schrecklichen Unglücks und dem Verlust der Mutter zu helfen. Besonders Bruder Albert erinnerte sie immer wieder an ihre gesellschaftlichen Pflichten und zeigte sich mit ihr in den darauf folgenden Jahren auf den traditionellen Rotkreuz- und Rosenbällen, auf denen einst schon ihre Mutter durch ihre einzigartige Aura geglänzt hatte.

Stephanie hat sich dennoch ihr Leben lang nie vom Schreckgespenst des tragischen Unfalls befreien können. Vor ihr lagen Jahre voller Selbstvorwürfe, Zweifel und einer fast orientierungslos wirkenden Suche nach sich selbst. Dies führte immer wieder zu verzweifelten Versuchen, die Fesseln der Vergangenheit und die der höfischen Etikette zu sprengen, ohne die Gunst ihrer Familie, besonders aber den Schutz des Vaters und des Bruders zu verlieren. Seit Gracias Tod gleicht Stephanies Leben einem Balanceakt ohne Netz und doppelten Boden, es scheint aus einer willkürlich anmutenden Aneinanderreihung von atemberaubenden Spannungsmomenten zu bestehen, wie man sie aus der Zirkusmanege kennt. Die Fürstentochter hatte schon früh ihr Herz an den Zirkus verloren, genau wie ihr Vater. Bei jeder Zirkusveranstaltung in Monte Carlo sah man die beiden einträchtig nebeneinander sitzen und andächtig die tollkühnen Artisten bewundern. Diese ganz besondere Mischung aus Akrobatik, Nervenkitzel und Nomadenleben zog sie beide geradezu magisch an und wirkte ins Alltagsleben hinüber: Stephanie sollte später gleich zweimal ihr Herz an einen Artisten verlieren.

Unterstützt von der ganzen Familie, begann Stephanie nach Gracias Tod schließlich Mode-Design zu studieren, genau wie sie es vor dem schrecklichen Unfall mit ihrer Mutter besprochen hatte. Doch durchhalten konnte die Prinzessin diese Ausbildung nicht, denn bei allem, was sie tat, zog sich ihr Herz schmerzhaft zusammen, raubte ihr die Erinnerung an das tragische Unglück schier die Luft zum Atmen.

Trotzdem blieb die Prinzessin der Haute Couture zunächst verbunden und versuchte sich im Hause *Dior* als Assistentin des Modeschöpfers Marc Bohan, der schon Carolines Hochzeitskleid entworfen hatte. Auch dieses Vorhaben dauerte nur kurze Zeit, danach zog Stephanie es vor, selbst auf dem Catwalk zu laufen. Stephanie hatte eine durchtrainierte Figur und ein ausdruckvolles Gesicht, das dem ihrer Mutter in diesen Jahren sehr stark ähnelte – kein Wunder also, dass sich die Modewelt und die Fotografen um das adelige Model rissen. Ein viel versprechender Einstieg, der jedoch durch die innere Unruhe der Fürstentochter nicht in einen nachhaltigen Erfolg umgemünzt werden konnte. Wieder brach Stephanie bald alle Brücken hinter sich ab und kehrte in den Palast zu ihrem Vater zurück.

Im Sommer 1986 hatte es sich Stephanie plötzlich in ihren hübschen Kopf gesetzt, eine berühmte Rock-Sängerin zu werden, ein Star auf der Bühne. Hartnäckig und zielstrebig, wie sie sein konnte, schaffte sie es tatsächlich, sich mit dem Song »Live your Life« aus der LP »Irresistible« 18 Wochen lang in den internationalen Top Ten zu halten. Überall vibrierte die Luft im Rhythmus ihres Liedes, weil es so treffend die Sehnsucht einer Jugendgeneration besang. Und es drückte aus, wonach sich die rockende Prinzessin im goldenen Monaco-Käfig selbst sehnte: nämlich ihr eigenes Leben leben zu dürfen.

Noch in demselben Jahr eröffnete Stephanie in Monte Carlo ein Geschäft, das eine Mischung aus Café und Boutique war – natürlich mit Sitz in der Rue Grimaldi.

Als Hofberichterstatter hört man immer wieder die unglaublichsten Geschichten. Und als man mir damals erzählte, dass Prinzessin Stephanie häufig persönlich in ihrem Geschäft anzutreffen sei und dort höchstselbst als Verkäuferin tätig war, wollte ich dies zunächst nicht glauben.

Bei meinem nächsten Besuch in Monaco nutzte ich gleich die Gelegenheit, meine Informationen nachzuprüfen. Ich betrat das Geschäft und blickte mich erst einmal um. Links vom Eingang war die Jeansboutique, auf der rechten Seite ein Café. Alles war sehr geschmackvoll eingerichtet und in modernen, kräftigen Farben gehalten. Ich setzte mich in das Café und

Rockröhre Stephanie – ein Karriereversuch von vielen im Leben der wilden Prinzessin

bestellte einen Espresso und ein Glas Mineralwasser. Mein Blick war direkt auf die Boutique gerichtet, und als ich mir eine Zigarette angezündet hatte, verschluckte ich mich fast am ersten Zug, denn plötzlich erkannte ich tatsächlich Stephanie, die gerade einer jungen Dame einen mit Strasssteinen besetzten Jeansanzug verkaufte. Die Prinzessin trug eine dunkelblaue Cordhose und ein pinkfarbenes T-Shirt, das ihr ausgezeichnet stand. Nach zehn Minuten zahlte ich meine Getränke und ging in die Boutique hinüber. Freundlich begrüßte ich die Prinzessin und ließ mir meine Verwunderung nicht anmerken. Sie umgekehrt auch nicht, obwohl sie mich erkannte. Wir waren in diesem Augenblick nicht Journalist und Fürstentochter, sondern einfach nur Kunde und Verkäuferin. Aber was sollte ich bloß kaufen? Die Sachen waren alle ziemlich ausgeflippt.

Schließlich sagte ich zu der Prinzessin, dass ich einen Pullover für meine Schwester suche.

»Welche Größe hat Ihre Schwester?«, fragte sie mich.

»Keine Ahnung«, antwortete ich ehrlich und fügte sofort hinzu: »Aber sie hat genau Ihre Figur.«

Lächelnd führte mich Stephanie zu einem Regal und meinte: »Dann wird ihr hiervon sicher etwas passen.«

Ich entschied mich für einen erdbeerfarbenen Pullover und zahlte bei Prinzessin Stephanie mit Kreditkarte. Dann verabschiedeten wir uns freundlich voneinander. In diesem Buch habe ich mich zum ersten Mal dazu entschlossen, über diese denkwürdige Begegnung zu berichten, weil sie die bodenständige Seite der Prinzessin zeigt.

Stephanies musikalisches Interesse verschwand genauso schnell, wie es erblüht war. Nun wollte sie wieder zum Mode-Design zurückkehren und entwarf unter dem Markennamen »Pool Position« Bademoden, die wirklich hübsch waren. Aber leider wurde ihr Herz durch diese Tätigkeit ebenfalls nicht von seiner Unrast befreit. Wieder entbrannte Stephanie für neue Pläne, floh einem neuen Lebensentwurf entgegen und damit auch neuen Männern. Sie fand keinen Ort, keine Beschäftigung, die ihre innere Zerrissenheit hätten heilen können. In diesen Zeiten fühlte sich der Fürst oft rat- und hilflos. Er liebte seine Jüngste über alles, mochte ihre direkte Art, bei Diskussionen ihren Standpunkt zu vertreten und ihren Dickkopf durchzusetzen. All diese Charakterzüge erinnerten ihn weiterhin sehr an seine eigene widerstandsreiche Jugend. Ihn jedoch hatten im Laufe der Jahre das Leben und die Pflichten den Umgang mit der Diplomatie gelehrt. Bei Stephanie hingegen schienen alle Bemühungen vergebens zu sein – sobald sie das Gefühl bekam, dass man sie bedrängte, stellte sie sich stur. Weder Lob noch Drohungen konnten daran etwas ändern, und

Auch Anthony Delon, Sohn des berühmten Schauspielers Alain Delon, gehörte zu der Reihe von Stephanies Verehrern

das bereitete Rainier großen Kummer. So blieb ihm häufig nichts anderes übrig, als sich an seinen Stolz auf die unbeugsame Tochter zu klammern, wenn wieder einmal eine neue Hiobsbotschaft in sein Palastbüro drang. Und davon gab es wahrlich nicht wenige.

Immer wieder tauchten neue Begleiter an der Seite von Stephanie auf – von Schauspielersohn Paul Belmondo über Formel-1-Pilot Alain Prost bis hin zu Plattenproduzent Ron Bloom. Wie ein bunter Schmetterling flatterte die unbeständige Prinzessin von Romanze zu Romanze, suchte mal hier, mal dort nach Zärtlichkeit. Nur einfangen ließ sich Stephanie erst einmal nicht. Das änderte sich erst, als sie Anfang der neunziger Jahre Daniel Ducruet traf. Der Ex-Polizist und frühere Eisverkäufer und Fischhändler war zu der Zeit Leibwächter der fürstlichen Familie und Stammgast in ihrem Jeans-Café in der Rue Grimaldi. Daniel Ducruet eroberte sowohl das Vertrauen als auch das Herz der eigenwilligen jungen Frau.

Vater Rainier war bis dahin zwar schon Kummer gewohnt, geriet aber trotzdem außer sich, als er von Stephanies neuester Liebschaft hörte. Und sein Herz drohte fast stillzustehen, als sie auch noch darauf bestand, diesen Mann zu heiraten. Rainier wusste sich nicht anders zu helfen, als ein Heiratsverbot über seine Jüngste zu verhängen, denn ihm war klar, dass er sie niemals mehr in ihre Schranken verweisen könnte, wenn er dieses eine Mal nachgab. Also blieb er eisern bei seinem Nein, obwohl Stephanie mit allen Mitteln versuchte, sein strenges Vaterherz zu erweichen. Anscheinend hatte der Fürst in dieser besonderen Situation verdrängt, wie stur Stephanie sein konnte, wenn sie von einem Vorhaben besessen war. Kein noch so ernstes Gespräch konnte sie erreichen – Stephanie, immerhin schon 25 Jahre alt, stellte sich taub für Rainiers mahnende Worte. Sie fühlte sich vom Vater unverstanden und um der Staatsräson willen verraten. Keines seiner gut gemeinten Argumente konnte an ihr liebeskrankes Herz appellieren.

Schließlich griff Stephanie zu einer List. Sie wusste, dass ihr Vater ganz vernarrt in die Kinder ihrer Schwester Prinzessin Caroline war, und wenn es so weit wäre, dass *sie* erst einmal *ihr* Baby in seine Arme legen würde, dann, davon war sie überzeugt, würde er ihr schon noch seinen Segen zu der Hochzeit geben. Und so wurde Prinzessin Stephanie schwanger und gab am 26. November 1992 die Geburt ihres ersten Kindes, eines Sohnes, bekannt, für den sie den traditionsreichen Namen Louis Robert Paul wählte – Louis, wie wir wissen, hieß der Großvater von Rainier.

Doch Stephanies Rechnung ging nicht auf. Ihr Vater stimmte einer Heirat mit Ducruet trotz Baby nicht zu. Aber auch Stephanie gab nicht auf, und zwei Jahre später, am 4. Mai 1994, kam Tochter Pauline Grace Maguy in Monaco zur Welt. Nun war es endlich so weit, dass der Fürst seiner Tochter die Ehe mit Ducruet nicht länger verweigern wollte.

Am 1. Juli 1995, ein gutes Jahr nach Paulines Geburt, fanden sich Stephanie und Daniel tatsächlich zum Anlass ihrer standesamtlichen Trauung im Rathaus von Monte Carlo ein. Und

Offizielles Hochzeitsfoto von Prinzessin Stephanie mit Daniel Ducruet, dem Vater ihrer beiden Kinder Louis und Pauline

zur großen Freude der strahlenden Braut hatte ihr Vater sein Nesthäkchen an diesem Tag nicht allein gelassen und war mitgekommen. Gefeiert wurde damals im engsten Familienkreis, und dieser war sogar so eng, dass nicht einmal Schwester Caroline bei dem Fest anwesend war. Als das offizielle Foto des Brautpaars mit Rainier ein paar Tage später in den Zeitungen erschien, konnte jedoch nichts darüber hinwegtäuschen, dass auf dieser Ehe nicht der Segen des Vaters lag. Das Verhältnis zu seinem Lieblingskind war trotz der Versöhnung schwer angeschlagen. Nur den beiden süßen Enkeln zuliebe hatte der Fürst der Ehe mit Ducruet zugestimmt. Sie sollten, wenn schon nicht standesgemäß, so doch wenigstens in geordneten Verhältnissen aufwachsen.

Stephanie aber war am Ziel ihrer Wünsche angelangt und blühte in ihrer Mutterrolle auf. Doch dann schien es, als habe das Schicksal wieder einmal nur einen bösen Schabernack mit ihr getrieben – ihr Traum zerplatzte von einem Tag auf den anderen wie eine Seifenblase. In der italienischen Boulevard-Presse tauchten ungefähr ein Jahr nach der Hochzeit völlig unerwartet Fotos ihres Mannes Daniel auf, den Paparazzi beim Liebesspiel mit der belgischen Stripperin Fili Houteman erwischt und gnadenlos in allen eindeutigen Positionen fotografiert hatten. Kurz darauf hatte die Skandalnachricht die Runde gemacht, und alle europäischen Magazine veröffentlichten die Bilder des untreuen Ehemanns. Erneut stand Stephanie im Mittelpunkt der Presse, doch dieses Mal hatte sie den Skandal nicht provoziert. Im Gegenteil, die Prinzessin stand unter Schock. Entsetzt flüchtete sie mit ihren Kindern in den Palast zu ihrem Bruder Albert, dem es nur mit großer Mühe gelang, seine völlig verstörte Schwester zu beruhigen. Stephanie kam sich entsetzlich verloren vor: Ausgerechnet der Mann, für den sie wie besessen gekämpft hatte, verriet sie nun so schmählich. Hatte sie sich nicht sogar seinetwegen fast mit ihrem innig geliebten Vater für immer überworfen? Wie sollte sie jetzt dem Fürsten unter die Augen treten? Jetzt, wo sich all seine Befürchtungen bewahrheitet hatten?

Rainier war erschüttert. Wie gerne hätte er es in Kauf genommen, Unrecht zu haben, wenn dafür seine Kleine glücklich geworden wäre. Und natürlich verzieh er seiner Lieblingstochter wieder einmal und schloss sie tröstend in die Arme. Allerdings stellte er eine Bedingung: Stephanie musste sich sofort scheiden lassen, denn eine derartige öffentliche Demütigung durfte sich eine Grimaldi nicht gefallen lassen. Völlig verzweifelt gehorchte Stephanie und gab kurz darauf die Trennung von ihrem Mann Daniel Ducruet bekannt. Die verlorene Tochter kehrte ins Haus des Vaters zurück, und bereits im Oktober 1996 wurde die Scheidung ausgesprochen. Stephanie erhielt das Sorgerecht für beide Kinder. Die Ehe mit Daniel Ducruet hatte gerade einmal fünfzehn Monate gehalten.

Eine ganze Weile blieb es ruhig um Stephanie, die wieder Kraft schöpfen musste, und ihr einziger Halt dabei waren ihr Vater und ihr Bruder Albert. Nach und nach kehrte sie mit deren Unterstützung wieder in die Normalität zurück, übernahm schließlich sogar freiwillig Repräsentationspflichten für ihr Land, war öfter an der Seite ihres Vater zu sehen und legte sich einen neuen, eleganteren Look zu. Um ihre Kinder kümmerte sich Stephanie rührend und mit großer Liebe. Schließlich fand sie sogar mit ihrem Ex-Mann Ducruet einen vernünftigen Umgangston, so dass die Kinder, deren Wohl für Stephanie immer im Vordergrund stand, unter der Trennung von ihrem Papa nicht allzu sehr leiden mussten.

Als sich Stephanies verletzte Seele gerade einigermaßen erholt hatte, drohte eine neue Nachricht ihr den Boden unter den Füßen wegzuziehen: Es stellte sich nämlich heraus, dass die Liebesspiele am Pool eine Falle für Ducruet gewesen waren, in die er prompt hineingetappt war. Wer es gewesen war, der das Glück der beiden zerstören wollte, kam jedoch nie heraus. Es wäre ohnehin zu spät gewesen; die Wunde in Stephanies Herz war zwar verheilt, hatte aber Narben des Misstrauens gegen Daniel hinterlassen. Die beiden hatten zwar versucht, wieder dort anzuknüpfen, wo ihr Glück zerbrochen war, doch der Versöhnungsversuch scheiterte an Stephanies Zweifeln. Tief in ihrer Seele hatte sich eingebrannt, dass sie ihm nie wieder würde trauen können.

Die Monegassen atmeten erleichtert auf, als sie merkten, dass das Schlimmste überstanden war. Sosehr sie ihre Stephanie auch bedauert hatten, jetzt sah es so aus, als hätte diese furchtbare Enttäuschung sie zu einer reifen Frau gemacht.

Wieder einmal sollten sich alle täuschen. Einsamkeit und mit ihr die Sehnsucht nach Geborgenheit und Zärtlichkeit trieben Stephanie erneut in die Arme der Männer. Immer wieder tauchte sie mit neuen Begleitern auf – Skilehrer, Segeltrainer oder andere Herren, die eine deutlich andere Position in der Gesellschaft innehatten als die Prinzessin. Doch Stephanie war das egal, sie nahm sich, was sich ihr an gut aussehenden Männern bot, und gefiel sich wieder in der Rolle der Rebellin. Dies blieb Fürst Rainier natürlich nicht verborgen, und so wurde das Verhältnis zu ihrem Vater erneut auf eine harte Zerreißprobe gestellt.

Natürlich ließ auch die nächste ernsthafte Hiobsbotschaft in dieser Sache nicht lange auf sich warten. Jean-Raymond Gottlieb hieß der Auserwählte und war ein Hüne von Mann, groß, blond und sehr gut aussehend. Von Beruf übrigens – Skilehrer. Verständlich, dass dem Fürsten Stephanies unstandesgemäße Wahl überhaupt nicht gefiel. Doch der sonst so mächtige Regent konnte seine Tochter wieder einmal nicht zur Vernunft bringen – trotz der bitteren Erfahrung, die Stephanie mit Ducruet hatte machen müssen. Kopfschüttelnd nahm er ihre Beichte zur Kenntnis, dass sie auch von diesem Mann, mit dem sie nur eine kurze Affäre gehabt hatte, ein Baby erwartete.

Die kleine Camille Marie Kelly kam am 15. Juli 1998 zur Welt. Jean-Raymond, der unfreiwillige Vater, erschien mit einem dicken Strauß roter Rosen an Stephanies Bett – sonst war niemand gekommen. Nur Albert hielt wieder einmal zu seiner Schwester und besuchte sie und seine neue Nichte heimlich ein paar Tage später im Krankenhaus. Stephanie aber hatte endlich realisiert, dass sie im Begriff war, die Gunst des Vaters ein allerletztes Mal aufs Spiel zu setzen, und deswegen kam für sie eine Heirat mit Camilles Vater von vornherein nicht in Frage. Sie hatte sich bereits vor der Geburt in aller Freundschaft von ihm getrennt. Jean-Raymond Gottlieb erkannte aber die Vaterschaft auf dem Standesamt von Monaco offiziell an.

Stephanie liebt ihre Kinder über alles und ist ihnen eine gute Mutter. Trotzdem zog auch nach der Geburt des dritten Kindes keine Ruhe in ihr Leben ein, und die rastlose Suche nach Liebe ging weiter. In seiner Enttäuschung über die letzte Eskapade seiner Jüngsten dachte Rainier sogar kurz darüber nach, ihr die Apanage zu streichen, um sie in Zukunft vor unliebsamen Mitgiftjägern zu schützen. Aber würde es wirklich helfen? Schließlich war seine Tochter ein eigenständiger, erwachsener Mensch.

Ausgerechnet die Zirkuswelt, der Vater und Tochter gleichermaßen verfallen waren, sollte der Prinzessin zum nächsten Verhängnis werden. Als Stephanie bei einem der weltberühmten Zirkus-Festivals von Monaco dem berühmten Schweizer Zirkusdirektor Franco Knie eine Trophäe überreichte, verliebte sie sich in den um zehn Jahre älteren, verheirateten Mann, und noch am gleichen Abend nahm die Katastrophe ihren Lauf. Stephanie, sich ihrer Macht über die Männer durchaus bewusst, brach hemmungslos in die Ehe des Schweizers ein. Sie setzte alles daran, Franco Knie für sich zu gewinnen, und schien nicht eine Minute daran zu denken, dass sie damit eine Familie zerstörte und einem kleinen Kind den Vater nahm. Fasziniert von der glitzernden Zirkuswelt, brach sie nun wieder alle Brücken hinter sich ab und wohnte fortan mit ihren drei Kindern in einem riesigen Zirkuswagen. Hier, so glaubte sie zu der Zeit, war ihr Platz auf dieser Welt. Hatte sie sich nicht schon als Kind gewünscht, so vogelfrei wie eine Artistin zu leben? Voilà – jetzt war es so weit. Wie eine Vagabundin reiste sie dem neuen Mann ihrer Träume Auftritt für Auftritt hinterher. Keine Sekunde ließ sie den attraktiven Zirkusdirektor aus den Augen, an dessen Schulter sie sich anlehnen konnte. Franco Knie hatte Lebenserfahrung, wusste mit schwierigen Menschen umzugehen und war von Stephanie bezaubert. Auf einen Mann wie ihn hatte sie die ganzen Jahre über gewartet, davon war sie felsenfest überzeugt …

Doch wieder einmal hatte sie sich selbst etwas vorgemacht, und so kam es, wie es kommen musste: Im Jahr 2002 trennte sich Prinzessin Stephanie von dem Schweizer Zirkusdirektor und begann eine Liaison mit einem Kellner. Auch diese Verbindung dauerte nur vier Monate, dann kehrte ihr Herz wieder zum Zirkus zurück: Das neue Objekt ihrer Liebe war der portugiesische Artist Adans Lopez Peres – pikanterweise ein Künstler des Zirkus Knie.

Während jener knapp drei Jahre ihres Lebens am Rande der Manege tauchte Stephanie kaum noch in Monaco auf. Dafür aber sahen die Monegassen ihre kleine Prinzessin auf Fotos in ziemlich ungewöhnlicher, um nicht zu sagen ungepflegter Kleidung: vor einem Wohnwagen stehend, rauchend und mit einer Dose Bier in der Hand … Viele Beobachter befürchteten, dass Stephanie für Monaco endgültig verloren war.

Die rebellische Prinzessin hatte auch allen Grund, sich zu Hause nicht mehr allzu oft blicken zu lassen. Ihr Vater hatte es zwar aufgegeben, sie zur Räson bringen zu wollen, doch war er mit ihrem Lebenswandel keineswegs einverstanden, nein, er machte sich Jahr um Jahr größere Sorgen. Was konnte er noch tun? Seit dem Tod seiner Frau hatte er alles versucht, um den Wildfang Stephanie zu bändigen, doch wenn es um diese seine jüngste Tochter ging, das wurde ihm ein ums andere Mal bewusst, fehlten ihm die klugen Ratschläge seiner Frau ungemein. Inzwischen war aus dem Nesthäkchen längst eine erwachsene Frau geworden, die Mutter von drei Kindern. Er musste sie gewähren lassen, ob es ihm gefiel oder nicht. Also litt er stumm, und der Kummer nagte an seinem Herzen.

Stephanie ahnte sehr wohl, welche Gedanken ihrem Vater durch den Kopf gingen, und sie fühlte sich schrecklich, wenn sie an ihn dachte. Einerseits wollte sie ihrem geliebten Papouret nicht schon wieder wehtun, andererseits trieb sie eine unwiderstehliche Kraft weiter dazu an, dem Ruf der Liebe und den verschlungenen Pfaden ihres Lebens zu folgen – und das notfalls auch ohne den Segen des Vaters. So gewann ihre Rastlosigkeit einmal mehr den inneren Kampf, als sie sich völlig überraschend dazu entschloss, am 12. September 2003 den portugiesischen Artisten Adans Lopez Peres in aller Heimlichkeit in der Schweiz zu heiraten. Es war wohl die traurigste Hochzeitsfeier, die man sich vorstellen kann: keine Gratulanten aus der Familie, keine romantische Feier, keine Geschwister, keine Verwandten – weder von seiner Seite noch von ihrer. Ganz allein saß das junge Paar in einem Restaurant und stieß auf sein frisch besiegeltes Glück an. Schon ein wenig beschwipst von dem Champagner, wählte Stephanie endlich die Telefonnummer des Fürstenpalastes – und gestand ihrem Vater in schmeichelnden Worten die Überraschung. Fürst Rainier konnte die Nachricht erst gar nicht begreifen. Seine Kleine hatte wieder geheiratet! Und dieses Mal gänzlich ohne sein Wissen, geschweige denn seinen väterlichen Segen, das war sehr schmerzhaft für den Fürsten. Was hatte er nur falsch gemacht? Warum ließ das Schicksal zu, dass ihn ausgerechnet sein Lieblingskind so enttäuschte?

Stephanie wusste, dass sie dieses Mal endgültig zu weit gegangen war, als ihr Vater auf jeglichen Versuch, eine Versöhnung herbeizuführen, mit sturer Ablehnung reagierte. Er litt, und Stephanie litt darunter, dass er litt. Doch ihre Reue kam zu spät. Vater Rainier zitierte seine Tochter nach Hause, um mit ihr die Details ihrer Zukunft zu besprechen.

Aber Stephanie wäre nicht Stephanie, hätte sie nicht ihre Niederlage geschickt in einen Sieg umzuwandeln gewusst. Sie folgte gehorsam Rainiers Befehl und kam nach Monaco zurück. Aber ohne ihren neuen Mann. Hinter den Palastmauern setzte es ein gewaltiges Donnerwetter. Kleinlaut versprach Stephanie zum ersten Mal bedingungslosen Gehorsam. Sie spürte, dass das gramgebeutelte Herz ihre Vaters nicht mehr viel Kraft hatte – und das machte ihr Angst. Ohne ihn würde ihr der raue Wind des Lebens gnadenlos entgegenwehen.

Nach vielen heftigen Diskussionen verstanden sich Vater und Tochter dann doch wieder. Denn anders als bei Franco Knie reiste Stephanie ihrem Mann Adans nicht überall hinterher. Ihre Besuche bei ihm wurden sogar recht bald verdächtig spärlich. Fast begannen die Monegassen schon Wetten über die Ehedauer abzuschließen, da stellte sie Stephanie wieder vor vollendete Tatsachen: Die Scheidung von Adans Lopez Peres fand am 24. November 2004 statt und dauerte ganze 17 Minuten, über die genauen Gründe ist nichts bekannt. Dabei hatte Stephanies Ex-Mann Daniel Ducruet den beiden doch so viel Glück gewünscht. Er meinte es ehrlich, denn er wollte, dass die Mutter seiner beiden Kinder endlich einen ruhenden Pol in ihrem Leben fand.

Während Albert immer noch treu zu seiner ausgeflippten Schwester stand, hatte sich Caroline mittlerweile wortlos von ihr distanziert, ohne jemals einen Kommentar über das gestörte Verhältnis abzugeben. Trotzdem wusste jeder, dass sie Auftritte in ihrer Heimat vermied, wenn Stephanie daran teilnahm. Stephanie schien das offensichtlich überhaupt nicht zu kümmern. Sie nahm sehr bald ihr unruhiges Liebesleben wieder auf. Zum Leidwesen ihres Vaters entdeckte sie, dass es sogar im Palast gut aussehende, liebenswerte Männer mit grauen Schläfen gab. Und so präsentierte sie der Öffentlichkeit auf einmal den Kammerdiener ihres Vaters als neuen Lebensbegleiter. Bilder voller Vertrautheit tauchten auf, die zeigten, wie der Neue liebevoll ihre drei Kinder betreute und sie wie eine kleine Familie zusammen ein Picknick veranstalteten. Doch auch der Stern dieser Liebe verglühte schnell, woraufhin die liebeshungrige Prinzessin schon bald mehrfach Ersatz für den Verflossenen vorweisen konnte. Die Namen waren austauschbar, mal hieß er Frank und war Croupier im Spielcasino, mal war es ein Fred oder ein Mathieu. Die Namen änderten sich so schnell, dass niemand sich alle merken konnte. Stephanie war das egal, den Monegassen jedoch nicht, denn ihnen gefiel keineswegs, dass Stephanie in Ehen und Familien herumwilderte, und so verlor die jüngste Fürstentochter einiges an Sympathie. Und sogar die ewig zurückhaltende Caroline soll in der Familie gegen das geschmacklose Benehmen ihrer wilden Schwester gemurrt haben. Schließlich hatte Caroline inzwischen durch ihre Heirat mit Seiner Königlichen Hoheit Prinz Ernst August von Hannover engsten Kontakt zu Europas Königshäusern.

Stephanie machte trotzdem, was sie wollte. Sie trieb sich in merkwürdigen Bars herum und feierte ausgelassen bis in den frühen Morgen. Selbst wenige Tage vor ihrem 40. Geburtstag, dem 1. Februar diesen Jahres, führte sie sich wieder wie eine ungezogene Jugendliche auf.

Der Fürst hatte mittlerweile vollkommen resigniert, doch er war zu krank und zu schwach, um ganz mit ihr zu brechen – und er liebte seine Tochter dazu viel zu sehr. Außerdem wusste er ganz genau, dass er sich in letzter Konsequenz doch immer auf sein Nesthäkchen verlassen konnte. Stephanie zeigte in den letzten Monaten seines Lebens ihre andere Seite: Immer war sie für ihren alten, kranken Vater da, war rührend um sein Wohlergehen besorgt und opferte jede freie Minute für ihn. Sie verbrachte Stunden an seiner Seite im Palast, um ihm jeden Wunsch von den Augen abzulesen und trübe Gedanken an Einsamkeit und Tod zu verscheuchen.

Fest davon überzeugt, dass ihr Leben nun endlich die Wende zur Vernunft nehmen könnte, versprach Stephanie ihrem kranken Vater noch kurz vor seinem Tod am 6. April 2005 hoch und heilig, sich zu bessern. »Vielleicht war ich in den Augen der Menschen, die mich nicht persönlich kennen, eine Sünderin«, sagte die Prinzessin nachdenklich in einem Interview. »Aber was ist schon eine Sünde? Die internationale Presse hat so viel über mich geschrieben. Das meiste war an den Haaren herbeigezogen. So wurde ich zur Sünderin ohne Schuld.«

Der neue Lebensabschnitt, der nun begann, sollte ruhig, in Zurückgezogenheit und voller Pflichtbewusstsein verlaufen. Ohne Ausschweifungen, ohne Affären, ohne Alkohol. Ein letztes Mal keimte in Rainiers müdem Herzen echte Hoffnung auf, doch es blieb ihm keine Zeit mehr, den Wandel seiner jüngsten Tochter schützend zu begleiten. Der einzige Mann, der Stephanie nie enttäuscht hatte, betrat das letzte Stück seines Lebenswegs.

Rainiers Gesundheitszustand verschlechterte sich rapide vor den Augen Stephanies. Sein Herz war alt und verbraucht, die Lungen seit langem von Krankheit befallen. Stephanie war klar, dass nun bald der gefürchtete Abschied für sie beide kommen würde. So mutig sie sich allen Widerständen des Lebens gestellt hatte, jetzt ergriff langsam eine lähmende Angst von ihr Besitz. Nun musste sie die Rolle der Starken übernehmen, und so wich sie nicht mehr von der Seite ihres todkranken Vaters.

Erinnerungen stiegen in ihr auf, wie sie erst vor kurzem mit dem bereits sehr schwachen Rainier ein letztes Mal das Zirkusfestival besucht hatte. Als er sich mit Tränen in den Augen vom Zirkus verabschiedete, schien auch Stephanie dem Zusammenbruch nahe. Ihr Blick und ihre zärtliche Geste, mit der sie den erschütterten Vater im Januar 2005 aus der Zirkusloge hinausbegleitete, ließ die Zuschauer den Atem anhalten, weil plötzlich eine Atmosphäre der Liebe die Manege erfüllte, die alle spürten. Alle wussten in diesem Moment, dass nun der Abschied von ihrem geliebten Landesvater begann. Und alle bedauerten die Prinzessin. Mit seinem Tod würde sie mehr verlieren als nur den Vater. Sie würde fortan ohne seine Sicherheit, seinen Schutz und vor allem seine grenzenlose Liebe leben müssen.

Die Tage flossen nun quälend zäh dahin, während Rainiers Lebenskraft mehr und mehr schwand. Stephanie entfernte sich keine Sekunde mehr von seinem Bett, wenn er bei Bewusstsein war. Sie hielt seine Hand, tupfte ihm den Schweiß von der Stirn und flüsterte liebkosende Worte. Gemeinsam tauchten sie noch einmal in die Vergangenheit ein, beschworen heitere und traurige Erinnerungen herauf. Nur manchmal, wenn Rainier vor Erschöpfung schlief, trat die Prinzessin auf den Balkon des Krankenhauszimmers, um eine Zigarette zu rauchen. Wie ein Häufchen Elend stand sie dann an die Brüstung gelehnt, mit tiefen Rändern unter den Augen, blass und schmal wie schon lange nicht mehr. Stephanie war im christlichen Glauben erzogen worden, und so betete sie in ihrer Verzweiflung immer wieder um das Leben ihres Vaters. Noch nie hatte sie sich so sehr gefürchtet wie in jenen Stunden kurz vor seinem Tod, als sie im Begriff war, das Teuerste und Wichtigste in ihrem Leben zu verlieren: den Menschen, der sie 40 Jahre lang so bedingungslos geliebt hatte, wie es eben nur ein Vater vermochte.

Am Morgen des 6. April 2005, um 6.35 Uhr, zerschnitt der Tod dieses starke Band der Liebe für immer.

10

Abschied von Rainier

»Für immer vereint
mit Gracia«

Am 31. März 2005 flog ich zu Recherchezwecken nach Monaco und checkte wie immer im *Hôtel de Paris* ein, und ich merkte sofort, dass die Stimmung im Fürstentum sehr gedrückt war. Um mir nach meiner Ankunft ein wenig die Beine zu vertreten, besuchte ich Madeleine, die Blumenhändlerin, in ihrem kleinen Geschäft. Wir freuten uns sehr über das Wiedersehen und gaben uns Küsschen links und rechts auf die Wange.

»Monsieur Loh«, fragte sie mich, »brauchen Sie einen Strauß für eine unserer Prinzessinnen?«

Ich schüttelte den Kopf und erwiderte: »Nein, Prinzessin Caroline und Prinzessin Stephanie geben momentan keine Interviews.«

Madeleine nickte und richtete eine Klammer in ihrem leicht ergrauten Haar. »Ja, ich weiß«, flüsterte sie mit trauriger Stimme. »Es ist wegen des *patron*. Heute Morgen war ich wieder in der Kirche und habe für ihn gebetet. Wir haben alle Angst, unseren Beschützer zu verlieren.« Mit diesen Worten drehte sie sich um und schaute auf das große Foto von Fürst Rainier, das hinter ihr über dem Ladentisch hängt. »Er ist ein guter Mann.«

Ich stimmte Madeleine zu und nahm sie tröstend in den Arm. Dann griff ich in meine Tasche und überreichte ihr eine

Schachtel Pralinen, die ich ihr in guter alter Tradition aus München mitgebracht hatte.

Sie lächelte mich an und steckte mir, wie immer, eine gelbe Rose an das Revers meines Jacketts.

Als ich ihr Geschäft verließ, winkte sie mir nach, und ich hatte mich fast schon umgedreht, als mich eine ungewohnte Bewegung innehalten ließ. Da bemerkte ich, dass Madeleine hinter der Glastür stehen geblieben war und seufzend zum Palast hinaufsah. Man konnte diese Geste in jenen Tagen häufig in Monte Carlo beobachten, denn überall fürchtete man den Augenblick, in dem die Fahne mit dem Fürstenwappen auf Halbmast sinken würde …

Die Sorge um den kranken Fürsten war bei allen Monegassen das vorherrschende Gesprächsthema. Seit dem 7. März 2005 lag Rainier nun schon auf der Intensivstation des *Centre Cardio Thoracique*, des Herz-Lungen-Zentrums von Monte Carlo.

Die behandelnden Ärzte bezeichneten den Gesundheitszustand des Monarchen als äußerst besorgniserregend und ließen verlauten: »Sollten die Monegassen die Hoffnung haben, dass er sich wieder erholt, so entspricht das leider nicht den medizinischen Tatsachen.«

Dieser Satz traf die Bevölkerung des Zwergstaats mitten ins Herz. Alle hatten gedacht, dass ihr Landesvater, wie früher so oft geschehen, es auch dieses Mal wieder schaffen würde – schließlich war ihr Regent hart im Nehmen und noch härter im Kämpfen.

Im November 1994 hatte das Herz des Fürsten zum ersten Mal gestreikt, und Rainier hatte sich einer zweifachen Bypass-Operation unterziehen müssen. Zwar wollte er nach diesem schweren Eingriff mit dem Rauchen aufhören, doch das Vorhaben scheiterte. Fünf Jahre später, im Dezember 1999, erkrankte Rainier wieder sehr schwer und musste sich in der Folge einer heiklen Operation an der Bauchschlagader unterziehen. Zehn Tage später wäre er fast an einer Infektion gestorben, doch er kämpfte und überlebte. Nur wenige Monate darauf, im Februar 2000, wurden ihm Teile des linken Lungenflügels wegen dringenden Krebsverdachts entfernt, dann verschlimmerte sich Ende Februar 2000 sein Zustand, und es kam zu einer Notoperation: Lungenkollaps!

Im Dezember 2003 erlitt der Fürst einen schweren Herzanfall, der seine gerade im Jahr zuvor auskurierte heftige Lungeninfektion fast wie eine Lappalie aussehen ließ – was sie aber natürlich nicht war.

Im Januar 2004 wurde schließlich bekannt, dass der Fürst wegen allgemeiner Erschöpfung für drei Wochen in das Herz-Lungen-Zentrum von Monte Carlo eingeliefert worden war. Zwar schien sein Körper gut auf die Behandlungen dort zu reagieren, doch kaum war der Fürst wieder einigermaßen auf den Beinen, folgte im Februar 2004 ganz plötzlich eine nächtliche Notoperation: akute Herzbeschwerden mit gefährlichen Symptomen an den Koronargefäßen. Kurz: Der Strom besorgniserregender Neuigkeiten über den Gesundheitszustand des Fürsten wollte und wollte nicht abreißen, und die Monegassen kamen aus ihrer großen Sorge um den *patron* einfach nicht mehr heraus.

Im Oktober 2004 diagnostizierten die Ärzte wieder eine schwere Lungeninfektion, die Rainier fast ununterbrochen ans Bett fesselte.

Nur seinem eisernen Willen und der Unterstützung seitens der Familie war es zu verdanken, dass er anlässlich des Zirkusfestivals im Januar 2005 die Kraft fand, sein geliebtes Manegenspektakel ein letztes Mal zu besuchen. Die Öffentlichkeit war schockiert über den schlechten Zustand des Fürsten, als die Bilder des Festivals in den Zeitungen und Illustrierten erschienen: Rainier schien um Jahre gealtert zu sein, Gesicht und Körper waren von der Krankheit gezeichnet.

Doch als er sich nach der Vorstellung mit Tränen in den Augen von seinen Freunden und Untertanen verabschiedete, erstand vor allen, die zusehen durften, noch einmal das Bild ihres mächtigen, charmanten und gütigen Landesvaters in seiner vollen Blüte.

Am 7. März 2005 waren Herz und Lunge des Monarchen erneut so geschwächt, dass er in die Klinik eingeliefert werden musste – zum letzten Mal.

Vom Krankenbett aus ließ der geplagte Fürst verlauten: »Ich habe schon so viele Menschen, die ich liebte, gehen sehen. Ich glaube, jetzt bin ich dran.«

Die Liste der Trauerfälle in Rainiers Leben ist in der Tat lang, angefangen mit dem Tod seiner Frau Gracia Patricia im September 1982, den Rainier nie verwunden hatte. Im Jahr darauf starben mit dem Schauspieler David Niven der beste Freund des Fürsten sowie Schwager John Gilpin, der Ehemann von Rainiers Schwester Antoinette. Das Paar hatte sein Eheglück nur wenige Wochen gemeinsam genießen dürfen. 1985 erlitt Rainiers Schwager John Jr., der Bruder seiner verstorbenen Frau Grace, beim Joggen einen tödlichen Herzinfarkt – er wurde nur 56 Jahre alt.

Auch seiner Schwester und Rainiers Schwägerin Peggy war kein hohes Lebensalter vergönnt, sie erlag 1989 einer heimtückischen Krebskrankheit. Im Jahr darauf, 1990, starb der Privatsekretär und enge Vertraute des Fürsten, Paul Choisit, sowie Schwiegersohn Stefano Casiraghi, Prinzessin Carolines Mann. 1991 trug der Fürst seine Stiefgroßmutter Fürstin Ghislaine zu Grabe, und seine Schwiegermutter, Margaret Kelly, starb vor Trauer über den Tod dreier ihrer Kinder an gebrochenem Herzen.

Bittersüßer Abschied: Von schwerer Krankheit gezeichnet nimmt Fürst Rainier im Januar 2005 zum letzten Mal an seinem geliebten Zirkusfestival teil

Drei Jahre später musste Rainier Abschied von seinem Freund, dem monegassischen Baulöwen Victor Pastor, nehmen, und im Januar 2005 erschütterte ihn das plötzliche Ableben seines langjährigen persönlichen Kammerdieners Jean-Pierre Diter.

Am 25. März 2005, es war der Karfreitag, verschlechterte sich der Zustand des Fürsten so dramatisch, dass seine Ärzte Professor Jean-Charles Piette, den leitenden Oberarzt des Pariser Krankenhauses *La Pitié Salpêtrière*, nach Monaco einfliegen ließen. Dieser verfügte, dass sein Patient sofort an eine Dialysemaschine angeschlossen wurde, um die schwachen Herz-, Lungen- und Nierenfunktionen zu unterstützen.

Beim Karfreitagsgottesdienst in der Kathedrale von Monte

Carlo bat Erzbischof Bernard Barsi die Gemeinde: »Liebe Brüder und Schwestern, lasst uns für unseren Fürsten beten.« Zuvor war der Erzbischof mit vielen Gläubigen in einer Prozession am Palast vorbeigezogen, wo Erbprinz Albert, Prinzessin Caroline und deren Mann Prinz Ernst August von Hannover vom Balkon aus die Pilger mit einem stummen Nicken grüßten. Alle drei sahen übernächtigt aus …

Prinzessin Stephanie saß zu diesem Zeitpunkt gerade am Krankenbett des Vaters, wo sich die Kinder des Fürsten regelmäßig abwechselten.

Wenige Tage später hatte sich der Zustand des Fürsten leicht gebessert. Er sei bei Bewusstsein, teilte Palastsprecher Armand Deus mit, doch er erhalte Medikamente, um die absolut notwendige künstliche Beatmung zu ertragen. Zwar ging kurzfristig ein Seufzer der Erleichterung durch ganz Monaco, aber die große Sorge um den Grandseigneur blieb unverändert bestehen. Das Volk bangte um seinen geliebten *patron*.

Als sich am 1. April 2005 Rainiers Zustand lebensbedrohlich verschlechterte, waren alle seine drei Kinder um sein Bett versammelt.

Der Fürst lächelte sie schwach an, erhob zaghaft die rechte Hand und flüsterte: »Viva Munegu …«

Das waren seine letzten Worte, bevor er ins Koma fiel. »Viva Munegu« ist monegassisch und heißt »Es lebe Monaco«.

In den Abendstunden des 2. April 2005 wurde die Fahne auf dem Grimaldi-Palast auf Halbmast gesetzt. Die Menschen begannen zu weinen und zu klagen, doch innerhalb von wenigen Minuten verbreitete sich wie ein Lauffeuer die Nachricht, dass Fürst Rainier noch lebte! Da in Monaco der Katholizismus die Staatsreligion ist, war die Fahne auf dem Palast für einen anderen Menschen auf Halbmast gesetzt worden: für Papst Johannes Paul II., der im Vatikan gestorben war.

Prinz Albert hielt eine Ansprache im monegassischen Fernsehen und verkündete mit Tränen in den Augen: »Der Tod des Pontifex erschüttert die Seelen von mir und meinen Schwestern in einem Augenblick, in dem unser über alles geliebter Vater ebenfalls gegen seine tödliche Krankheit kämpft.«

Am Montag, den 4. April, ereilte Prinzessin Caroline mitten im Bangen um ihren todkranken Vater ein weiterer schwerer Schicksalsschlag: Ihr Mann, der 51-jährige Prinz Ernst August von Hannover, war wegen einer äußerst gefährlichen Entzündung an der Bauchspeicheldrüse mit Blaulicht ins Princess-Grace-Hospital eingeliefert und direkt auf die Intensivstation gebracht worden.

Die Nachrichten in den Medien überschlugen sich. Während der französische Radiosender »France Infos« berichtete, der Prinz von Hannover sei sehr schwer krank, verkündete der französische TV-Sender »LCI« nur wenige Minuten später, dass Prinz Ernst August gestorben sei. Der Palast dementierte unverzüglich, und in einer offiziellen Mitteilung hieß es schließlich, dass der Zustand Seiner Königlichen Hoheit des Prinzen von Hannover sehr ernst sei. Ein zehnköpfiges Ärzteteam kämpfe um sein Leben, und er sei in ein künstliches Koma versetzt worden.

Prinzessin Caroline war fast am Ende ihrer Kräfte. Sie betete abwechselnd am Krankenbett ihres bewusstlosen Mannes im Princess-Grace-Hospital und am Sterbebett ihres Vaters im Herz-Lungen-Zentrum – und irgendwann waren ihr die Tränen vom vielen Weinen versiegt, der Kummer aber blieb. Trotzdem erschien Caroline, die strenggläubige Katholikin, am nächsten Tag in der Kathedrale von Monaco bei der Messe zu Ehren des verstorbenen Papstes Johannes Paul II.

Ergriffen tastete sie nach der Hand ihres Bruder Albert, als Erzbischof Bernard Barsi in seiner Predigt sagte: »Lasst uns jetzt nicht nur für unseren Fürsten, sondern auch für den Prinzen von Hannover beten. Ich gestehe, dass ich sprachlos bin. Das ist eine weitere, unendlich schwere Prüfung für die Familie.«

Am Morgen des 6. April 2005 klingelte um 5.50 Uhr in Prinz Alberts Schlafzimmer im Palast das Telefon. Die Ärzte informierten ihn, dass das Ende seines Vaters bevorstünde, woraufhin Albert sofort ins Krankenhaus eilte.

Um 6.35 Uhr starb Fürst Rainier III. in den Armen seines Sohnes. Er wurde 81 Jahre alt. Wenig später trafen Prinzessin Caroline und Prinzessin Stephanie ein, und gemeinsam nahmen die drei Fürstenkinder gramerfüllt Abschied von ihrem geliebten Vater.

Als der Leichnam des Fürsten um kurz nach 7 Uhr im Palast angekommen war, wurde die Fahne auf Halbmast gesetzt, und im ganzen Land läuteten die Glocken. Jetzt wussten die Monegassen, dass ihr Fürst für immer von ihnen gegangen war. Weinend fielen sie sich in die Arme, wildfremde Menschen sprachen einander Trost zu, Autofahrer blieben mitten auf der Kreuzung stehen und hupten Kondolenzsignale, und die Schiffssirenen im Hafen heulten. Frauen und Männer knieten auf den Straßen nieder und bekreuzigten sich.

Der monegassische Staatsminister Patrick Leclercq verkündete den Tod des Regenten um 7.15 Uhr offiziell im Fernsehen: »Seine Durchlauchtigste Hoheit Fürst Rainier III. ist tot. Er wurde der Zuwendung der Seinen und seines Volkes entrissen. Heute fühlt sich jeder von uns als Waise ...«

Staats- und Regierungschefs aus ganz Europa haben der Familie Grimaldi und dem monegassischen Volk in Beileidstelegrammen kondoliert. Die britische Königin Elizabeth zeigte sich »traurig« über den Tod des Fürsten. Wie der Buckingham-Palast mitteilte, habe die Queen eine »private Botschaft«

Mit ihnen trauert die ganze Welt:
Caroline, Albert und Stephanie bei der Trauerfeier
für ihren Vater Fürst Rainier

an Prinz Albert und seine Schwestern geschickt. Nach dem Tod von Rainier III. ist Elizabeth II. jetzt die dienstälteste Monarchin in Europa. Der Fürst hatte die Regentschaft in seinem Fürstentum 1949 übernommen, die Queen herrscht seit 1952 über Großbritannien.

Der französische Staatspräsident Jacques Chirac drückte seine »tiefen Gefühle und große Trauer« aus – Rainier sei in seinem Fürstentum einhellig »respektiert und sehr geliebt worden«.

Der Verstorbene habe zudem die Schicksalsgemeinschaft zwischen Monaco und Frankreich symbolisiert. »Sein Mut und seine Ausdauer im Angesicht der Krankheit werden uns als Beispiel erhalten bleiben«, so die Worte des französischen Präsidenten.

Der deutsche Bundespräsident Horst Köhler würdigte den

Fürsten als engagiertes Staatsoberhaupt: »Mit seinem Unternehmungsgeist hatte Fürst Rainier maßgeblichen Anteil an der Wandlung des Fürstentums in den letzten Jahrzehnten.« Mit bewundernswerter Willenskraft habe er bis zuletzt seine Pflichten als Staatsoberhaupt wahrgenommen.

Bis zu seiner Beisetzung wurde Rainier in der Palastkapelle *Saint Jean-Baptiste* aufgebahrt. Die Totenwache übernahmen seine Kinder und seine erwachsenen Enkel abwechselnd mit der Ehrengarde und anderen Nahestehenden. Nun war die Zeit für die Monegassen und die vielen Bewohner des Zwergstaates gekommen, sich von ihrem Regenten zu verabschieden. Auch die ungefähr 30 000 Franzosen und Italiener, die täglich mit dem Zug nach Monaco zur Arbeit fahren, durften dem *patron* die letzte Ehre erweisen.

Die Vorbereitungen für die Trauerfeierlichkeiten übernahmen Albert und Stephanie in Absprache mit dem Zeremonienmeister und dem Protokollchef des Palastes, während Caroline nicht eine Sekunde vom Krankenbett ihres Mannes wich und ihre fünfjährige Tochter Prinzessin Alexandra der Obhut ihrer älteren Geschwister überlassen hatte.

Den letzten offiziellen Dienst für den Fürsten durften Gérard Bersot und seine siebzehnjährige Tochter Ysis ausüben, ihres Zeichens Steinmetze aus Nizza. Innerhalb von zwei Tagen haben sie die Marmorplatte für die Gruft angefertigt: Ganz oben meißelten sie ein Kreuz ein. Darunter eine Krone und das Monogramm des Fürsten, zwei ineinander verschlungene »R«. Kein Geburtsdatum und kein Sterbedatum. Nur in roter Lackfarbe die Inschrift *Rainier III. Prince de Monaco.*

Die Trauerfeier für Fürst Rainier fand am 15. April 2005 statt. Albert und seine Schwestern Caroline und Stephanie empfingen die Ehrengäste um 11 Uhr im Grimaldi-Palast; unter ihnen

Der Trauerzug führt durch die Gassen von Monte Carlo zur Kathedrale Saint Nicolas

waren der französische Staatspräsident Jacques Chirac und seine Frau Bernadette, König Carl Gustaf und Königin Silvia von Schweden, König Juan Carlos von Spanien, König Albert und Königin Paola von Belgien, Königin Sonja von Norwegen, Ex-Kaiserin Farah von Persien, Kronprinz Willem-Alexander der Niederlande, Prinz Andrew von England, Prinz Joachim von Dänemark, Ex-König Konstantin von Griechenland und Kronprinz Naruhito von Japan. Deutschland wurde von Hans-Martin Bury vertreten, dem Staatsminister im Auswärtigen Amt.

Unter 36 Kanonenschüssen setzte sich der Trauerzug um 12 Uhr vom Palast aus zur Kathedrale Saint Nicolas in Bewegung. Hinter Rainiers Sarg, der in die monegassische Fahne mit dem Fürstenwappen gehüllt war, führte ein Kammerdiener den treuen Hund des Fürsten: Odin, einen Korthals-Griffon-Rüden.

Rainiers Kinder Albert, Caroline und Stephanie führten den Zug der Trauernden an, gefolgt von Carolines Kindern und den beiden Söhnen von Prinz Ernst August von Hannover. Dahinter Prinzessin Antoinette, Rainiers Schwester. Auf Wunsch von Prinzessin Caroline wurde Ludwig van Beethovens Trauermarsch aus der dritten Sinfonie gespielt.

Über achthundert Trauernde nahmen in der Kathedrale Abschied von Rainier. Vor seinem Sarg hatte man drei große Kränze in Herzform aus weißen und roten Rosen, den Nationalfarben Monacos, aufgestellt, und auf den Schleifen standen in goldener Schrift die Vornamen seiner Kinder. Erzbischof Bernard Barsi sagte in seiner Predigt: »Für uns alle war unser Fürst sicher der Souverän des Staates, aber auch ein Freund, ein Mitglied unserer monegassischen Familie.«

Fanfaren ertönten, als die Trauergemeinde sich zum Verlassen der Kathedrale erhob. Als Letzte der Familie Grimaldi ging Prinzessin Antoinette am Sarg vorbei. Unter ihrem schwarzen Spitzenschleier wischte sie sich die Tränen aus den Augen und legte beide Hände auf den Sarg. Dann sagte sie leise: »Ich habe dich immer, immer mehr geliebt, als ich dir sagen konnte, mein großer kleiner Bruder …«

Am nächsten Vormittag war die Kathedrale von Monaco für die Öffentlichkeit geschlossen, da die drei Fürstenkinder in der Stunde der Beisetzung unter sich sein wollten. Nur sechs Offiziere der Leibgarde waren anwesend, die den Sarg hinunter in die Fürstengruft gleiten ließen. Nach der Segnung des Erzbischofs ertönte aus der Orgel leise das *Ave Maria*. Albert legte seine rechte Hand auf sein Herz und verneigte sich, Caroline und Stephanie versanken zum letzten Mal vor ihrem Vater in einen tiefen Hofknicks.

Untereinander eingehakt verharrten die Geschwister regungslos und mit tränenüberströmten Gesichtern am Grab ihres Vaters, bis die Offiziere der Leibgarde die Marmorplatte über die Öffnung der Gruft legten. Beim Verlassen der Kathedrale schauten Albert und Caroline nach vorn.

Nur Stephanie drehte sich noch einmal zu ihren Eltern Gracia Patricia und Rainier um, die nun für die Ewigkeit miteinander vereint sind.

11

Fürst Albert II. von Monaco

»Mein Leben gehört dem Thron.
Und eines Tages werde ich auch
Familie haben …«

Fürst Rainier III. ist tot – es lebe Fürst Albert II.! Für Monaco, den schillernden Zwergstaat an der Mittelmeerküste, beginnt jetzt eine neue Zeitrechnung, eine neue Ära der Regentschaft. Das ganze Land befindet sich zurzeit in Aufbruchstimmung.

Am 12. Juli 2005 übernahm Albert II. nach etwas mehr als drei Monaten Trauerzeit die Amtsgeschäfte. Im Palast bereitete man sich auf eine glanzvolle Krönung vor, und sofort war natürlich auch vom unvermeidlichen Hofzeremoniell die Rede, das detailliert abgestimmt werden muss.

Aber der neue Fürst hat gleich zu Beginn festgelegt, dass er auf Pomp und Protokoll so weit wie möglich verzichten will: »Ich mag den Begriff der Krönung wirklich nicht sehr, es gibt ja auch keine Krone. Nennen wir es doch einfach einen Herrschaftsantritt in zwei Etappen. Ich habe dafür zwei ganz besondere Daten gewählt: Der offizielle Beginn meiner Regierungszeit als 34. Fürst von Monaco sollte der 12. Juli 2005 sein, weil das genau der 135. Geburtstag meines Urgroßvaters Fürst Louis II. ist. Und für den Tag der Thronbesteigung habe ich mir den 19. November 2005, den monegassischen Nationalfeiertag, ausgesucht.«

Fürst Albert wollte einen volksnahen Herrschaftsantritt, was ihm die Bürger Monacos hoch angerechnet haben. Am 12. Juli waren die großen Boulevards und kleinen Gassen festlich in den rot-weißen Landesfarben geschmückt. Bei strahlendem Sommerwetter wurde das »Familienfest« der Monegassen mit einer Danksagungsmesse in der Kathedrale von Monte Carlo eröffnet. Der neue Fürst war mit seiner Schwester Prinzessin Stephanie in einem Rolls-Royce zum Eingang der Kathedrale Saint Nicolas vorgefahren, während seine Schwester Prinzessin Caroline und deren Ehemann Prinz Ernst August von Hannover, der übrigens von seiner Bauchspeicheldrüsen-Erkrankung inzwischen genesen ist, in einem Mercedes folgten.

Die Kathedrale war bis auf den letzten Platz besetzt, und über achthundert gespannte Monegassen lauschten den Worten von Erzbischof Bernard Barsi, der den mit ernster Miene vor ihm knienden Fürsten Albert segnete: »Wir danken dem Herrn, dass die Kontinuität der Dynastie gewahrt bleibt.« Dann wünschte der Erzbischof Albert Mut und Energie, auch für die schweren Stunden seines Lebens.

Nach der Messe gab es für alle Einwohner monegassischer Herkunft einen Empfang vor dem Palast, darum musste jeder Gast bei der Eingangskontrolle den Pass vorweisen. Das Gebiet um den Palast herum war weiträumig abgesperrt worden, um allen Gästen genug Platz zu bieten. Es gibt etwas über 5000 »echte« Monegassen, und wie es schien, war jeder Einzelne von ihnen begeistert der Einladung des neuen Fürsten gefolgt und hatte sich auf den Weg zum Empfang gemacht. Auf besondere Kleidervorschriften wurde trotz des offiziellen Anlasses verzichtet, denn bei dieser Zusammenkunft sollte es locker und familiär zugehen. Aber da wir vom noblen Monte Carlo reden, waren selbstverständlich viele vornehme Damen in *Chanel*-Kostümen und elegante Herren im Anzug erschienen – nebst anderen, die sich leger in Jeans und leichter Sommergarderobe eingefunden hatten, jeder halt so, wie er es mochte.

Fürst Albert II. hieß seine Gäste herzlich willkommen und ließ jedem von ihnen ein Geschenk überreichen – für die Frauen gab es eine Bonbonniere, für die Männer einen Briefbeschwerer mit dem neuen fürstlichen Siegel, über dem zwei ineinander verschlungene »A« für Albert eingraviert sind.

Die Familie Grimaldi genoss das Bad in der Menge, allen voran natürlich Fürst Albert, der zeitweise so bestürmt wurde, dass seine vier Leibwächter, bekannt als die Männer mit dem Knopf im Ohr, Mühe hatten, in seiner Nähe zu bleiben.

»Lassen Sie nur, ist schon in Ordnung«, sagte er lachend. »Ich glaube, hier und heute ist jeder Monegasse mein Leibwächter!«

Seine Untertanen strahlten und spendeten ihrem neuen Fürsten bei diesen Worten spontan großen Beifall, während Albert seine Runde fortsetzte, Hände schüttelte, für Fotos posierte und mit allen scherzte. Dabei war sein Neffe Andrea Casiraghi, Prinzessin Carolines ältester Sohn, ständig in seiner Nähe, und man konnte deutlich spüren, dass die beiden sich besonders gut verstehen. Und wer wieder einmal regelrecht umschwärmt wurde, war Charlotte Casiraghi, Prinzessin Carolines bildhübsche älteste Tochter, die in einem Chiffonkleid über den Platz schlenderte, Gleichaltrige mit Küsschen links und rechts begrüßte und dabei wie ein kleiner Engel lächelte. Auch Prinz Ernst August von Hannover und sein jüngster Sohn Prinz Christian hatten sich unter die Menge gemischt, während Prinzessin Caroline mit der Sonne um die Wette strahlte und sich alle Mühe gab, die Damen davon abzuhalten, vor ihr einen Hofknicks zu machen.

»Wir sind doch hier ganz unter uns«, sagte sie. Das nützte aber nicht viel, denn alle wollten ihr mit dem Hofknicks zeigen, dass sie sie als First Lady von Monaco verehren, eine

Rolle, die Caroline ausüben wird, bis ihr Bruder Fürst Albert verheiratet ist.

Ja, und dann war da auch noch Prinzessin Stephanie. Sie wirkte alles andere als locker, wie sie sich mit hochgezogenen Schultern und ineinander verkrampften Händen ein Lächeln und ein paar nette Worte für ihre Landsleute abrang. Trotz aller Liebe zu ihrem Bruder Albert – nur seinetwegen war sie überhaupt erschienen – gelang es Stephanie nicht, eine heitere Miene zur Schau zu stellen, denn dazu hatte sie der Tod ihres Vaters einfach zu tief getroffen. Nur einmal musste sie ganz spontan lächeln, als eine ältere Monegassin sie in den Arm nahm und ihr anschließend fürsorglich ein Käsehäppchen in den Mund schob: »Jetzt müssen Sie erst mal etwas essen, Prinzessin!«

Während die fürstliche Familie die Zusammenkunft genoss, warteten im Innenhof des Palastes die 41 Mitglieder des Berliner Rundfunkorchesters auf ihren Auftritt. Sie hatten extra ihren Urlaub unterbrochen, um das von Marek Janowski geleitete *Orchestre Philharmonique de Monte Carlo* bei der musikalischen Untermalung des Tages zu unterstützen. Fürst Albert ist ein großer Fan des Berliner Rundfunkorchesters und hatte es bei einem Deutschlandbesuch auch schon einmal in dessen Heimatstadt gesehen. Daher ließ er es sich nicht nehmen, die Berliner persönlich mit den Worten »Vielen Dank« auf Deutsch zu begrüßen. Dann fehlten ihm aber ein wenig die Worte, und er bedankte sich auf Französisch noch einmal in aller Höflichkeit dafür, dass ihm die Deutschen für seinen Amtsantritt einen Teil ihres Urlaubs geopfert hatten.

Nach der Begrüßung der Berliner ging Albert ans Mikrofon und hielt seine erste Ansprache als Fürst. Er trug übrigens keine Uniform, sondern einen schlichten dunklen Anzug, schließlich sollte es ja eine »Familienfeier« sein.

Mit fester Stimme erklärte Fürst Albert II. seinem Volk auf dem Platz vor dem Palast, wie er das Lebenswerk seines Vaters fortzusetzen gedenke: »Ich will Moral, Ehrlichkeit und Ethik in den Mittelpunkt meiner Bemühungen stellen, und auch für meine Ratgeber und alle Entscheidungsträger des Fürstentums soll dies gelten.« Dann beschrieb er in offenen Worten, wie sehr ihn der Ruf des Fürstentums als Hafen für Geldschieber und Steuerflüchtlinge störe: »Ich werde mit aller Kraft dafür kämpfen, dass unser Land von der Gleichung ›Monaco = Geldwäsche‹ fortkommt.« Auch über das Bankgeheimnis werde er nachdenken, und als überzeugter Umweltschützer bezeichnete er weiterhin die sofortige Ratifizierung des Protokolls von Kyoto als einen »moralischen Imperativ«.

Dann hieß es in seiner Rede: »Es reicht nicht, Reichtum zu produzieren, er soll von Harmonie begleitet werden und allen zugute kommen.« Außerdem werde er auf »die Kraft der Gedanken setzen« und versuchen, Forscher und Intellektuelle nach Monaco zu locken. Das Fürstentum solle unter seiner Regentschaft ein Land werden, in dem jeder Bürger glücklich sein und ohne Sorgen einschlafen und aufwachen könne. Das sei sein oberstes Ziel.

»Wie schön, er macht uns allen Hoffnung«, sagte die 84-jährige Monegassin Marguerite Lavalle. »Ich vertraue ihm. Er war doch der ganze Stolz seines Vaters, Gott habe ihn selig. Ich weiß noch genau, wie unser Fürst ihn uns damals das erste Mal zeigte. Ich stand genau hier, an derselben Stelle wie heute. Unsere Fürstin hielt Prinzessin Caroline auf dem Arm und der Fürst das Baby, unseren Erbprinzen Albert. Wir waren alle so glücklich. So glücklich wie heute. Dass ich das noch erleben darf! Unser Albert. Er wird ein guter Fürst, denn er war doch ein guter Junge …«

Der gute Junge kam am 14. März 1958 um 10.30 Uhr im fürstlichen Palast zur Welt und wurde auf den Namen Albert Alexandre Louis Pierre getauft. Als die ersten Böllerschüsse über Monte Carlo ertönten, war den Monegassen klar, dass das zweite Baby von Fürst Rainier und Fürstin Gracia Patricia nun auf die Welt gekommen war. Überall wurde gespannt mitgezählt, und als der 22. Kanonenschuss ertönte, brach in den Straßen und Gassen unbeschreiblicher Jubel aus. Ein Junge! Ein Erbprinz! Bis alle 101 Salutschüsse verhallt waren, glich Monaco einem riesigen Volksfest. Überall wurde auf das freudige Ereignis angestoßen.

Fürst Rainier III. hatte damals die Ankunft seines Thronerben persönlich im Radio verkündet: »Ich bin heute wohl der glücklichste Mensch der Welt. Die Fürstin hat mir einen Sohn geschenkt. Er wiegt 3975 Gramm und ist 52 Zentimeter groß. Mutter und Kind sind gesund. Ich danke Gott dafür.«

Bei seiner Frau bedankte er sich mit einem Korb voller Orchideen und einem Collier aus Diamanten und Rubinen. Die Einzige, die damals am allgemeinen Glückstaumel nicht so recht teilnehmen wollte, war Prinzessin Caroline – sie hatte das ganze Theater um dieses Baby nicht verstanden. In den ersten Tagen soll sie ziemlich eifersüchtig auf ihren kleinen Bruder gewesen sein, was Gracia Patricia später aber heftig dementierte.

Allerdings ließ sie einmal in einem Interview verlauten: »Gut, es gab natürlich in den kommenden Jahren immer mal wieder kleine Raufereien zwischen den Geschwistern. Aber das ist doch ganz normal. Nur ein einziges Mal platzte mir der Kragen. Als ich sah, dass Caroline ihren Bruder immer wieder in den Arm biss, nahm ich nach ein paar Tagen einfach Carolines Arm und biss hinein. Sie schrie, denn es tat ihr weh, und das sollte es auch. Und von dem Moment an war Ruhe.«

Die glanzvolle Taufe des Erbprinzen fand in der Kathedrale von Monaco statt. Taufpate war Louis de Polignac, ein Bruder von Rainiers Vater Pierre, die Taufpatin war Königin Victoria Eugenia von Spanien. Die Monarchin lebte in der Schweiz im Exil, hielt sich aber wegen des guten Klimas oft in Südfrankreich und Monaco auf und war gut mit der Fürstenfamilie Grimaldi befreundet. Königin Victoria Eugenia war die Großmutter des heutigen Königs Juan Carlos I. von Spanien. Am 15. April 1968 wurde sie übrigens im Alter von 81 Jahren noch einmal Patin und hielt ihren Urenkel Kronprinz Felipe höchstpersönlich über das Taufbecken! Auf den Tag genau ein Jahr später, am 15. April 1969, starb sie in Lausanne.

Albert von Monaco und Felipe von Spanien sind heute gut befreundet, und das nicht nur, weil sie dieselbe Taufpatin haben. Sie verstehen sich einfach prächtig miteinander, lieben beide den Segelsport, sehen sich regelmäßig und telefonieren oder schreiben sich E-Mails. Sicherlich weiß Felipe schon lange von den Plänen des Fürsten, im kommenden Jahr, am 10. April 2006, vom sibirischen Basislager Borneo aus mit Schlittenhunden zum nördlichsten Punkt der Erde loszuziehen – eine Reise, die ihn über hundert Kilometer hinweg durch Eis und Schnee führen und neun Tage dauern wird. Hoffen wir, liebe Leserinnen und Leser, dass dem neuen Fürsten dies Vorhaben gelingen wird, und drücken wir ihm die Daumen dafür.

Als Albert drei Monate alt war, stellte das Fürstenpaar die fröhliche Britin Maureen King als Kindermädchen ein, eine Cousine dritten Grades von Winston Churchill. Maureen konnte perfekt Englisch und Französisch, die beiden Sprachen, mit denen die Fürstenkinder aufwachsen sollten. In der Regel sprach Fürstin Gracia Patricia mit ihren Kindern englisch und der Fürst französisch. Prinzessin Caroline hatte damit nie Probleme, ihr Bruder Erbprinz Albert allerdings schon. Er stottert

Prinz Albert – Thronfolger in Europa, Grace Kellys Sohn für die Amerikaner

gelegentlich noch heute, wenn er eine Rede auf Französisch halten muss. Vielleicht empfindet er das Französische einfach als strenge Amtssprache, denn mit Englisch hat er keine Schwierigkeiten, es ist im wahrsten Sinne des Wortes seine Muttersprache.

Albert war ein ruhiges Kind und wurde von allen geliebt. Als er knapp fünf Jahre alt war, wurde er, genau wie Caroline und später Stephanie, von Hauslehrern im Palast unterrichtet. Während Prinzessin Caroline und später auch Prinzessin Stephanie allerdings mit vergleichsweise sanfter Hand auf das Leben vorbereitet wurden, spürte Albert schon früh, dass für ihn als Erbprinz andere Regeln galten. So musste er beispielsweise schon im Alter von sechs Jahren zum ersten Mal repräsentieren und gemeinsam mit seinem Vater im Dezember 1964 den neuen Bahnhof in Monte Carlo eröffnen. Kurz zuvor hatte Fürst Rainier angeordnet, dass man für den kleinen Prinzen eine Mini-Ausgabe der monegassischen Carabinieri-Uniform schneiderte, die Albert auch am Nationalfeiertag getragen und stolz darin salutiert hatte.

Gracia Patricia war oft der Meinung, dass ihr Mann ihren geliebten »Albie« zu streng erziehen würde. Aber der Fürst ließ sich von seiner Einstellung nicht abbringen. Nach endlosen Diskussionen konnte die Fürstin wenigstens durchsetzen, dass Albert ab seinem zwölften Lebensjahr regelmäßig für sieben Wochen in ein amerikanisches Sommercamp nach New Hampshire fahren durfte. Dort fühlte sich Albert wirklich frei, weit entfernt von den ständigen Pflichten und den prüfenden Blicken des Vaters. Er war ein Junge unter vielen, der den Sport und die unbeschwerten Ausflugstage unter Gleichaltrigen liebte. Niemand wusste, dass Albert ein echter Prinz war, und das freute ihn am meisten. Nur einmal hatte er das Bedürfnis, aus seiner Identität einen kleinen Vorteil zu schlagen, und das kam so:

Nach einer schönen, aber recht anstrengenden Wanderung durch den Wald war Albert mit seiner Clique an einem Kiosk angekommen, dessen Besitzer gerade Feierabend machen wollte. Die Jungen waren sehr durstig und fragten, ob sie nicht doch noch eine kühle Cola kaufen dürften. Der Besitzer verneinte.

Da setzte Albert sein höflichstes Lächeln auf und sagte: »Ich bin der Prinz von Monaco. Würden Sie bitte eine Ausnahme machen und uns vielleicht doch eine Cola geben?«

Der Mann vor dem Kiosk lachte: »Und ich bin der Kaiser von China. Nichts da, ich habe den ganzen Tag gearbeitet und will jetzt nach Hause.«

Verzweifelt unternahm Albert einen letzten Versuch: »Okay, dann sage ich Ihnen eben, wer ich in Wirklichkeit bin. Ich bin der Sohn von Grace Kelly!« Das klappte.

»Du bist der Sohn von Grace Kelly? Warum hast du das nicht gleich gesagt! Ich habe alle ihre Filme gesehen, ein tolles Mädchen.«

So bekamen die Jungen ihre Cola, und Albert versprach dem Mann, ihm ein Autogramm von Grace Kelly zu schicken ...

Im Sommer 1976 bestand Erbprinz Albert sein französisches Abitur mit der Note befriedigend. Danach studierte er vier Jahre lang Politische Wissenschaften in Amerika und absolvierte noch eine Banklehre bei der New Yorker Investmentbank *Morgan Guaranty.*

Nach einem Praktikum in der Marketingabteilung einer Pariser Champagnerfirma diente Albert dann auf dem Hubschrauberträger *Jeanne d'Arc* bei der französischen Marine, wo er es bis zum Fähnrich Zweiter Klasse zur See brachte. Danach folgten weitere Stationen in Werbeagenturen und Anwaltskanzleien.

In seiner Freizeit widmete sich Albert seiner großen Leidenschaft, dem Sport. 1985 nahm er an der Rallye Paris-Dakar teil, musste jedoch wegen eines Motorschadens aufgeben. Mehr Zukunft hatte für ihn der Wintersport: Mit seinem Zweierbob trat Albert mehrfach als Vorsitzender und Pilot des monegassischen Teams bei den Olympischen Winterspielen an.

Mit Mädchen hatte Albert anfangs nicht so viel im Sinn; lieber ging er echte Männerfreundschaften ein und zog es vor, unter Kumpels zu sein. Noch bis zu seinem 20. Lebensjahr errötete der schüchterne Prinz, wenn er auf dem Rosenball mit einer jungen Dame aufs Parkett musste, und tanzte am liebsten mit Mama Gracia Patricia – nur bei ihr fühlte er sich wirklich

Aus dem schüchternen Jungen wurde ein begehrter Junggeselle

sicher. Der Öffentlichkeit war nicht entgangen, dass der blond gelockte Jüngling mit den weichen Gesichtszügen niemals Hand in Hand mit einer Freundin gesehen wurde, und schon bald tauchten Gerüchte auf, dass Albert homosexuell sei. Das war ein gefundenes Fressen für die internationale Skandalpresse. Was sollte aus der Thronfolge werden, wenn der Erbprinz sich nicht für Frauen interessierte? Die Spekulationen wurden immer kühner, und wieder einmal wurde ein Mitglied der fürstlichen Familie auf Schritt und Tritt von Paparazzi verfolgt. Aber ein Foto von Albert in mehr oder weniger eindeutiger Pose mit einem Mann wurde nie geschossen.

Schließlich wurde es dem Prinzen zu bunt, und er sagte in einem Interview: »Ich war am Anfang wirklich schockiert. Es ist schließlich für niemanden erfreulich, wenn seine Männlichkeit in Frage gestellt wird. Aber jetzt lache ich nur noch darüber. Schauen Sie, Menschen, die mir wirklich wichtig sind und nahe stehen, die wissen genau, dass ich niemals mit dieser Sache irgendwie in Berührung kam. Deshalb habe ich auch kein Problem damit. Aber es nervt mich, wenn Lügen über mich verbreitet werden. Ich bekam sogar mehrere Liebesbriefe von Männern in den Palast geschickt. Stellen Sie sich das bitte einmal vor! Was soll man denn da antworten? Am besten doch nur die Wahrheit: Ich bin nicht schwul.«

Nein, er war nie homosexuell, sondern einfach nur ein Spätzünder. Und was für einer! Plötzlich schien er alles im Eiltempo nachholen zu wollen, was andere Jungs in seinem Alter längst ausprobiert hatten. Aus dem Muttersöhnchen von gestern wurde ein Draufgänger, der das Nachtleben entdeckte. Als er mit seinen ständig wechselnden Begleiterinnen küssend und halb nackt an Stränden und auf Segelbooten fotografiert wurde, ermahnte ihn sein Vater zur Zurückhaltung und bat ihn, wenigstens in der Öffentlichkeit an den Ruf der Familie zu denken. Dic Worte des Fürsten waren von einem Augenzwinkern begleitet, denn in seinen Herrenclubs brüstete er sich mit den Eroberungen Alberts...

Unter Reportern wird heute noch heftig diskutiert, wie viele Eroberungen Albert gemacht hat. Die einen zählten 212, während sich andere sogar 237 Mädchen an der Seite des Prinzen notiert hatten. Aber das sind nichts als Vermutungen – selbst wenn sie stimmten, wird sich Albert kaum alle Namen der Schönen gemerkt haben. Vielleicht verband ihn mit der einen oder anderen Dame auch nur eine Freundschaft. Unter den angeblichen Heiratskandidatinnen waren jedenfalls Top-Models wie Claudia Schiffer aus Deutschland und die wunderschöne Tasha de Vasconcelos aus Brasilien. Als Zukünftige des Erbprinzen wurden ferner die Schauspielerinnen Brooke Shields, Catherine Oxenberg und Darryl Hannah gehandelt. Auch die amerikanische Schwimmmeisterin Mary Wayte soll kurz davor gewesen sein, nächste Fürstin von Monaco zu werden.

Als jedoch eine Vaterschaftsklage nach der anderen in die Anwaltskanzlei der Grimaldis flatterte, wurden die Ermahnungen von Fürst Rainier ernster: Schließlich hätten außereheliche Beziehungen nicht den Segen der katholischen Kirche, und in Monaco sei der Katholizismus eben die Staatsreligion.

Den ersten Prozess hatte 1986 das deutsche Sexsternchen Bea Fiedler angestrebt, weil sie glaubte, dass ihr Sohn Daniel das Ergebnis ihrer Beziehung zu Prinz Albert sei. Nach langem Hin und Her ergab 1992 ein Test, dass Albert nicht der Vater war. Auch die Amerikanerin Tamara Rotolo soll nach einer Romanze mit Albert schwanger geworden sein. Sie brachte im März 1992 eine Tochter zur Welt, die sie auf den Namen Jazmin Grace taufte. Doch ein amerikanisches Gericht verfügte, dass Albert nicht zu einem Vaterschaftstest gezwungen werden konnte, weil der Vorfall mehrere tausend Kilometer von der amerikanischen Rechtsprechung entfernt stattgefunden hatte.

Regelrecht in die Enge getrieben wurde Albert kürzlich von der aus dem afrikanischen Togo stammenden Nicole Coste, einer Stewardess, die ihm am 13. Juli 1997 auf einem Flug von Nizza nach Paris begegnet war. Zu Beginn ihrer Romanze, so sagte sie in einem Interview, hätten Albert und sie sich einmal im Monat für jeweils drei bis vier Tage gesehen, dann sei der Kontakt zunächst abgebrochen. Erst 2002 hätten sie sich wieder häufiger gesehen, und dann sei sie Ende des Jahres schwanger geworden.

Prinz Albert habe auf die Nachricht, dass er Vater werde,

folgendermaßen reagiert: »Ich verspreche dir nicht die Heirat, aber behalte das Kind und hab keine Angst. Ich werde mich kümmern.« Ob das wirklich so gemeint war?

Nicole war schon im fünften Monat schwanger, als Prinz Albert den Kontakt zu ihr schließlich abgebrochen haben soll. Ihr Sohn, der kleine Alexandre, wurde am 24. August 2003 geboren, und nach Angaben von Nicole Coste habe der Prinz das Kind nach einem Vaterschaftstest anerkannt. Doch das dazugehörige Dokument wurde am 15. Dezember 2003 bei einem Notar hinterlegt, und Albert verfügte, dass es erst nach seiner Amtsübernahme als Fürst dem zuständigen Rathaus vorgelegt werden dürfe.

Es scheint, als wollte Albert seinem damals schon schwerkranken Vater zusätzliche Sorgen ersparen. Doch nach Rainiers Tod im April 2005 hatte Albert wahrlich andere Probleme, als die Vaterschaft für den kleinen Alexandre offiziell anzuerkennen – und auf keinen Fall wollte er dies während der dreimonatigen Trauerzeit tun. Aber Nicole Coste hatte es offenbar eilig, weil sie eine Frist verstreichen sah, nach deren Ablauf ihr die Legitimation ihres Sohnes möglicherweise versagt geblieben wäre. Daher waren erst vier Wochen seit dem Tod des Fürsten vergangen, als sie Anfang Mai mit ihrer Geschichte an die Öffentlichkeit ging und enthüllte, dass Albert der Vater ihres Sohnes sei. Über Artikel, Fotos und umfangreiche Berichterstattung in der Presse bat sie ihren Ex-Liebhaber, dass er sich zu dem Kind bekennen solle, wie er es versprochen hatte. Außerdem gab Nicole Coste Fotos zur Veröffentlichung frei, die Albert mit dem kleinen Alexandre zeigen. Nun sah Prinz Albert sich gezwungen, gegen den Abdruck dieser Fotos in der französischen Zeitschrift *Paris Match* gerichtlich vorzugehen, und tat dies mit der Begründung, dass er seine Privatsphäre verletzt sehe. Der Fall sorgte für allerhand Aufsehen, weil der neue Fürst fast zeitgleich, nämlich sechs Tage vor seiner feierlichen Amtseinführung am 12. Juli 2005, Alexandre in einer öffentlichen Erklärung als seinen Sohn anerkannte. Nicole Coste war zufrieden über ihren Sieg. Die geschiedene Afrikanerin hat noch zwei ältere Söhne und kann nun ein finanziell abgesichertes Leben führen.

Hat Albert noch mehr uneheliche Kinder?, fragte sich die Öffentlichkeit verständlicherweise im Zuge der Berichterstattung über den kleinen Alexandre. Nun, sehen wir, was der neue Fürst selbst am 11. Juli 2005 dazu in einem Interview mit dem französischen Fernsehsender TF1 sagte: »Auf die Forderungen anderer Frauen, denen es um die Anerkennung einer Vaterschaft geht, werden meine Anwälte und ich antworten, wenn der Zeitpunkt gekommen ist.«

Fürst Alberts Leben ist seit dem Tod des Vaters mehr denn je dem Thron gewidmet, doch wie wir wissen, sehnt auch er sich nach einem Leben mit eigener Familie. Bleibt uns also, liebe Leserinnen und Leser, ihm dafür alles Glück der Welt zu wünschen.

Glück und Beharrlichkeit wird er auch für die vielen neuen Pläne benötigen, die er in seinem Fürstentum verwirklicht sehen will.

Die meisten lang gedienten Mitarbeiter seines Vaters haben darum gebeten, in Pension gehen zu dürfen, wofür Albert selbstverständlich großes Verständnis aufbringt – doch nichtsdestotrotz hätte er den einen oder anderen aus Rainiers altem Stab gern als Ratgeber behalten. Für die Zeit des Übergangs ist ihm die Mischung aus alten Erfahrungen und neuen Gedanken wichtig, und so wird er sicherlich hin und wieder den Rat eines ehemaligen Vertrauten von Rainier einholen können. In Monaco hält man schließlich zusammen.

Fürst Albert hat den Kopf voller Pläne, die gigantisch anmuten: Ein neues Monaco soll dem Meer entsteigen, ein größeres, schöneres Monaco der Superlative mit noch mehr Luxusangeboten. Dazu will er, ähnlich wie im arabischen Dubai, dem Wasser neues Land abringen und vor dem künstlichen Hafen von Fontvieille eine Plattform erbauen, wo sich auch jeder luxusverwöhnte Scheich wohl fühlen würde. Man wohnt in supermodernen Hotels, spielt Golf auf perfekt gepflegtem Rasen, Galerien und Gourmetrestaurants bieten die Möglichkeit, das Geld mit Genuss auszugeben. Helikopter und Schnellboote sollen die illustren Gäste direkt vom Flughafen Nizza in das vorgelagerte Inselparadies bringen, wo jeder zahlungskräftige Gast auf das Herzlichste willkommen ist.

Ein riesiger Kai soll ins Meer hinaus gebaut werden, wo vor allem große Luxus-Liner anlegen, die zu der zukünftigen Kreuzfahrtflotte Monacos gehören werden. Auf diesen schwimmenden Palästen sollen internationale Veranstaltungen stattfinden, wie zum Beispiel Monacos traditionelles Zirkusfestival, Magierkongresse oder Philatelistenmessen – schließlich gilt die an Albert vererbte Briefmarkensammlung von Fürst Rainier als die drittgrößte der Welt. Zu der neuen Flotte wird auch Alberts Traumschiff gehören: ein exklusiver Luxusdampfer, der den Namen *Princess Grace* tragen und gut betuchte Gäste aus den USA nach Monaco bringen soll.

Das spektakulärste Projekt des fürstlichen Visionärs dürfte jedoch eine Unterwasserwelt sein, wie man sie noch nirgends gesehen hat. Unter dem Meeresspiegel vor der Küste Monacos soll eine riesige Hotelanlage mit allem erdenklichen Luxus und einem neuen Spielcasino erbaut werden, hinter dessen Roulettetischen die farbenprächtigsten Fische des Mittelmeeres vorbeischwimmen. Und wenn man schon unter Wasser geht, um zu bauen, dann sollen dort neben dem Hotel auch riesige Parkplätze entstehen, die das Platzproblem des kleinen Mittelmeerstaates auf elegante Weise lösen könnten.

Wie es aussieht, hat der aufstrebende Fürst an jede moderne

Möglichkeit gedacht, um Monaco zum neuen europäischen Touristenzentrum zu machen. Und wem es dann immer noch an Zeit oder am rechten Willen mangelt, selbst nach Monte Carlo zu kommen, für den will der Multimedia-Fan Albert sogar ein Internet-Spielcasino einrichten, das jeden Spielfreudigen auch zu Hause teilnehmen lässt und doch ein bisschen nach Monaco holt.

Ist Fürst Albert etwa nur ein großer Träumer? Ein typischer Vertreter seines Sternzeichens Fische? Nicht immer kann die Astrologie für Erklärungen sorgen; halten wir uns also lieber daran, was Fürst Alberts Tante Prinzessin Antoinette, Fürst Rainiers Schwester, kürzlich über ihren Neffen sagte:

»Albert wird seinen Weg gehen, davon bin ich absolut überzeugt. Er ist der Sohn meines Bruders und kann die Menschen in seinen Bann ziehen, was sehr wichtig ist, wenn man ein so verantwortungsvolles Amt übernimmt. Leider war ich am Tag seiner Regierungsübernahme krank und konnte nicht in Monte Carlo sein, doch seine Rede habe ich natürlich im Fernsehen verfolgt. Sie können sich sicherlich vorstellen, wie stolz ich auf ihn bin. Und seine Worte werde ich nie vergessen, sie haben sich für immer in mein Herz gebrannt. Jetzt kann ich meinem Neffen nur noch wünschen, dass er bald seiner großen Liebe begegnen wird.«

Wie Prinzessin Antoinette, so erging es am 12. Juli 2005 auch allen anderen Monegassen, die die Amtseinführung des neuen Fürsten vor dem Palast miterleben konnten. Am Ende seiner zwanzigminütigen Ansprache sagte Fürst Albert:

»Mein Vater hat mich gelehrt, dass man kein großes Land sein muss, um große Träume zu haben.« Er streckte beide Arme in die Höhe und rief in monegassischer Landessprache: »Viva la familia monegassa!«

Tosender Beifall brandete auf, und mit Freudentränen in den

Wird es Fürst Albert II. gelingen, in die Fußstapfen seines Vaters Rainier zu treten?

Augen sang Fürst Albert II. gemeinsam mit seinen Landsleuten die monegassische Nationalhymne. Danach umarmten die beiden Schwestern ihren Bruder. Caroline wischte ihm fast mütterlich mit einem Spitzentaschentuch die Tränen von den Wangen, und Stephanie legte ihren Kopf an seine Schulter. Wenn's drauf ankommt, sind die Grimaldis eben doch *eine* Familie.

Die alte Monegassin Marguerite Lavalle ging beruhigt nach Hause und sagte: »Das wird unserem Fürsten da oben im Himmel gefallen …«

Anhang

Ein herzliches Dankeschön an …

… Holger, Tinky und Mausi

… Tonio Montel für sein Vorwort, Peter Saller für seine Hilfe. Und für alle meine lieben Freunde und Kollegen von *die aktuelle* im Gong Verlag aus der WAZ-Gruppe. Hans Huslisti, Petra von Polanyi und Anne Hoffmann für ihre Recherchen. Anne Freifrau von Schuckmann, Ute Habermann, Gero Lauer und Paul Walz für die Hilfe bei der Fotobeschaffung

… mein Kronjuwelchen für die bewundernswerte Unterstützung

… den Archivaren der fürstlichen Familie Grimaldi und der MGM-Studios in Hollywood

… Hanns-Jörg Steinberg, der mir beim Schreiben dieses Buches durch seinen Einsatz sehr wichtige Angelegenheiten abgenommen hat

Bildnachweis

Fotos im Text

Action Press S. 66, S. 169;
akg images S. 69;
Corbis/Bettmann S. 2, S. 86, S. 93, S. 137, S. 177, S. 203/People Avenue/Pool S. 283/Photo B.D.V. S. 25/Sygma/Julio Donoso S. 77/Sygma/rien S. 140, S. 211 li./Underwood & Underwood S. 114;
dpa/Abaca Nebinger S. 23 re. S. 33/AFP S. 41, S. 201/Hertzog S. 306/dpa-film S. 204/
epa/David Niviere S. 277, S.281/von Stackelberg S. 255/S. 151, S. 194, S. 259;
Gamma S. 49;
Conant Howell S. 247;
Interfoto S. 205;
Keystone S. 244, S. 296;
KPA/Fred Zinnemann S. 109, S. 112;
Photodisc S. 2, S. 5, S. 6, S. 14, S. 28, S. 44,S. 82, S. 116, S. 154, S. 188, S. 206, S. 240, S. 270, S. 286;
Picture Press/Dalmas S. 41/Edward Quinn S. 125/Snowdon S. 185;
Sipa Press S. 5, S. 20, S. 40, S. 147, S. 237, S. 257, S. 299;
Sygma S. 214;

Ullstein/Camera Press Ltd. S. 229/UPI S. 221/S. 34, S. 57, S. 132, S. 149.

Fotos in den separaten Bildteilen

ActionPress Bildteil 1/8, Bildteil 2/1, Bildteil 2/4;
Corbis/CinemaPhoto Bildteil 1/1;
Corbis/Sygma/rien Bildteil 1/5;
dpa/Cortellino Bildteil 2/8;
Gamma Bildteil 1/6;
kpa/Sven Hoogerhuis Bildteil 2/3;
Gerard Schachmes Bildteil 2/7;
SipaPress Bildteil 1/2, Bildteil 1/3, Bildteil 1/7, Bildteil 2/2, Bildteil 2/5, Bildteil 2/6;
Ullstein/Karsh Bildteil 1/4.

Es konnten trotz gewissenhafter Recherche nicht alle Urheber ermittelt werden. Wir empfehlen Rechteinhabern, die hier nicht aufgeführt sind, sich beim Verlag zu melden.

Stammbaum

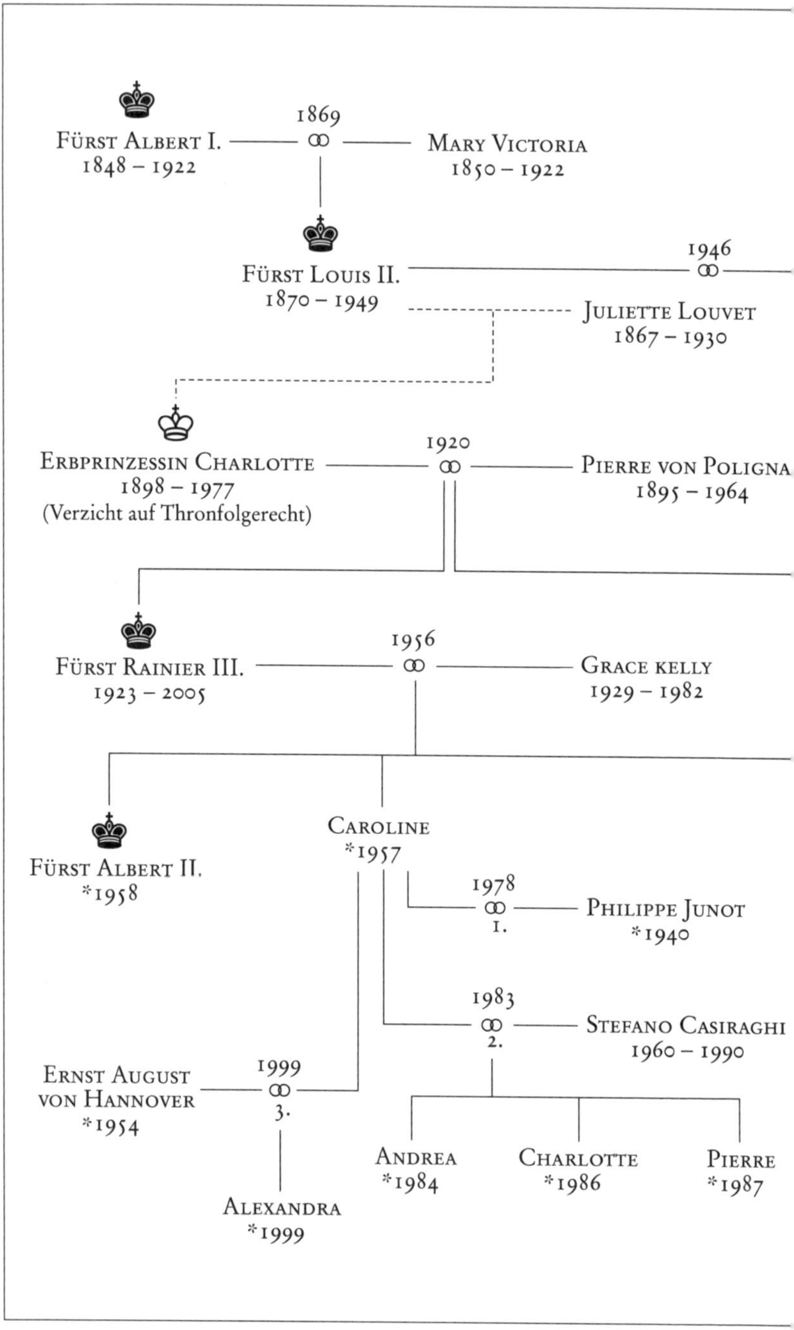
Fürst Albert I.
1848 – 1922
1869
Mary Victoria
1850 – 1922
Fürst Louis II.
1870 – 1949
1946
Juliette Louvet
1867 – 1930
Erbprinzessin Charlotte
1898 – 1977
(Verzicht auf Thronfolgerecht)
1920
Pierre von Poligna
1895 – 1964
Fürst Rainier III.
1923 – 2005
1956
Grace kelly
1929 – 1982
Fürst Albert II.
*1958
Caroline
*1957
1978
1.
Philippe Junot
*1940
1983
2.
Stefano Casiraghi
1960 – 1990
Ernst August
von Hannover
*1954
1999
3.
Andrea
*1984
Charlotte
*1986
Pierre
*1987
Alexandra
*1999

Monaco: Die Familie Grimaldi

Ghislaine Dommanget
1900 – 1991

Antoinette
*1920

Stephanie
*1965

1995 ∞ 1. Daniel Ducruet
*1964

Louis
*1992

Pauline
*1994

1995 ∞ 2. Adans Lopez Peres
*1974

Camille
*1998

Norbert Loh

Sylvia von Schweden

Eine deutsche Königin

Silvia von Schweden liebt ihr Amt und begeistert damit Menschen auf der ganzen Welt. Zu ihrem sechzigsten Geburtstag erscheint die persönliche und von viel Sympathie getragene Biographie des Hofberichterstatters Norbert Loh, der die Königin von Schweden kennen lernte, als sie noch Silvia Sommerlath hieß. Mit vielen, teils bisher unveröffentlichten Abbildungen.

Knaur Taschenbuch Verlag

Paul Burrell

Im Dienste meiner Königin

Er war der Lieblingslakai der Queen, mit der er eine einzigartige Beziehung pflegte. Er war der Butler, den die Prinzessin von Wales »mein Fels« nannte und von dem sie sagte: »Er ist der einzige Mann, dem ich vertrauen kann.« Mit seinem Buch schlägt Paul Burrell einen Pfad durch das Dickicht aus Tratsch und Lügen. Er gibt uns Einblick in das vielschichtige und komplexe Innerste der königlichen Familie und bringt uns dieser Familie näher als jeder andere zuvor. Mit dieser Geschichte huldigt Paul Burrell auf bewegende Art den beiden außergewöhnlichen Frauen, denen er diente.

»Eine ganz besondere Perspektive auf die einstige ›Prinzessin der Herzen‹.«
Buchreport

Knaur Taschenbuch Verlag